权威·前沿·原创

皮书系列为
"十二五""十三五"国家重点图书出版规划项目

教育扶贫蓝皮书

BLUE BOOK OF EDUCATIONAL POVERTY ALLEVIATION

中国教育扶贫报告
（2016）

ANNUAL REPORT ON EDUCATIONAL POVERTY ALLEVIATION IN CHINA (2016)

主　编／司树杰　王文静　李兴洲

社会科学文献出版社
SOCIAL SCIENCES ACADEMIC PRESS (CHINA)

图书在版编目(CIP)数据

中国教育扶贫报告.2016/司树杰,王文静,李兴洲主编.--北京:社会科学文献出版社,2016.12
（教育扶贫蓝皮书）
ISBN 978-7-5201-0103-5

Ⅰ.①中… Ⅱ.①司… ②王… ③李… Ⅲ.①教育-扶贫-调查报告-中国-2016 Ⅳ.①G52

中国版本图书馆CIP数据核字（2016）第300532号

教育扶贫蓝皮书
中国教育扶贫报告（2016）

主　　编 / 司树杰　王文静　李兴洲

出 版 人 / 谢寿光
项目统筹 / 任文武
责任编辑 / 张丽丽

出　　版 / 社会科学文献出版社·皮书出版分社（010）59367127
　　　　　　地址：北京市北三环中路甲29号院华龙大厦　邮编：100029
　　　　　　网址：www.ssap.com.cn

发　　行 / 市场营销中心（010）59367081　59367018
印　　装 / 北京季蜂印刷有限公司

规　　格 / 开　本：787mm×1092mm　1/16
　　　　　　印　张：20.75　字　数：275千字
版　　次 / 2016年12月第1版　2016年12月第1次印刷
书　　号 / ISBN 978-7-5201-0103-5
定　　价 / 79.00元

皮书序列号 / B-2016-566

本书如有印装质量问题，请与读者服务中心（010-59367028）联系

▲ 版权所有 翻印必究

《中国教育扶贫报告（2016）》编委会

编委会主任 周作宇　司树杰

编委会副主任 王文静　王小林

编　　　委（按姓氏笔画排序）
　　　　　　　王小林　王文静　司树杰　白　晓
　　　　　　　朱旭东　任友群　邬志辉　陈时见
　　　　　　　李兴洲　张志豪　周作宇　高宝立
　　　　　　　蔡继乐

主　　　编 司树杰　王文静　李兴洲

副　主　编 白　晓　秦玉友　曲绍卫

本书撰稿人（按姓氏笔画排序）
　　　　　　　王文静　史志乐　司树杰　曲绍卫
　　　　　　　纪效珲　刘丽娟　李中国　李兴洲
　　　　　　　李思吟　李　维　周　月　周秀平
　　　　　　　范晓婷　赵　红　赵晓晨　秦玉友
　　　　　　　谢秋葵　曾文婧　黎兴成

主编简介

司树杰 北京师范大学经济学博士（同等学力）研修班毕业，原国务院扶贫办党组成员（中管干部），现任中国老区建设促进会副会长、北京师范大学中国教育扶贫研究中心主任、兼职研究员。主要从事农村扶贫开发、国际扶贫交流和农村教育等方面的研究，曾任中国国际扶贫中心副主任、国务院扶贫办行政人事司司长、党组成员等。主持和参与起草多项扶贫开发领域的政策性文件，具有较高的政策理论水平和学术造诣。2009年5月获"中央国家机关五一劳动奖章"，同年12月荣立个人三等功。

王文静 北京师范大学教授、博士生导师。现任北京师范大学继续教育与教师培训学院院长，教育部教师资格认定指导中心主任，教育部高等学校师资培训交流北京中心主任等。主要从事教师教育、学习科学和中华传统文化教育等领域的研究工作。主持教育部人文社科规划课题和全国教育科学"十五"规划重点课题等20余项，已在国内外学术期刊发表相关研究领域论文60余篇；撰写相关研究领域的学术著作、教材等10余部；荣获第七届高等学校科学研究优秀成果（人文社会科学）奖著作类二等奖，北京市第十届哲学社会科学二等奖等多个奖项。

李兴洲 北京师范大学教授、博士生导师，北京师范大学中国教育扶贫研究中心副主任，主要研究领域为职业教育、成人教育、教育扶贫。主持全国教育科学规划课题多项，在《新华文摘》《教育研究》等学术刊物发表学术论文70余篇，出版《职业教育科研新进展（2012~2013年）》等学术著作多部。

摘　要

《中国教育扶贫报告（2016）》立足我国打赢脱贫攻坚战的时代背景，聚焦公众关心的教育扶贫热点与重大现实问题，从适应教育精准扶贫需要的角度出发，运用文献分析和调查研究等方法，对我国1985年以来的教育扶贫发展历程、主要成就、关键政策、重大行动、突出问题和典型经验等进行系统梳理和全面分析，目的是通过有理有据、由面到点、深入浅出的描述与分析，从历史与现实两个维度呈现我国教育扶贫开发伟大实践的整体图景和独特经验，尤其是面向不同区域、年龄、类型与发展阶段的贫困学生的教育扶贫行动的特点、规律、成效与发展趋势等，以发现我国教育扶贫研究与实践中的新问题、新思路、新经验与新起点，开阔我国扶贫研究者的视野，丰富我国扶贫事业的话语体系，提升我国教育扶贫研究的整体水平，夯实我国教育扶贫智库建设的学术基础，为国际教育扶贫事业贡献中国视角等提供有价值的理论指导与决策建议。

《中国教育扶贫报告（2016）》由总报告、政策进展、特别关注、专题研究和案例分析5个部分9篇文章以及附录组成。由于本书是拟按年度出版的中国教育扶贫系列报告中的第一本，总报告对我国教育扶贫的价值追求和历史进程做了深入分析和系统回顾，认为教育扶贫是促进我国社会公平正义的重要途径，并从成就、问题和挑战三个方面对我国教育扶贫进展中反复出现的重要议题，如普及九年义务教育、基础教育均衡发展、学校办学条件改善、乡村师资队伍建设、成人培训与扫盲、职业教育升级转型和贫困地区教育管理水平提升等，进行解读与剖析。分报告分为政策进展、特别关注、专题研究、案例

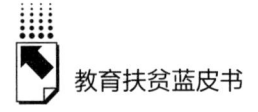

分析等部分。报告主要依托国务院扶贫开发领导小组办公室信息中心"建档立卡"数据库，特别关注贫困家庭子女教育和贫困县的教育与发展情况；对职业教育扶贫与大学生资助政策及经费投入进行专题研究；精选国内外典型教育扶贫成功案例，为更好地开展教育扶贫提供借鉴和参考。

Abstract

Based on the background of fighting against poverty in China, focusing on the hot issues and major practical problems ofeducation poverty alleviation, from the standpoint of adapting to take targeted measures in poverty alleviation, the report (*Annual Report on Educational Poverty Alleviation in China (2016)*) analyzes the current situation of China's poverty alleviation with literature analysis and review of survey research systematically and comprehensively. The contents of the paper include the history, main achievements, key policies, major actions, outstanding problems and typical experiences of poverty alleviation in our country since 1985. From the perspectives of both history and reality, the report aims to present the whole picture and the unique great experience of education poverty alleviation in our country, especially focusing on the characteristics, rules, results and development tendency of poverty alleviation action for poor students in different regions, ages, types and stages of development. And through the rational and profound analyses of the education poverty alleviation situations from the surface to the spot, the report intends to find out new problems, new ideas, new experiences and new starting points for the research and practice of poverty alleviation in education in our country. So it would help to broaden the horizons of our country's poverty alleviation researchers, enrich the discourse system of poverty alleviation work and enhance the overall level of China's education poverty alleviation research. Then it may further reinforce the academic foundation of China's educational poverty-relief think-tank construction, and contribute to provide valuable theoretical guidance and decision-making suggestions for the international poverty alleviation from China's perspective.

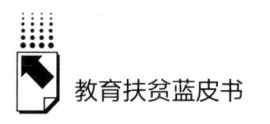

Annual Report on Educational Poverty Alleviation in China (2016) consists of nine chapters and five parts, including the general report, policy progress, special reports, topical researches and cases analysis. As the first one of the series yearly reports of China's education poverty alleviation, the general report part makes an in-depth analysis and a systematic review of the value pursuit and historical process of China's education poverty alleviation, and points out that education poverty alleviation is a vital way to promote social fairness and justice in our country. And from the aspects of achievement, problems and challenges, it also makes comprehensive and profound researches on the issues of education poverty alleviation, such as the popularization of nine-year compulsory education, the balanced development of basic education, the improvement of school running conditions, the construction of rural teachers, the training of adults and the eradication of illiteracy, upgrading of vocational education transition and poor areas of education and management level. Special reports are divided into policy progress, special focus, topical studies, cases analysis and other parts. Mainly relying on the 'archives card' databases of the information center of The State Council Leading Group Office of Poverty Alleviation and Development the report pays special attention to the children's education of poor families and the education and development of poverty-stricken counties. And it does topical researches focusing on vocational education poverty and the policies and input of college student funding. Moreover, the report can provide experiences and references for the implementation of education poverty alleviation with both domestic and international typical success stories of education poverty alleviation.

目　录

阻断贫困代际传递，做中国教育扶贫的先行者（代前言）
　………………………………………………………… 王文静 / 001

Ⅰ 总报告

B.1 公平正义：教育扶贫的价值追求 ……………… 李兴洲 / 001
　　一　教育扶贫的内涵解析 ………………………………… / 002
　　二　教育扶贫体现和促进社会公平正义 ………………… / 006
　　三　建立健全促进公平正义的教育扶贫机制 …………… / 008
B.2 中国教育扶贫发展与挑战
　　……………… 王文静　李兴洲　谢秋葵　赵晓晨 / 012
　　一　中国教育扶贫的发展历程 …………………………… / 013
　　二　中国教育扶贫取得的成就 …………………………… / 030
　　三　目前教育扶贫存在的问题与挑战 …………………… / 041

Ⅱ 政策进展

B.3 教育扶贫政策和重大行动 ……………… 周秀平　赵　红 / 053

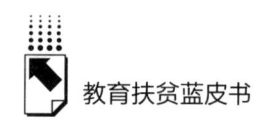

Ⅲ 特别关注

B.4 贫困家庭子女教育问题研究
………… 秦玉友 李 维 曾文婧 史志乐 周 月 / 100

B.5 贫困县教育发展现状与问题研究
………… 李 维 曾文婧 秦玉友 周 月 史志乐 / 144

Ⅳ 专题研究

B.6 职业教育扶贫：发展与创新
………………………… 李中国 黎兴成 肖 珊 / 168

B.7 大学生资助：政策演进与经费投入
………………………… 曲绍卫 范晓婷 纪效珲 / 194

Ⅴ 案例分析

B.8 寒门学子，逐梦翱翔
——国华纪念中学办学探索 ………… 李思吟 / 234

B.9 巴西家庭补助金项目：有条件现金转移支付项目在
教育扶贫中的应用 ………… 司树杰 赵 红 刘丽娟 / 250

Ⅵ 附录

B.10 中共中央国务院关于打赢脱贫攻坚战的决定 ………… / 260

B.11 "十三五"脱贫攻坚规划（摘要）……………………… / 281

B.12 国家确定的832个贫困县名录 …………………………… / 294

B.13 教育扶贫蓝皮书《中国教育扶贫报告（2016）》
　　 鉴定意见 …………………………………………………… / 302

B.14 后　记 ……………………………………………………… / 304

皮书数据库阅读**使用指南**

CONTENTS

Blocking the Intergenerational Transmission of Poverty and Being the Pioneer of China's Education Poverty Alleviation(As the preface)

Wang Wenjing / 001

Ⅰ General Report

B.1 Equility and Justice: The Value Pursuit of Education Poverty Alleviation

Li Xingzhou / 001

1. *The Connotation of Education Poverty Alleviation* / 002
2. *The Education Poverty Alleviation Embodies and Promotes the Social Equility and Justic* / 006
3. *The Establishement of a Sound Education Poverty Allevation Mechanism Promoting Equility* / 008

B.2 The Development and Challenges of Education Poverty Alleviation in China *Wang Wenjing, Li Xingzhou, Xie Qiukui and Zhao Xiaochen* / 012

1. *The Stages of Education Poverty Alleviation in China* / 013
2. *The Achievements of Education Poverty Alleviation in China* / 030
3. *The Current Problems and Chanllenges of Education Poverty Alleviation* / 041

CONTENTS

II The Policy Evolution of Education Poverty Alleviation

B.3 The Major Policies and Projects of Education Poverty Alleviation
Zhou Xiuping, Zhao Hong / 053

III Special Focus

B.4 Studies on the Education of the Children from Poverty-stricken Families
Qin Yuyou, Li Wei, Zeng Wenjing, Shi Zhile and Zhou Yue / 100

B.5 Studies on Education Development and Problems in Poverty-stricken Counties
Li Wei, Zeng Wenjing, Qin Yuyou, Zhou Yue and Shi Zhile / 144

IV Specific Focus

B.6 Vocational Education Poverty Alleviation: Development and Innovation
Li Zhongguo, Li Xingcheng and Xiao Shan / 168

B.7 The Aid-college-student Program: Evolution of Policies and Educational Appropriations *Qu Shaowei, Fan Xiaoting and Ji Xiaohui* / 194

V Cases Analysis

B.8 The Success of Students from Poverty-stricken Families
—the Example of GuoHua Memorial High School
Li Siyin / 234

B.9 Brazilian Aid-needy-family Program: The Application of Conditional Cash Transfer Payment Program to Education Poverty Alleviation
Si Shujie, Zhao Hong and Liu Lijuan / 250

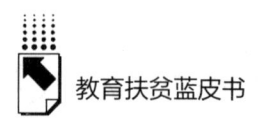

VI Appendices

B.10　'Decision on Winning the Fight against Poverty', the CPC Central Committee and the State Council　／ 260

B.11　Poverty Alleviation Plan for the 13th Five-Year Plan Period (Abstract)　／ 281

B.12　832 Poverty-stricken Counties Confirmed by the State　／ 294

B.13　The Expert Opinion　／ 302

B.14　Postscript　／ 304

阻断贫困代际传递,做中国教育扶贫的先行者

(代前言)

王文静*

贫困是人类发展史上的一个古老话题。有关贫困的探讨早已从最初的政治经济学层面上升到了哲学、社会、文化等层面,涉及财富、人权、自由、正义、公平等话题。20世纪90年代以来,为了消除贫困,世界各国政府和国际人权与社会发展组织做了大量的实际工作。1992年12月22日,为唤起国际社会对贫困问题的重视,动员各成员国采取具体行动宣传和实施扶贫开发,第47届联合国大会根据联合国第二委员会(经济和财政)的建议,确定自1993年起将每年的10月17日定为"国际消除贫困日"(International Day for the Eradication of Poverty)。经国务院批准,我国自2014年开始,将每年的10月17日设立为"扶贫日"。2015年9月,联合国可持续发展峰会正式通过的《2030年可持续发展议程》将"在全世界消除一切形式的贫困"定为17类可持续发展目标中的首个目标。然而,由于贫困形成机理的复杂性和反贫困工作的艰巨性,贫困仍然是威胁人类生存与发展的头号公敌。世界银行2015年的统计数据显示,按照每人每天1.9美元的国际标准,全世界目前仍有7.02亿人(占全球人口

---

* 王文静,北京师范大学教授、博士生导师,北京师范大学继续教育与教师培训学院院长、教育部教师资格认定指导中心主任、教育部高等学校师资培训交流北京中心主任,主要从事教师教育、学习科学和中华传统文化教育等领域的研究工作。

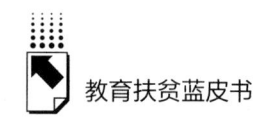

9.6%）生活在贫困线以下。

中国是全世界人口最多的发展中国家，也是全世界贫困人口基数最大的国家。新中国成立以后，尤其是改革开放以来，在党中央和国务院的决策部署和不断推进下，我国开始实施大规模、有计划、有组织的扶贫开发实践活动，在短短30余年的时间里实现了7亿农村贫困人口的大规模脱贫，用实际行动充实和检验了中国共产党人关于"贫穷不是社会主义，社会主义要消除贫穷"的判断，也为世界消除贫困事业贡献了独特的"中国经验"。2005年10月，时任世界银行行长的保罗·沃尔福威茨来中国考察扶贫开发情况时说，近30年来，东亚见证了人类历史上涉及人口最多、发展速度最快的财富增长，如果没有中国的经济增长，尤其是其数亿贫困人口的减少，这是不可能实现的。需要指出的是，由于自然、历史、文化等方面的原因，贫困仍然是我国发展进程中客观存在的重大现实问题。按照人均年纯收入2800元的标准（2010年不变价），截至2015年底，我国仍有5575万农村贫困人口，832个贫困县，14个集中连片特殊困难地区。另外，经大规模的社会观察与深入调研我们发现，与30年前集中体现为"温饱"问题无法解决的贫困相比，新时期的贫困问题更加隐蔽、尖锐与深刻，呈现出绝对贫困现象减少、相对贫困现象增加，县域贫困现象缩减、集中连片的区域贫困增加，新增贫困人口减少、贫困人口代际传递概率增大以及物质贫困得到有效缓解和精神贫困不断加剧等显著特点。

十八大以后，随着中国实力在世界范围的增强和中华民族伟大复兴的脚步不断加快，为了全面消除贫困，如期实现"两个一百年"奋斗目标中的第一个百年目标，针对贫困地区和贫困人口的扶贫开发工作被提高到了国家战略的高度，反贫困战略实施的广度和深度也得到空前的拓展。2015年底，为确保所有贫困地区和贫困人口到2020年全部脱贫，中共中央和国务院发出了《关于打赢脱贫攻坚战的决定》，要求各级党委和政府在"六个精准"的要求下，科学实施"五个一批"工程，即"发展生产脱贫一批、易地搬迁脱贫一批、生态补偿脱贫一批、发展教育脱贫一批、社会保障兜底一批"。与以往强调单一经济视角，主要依靠救济、帮助和转移支付等方式来实现脱贫的"输血式"生活救济型扶贫不同，"五个一批"工程从政治、经济、社会、文化和生态等角度来透视贫困问题，是一项融合了经济增长型扶贫、公共服务型扶贫、能力增进型扶贫和救济型扶贫等多种扶贫模式的"造血式"开发型扶贫，为中国综合性反贫困发展战略的实施翻开了新的篇章。

贫困人口综合素质较低既是贫困的原因，又是贫困的结果。二者之间存在一种恶性循环机制。教育是提高劳动者综合素质，打破贫困恶性循环的重要途径。19世纪的德国著名哲学家黑格尔曾经说过，没有教育，一个人就会注定贫困。穷人不能给他们的子女留下任何技能、任何知识。近半个世纪以来，有关贫困的理论研究与反贫困的实践行动进一步证明，如果父辈贫困人口的受教育程度和职业地位都较低，其子女再次陷入贫困的可能性也较大。20世纪60年代，人力资本理论的创建者、美国经济学家舒尔茨（Theodore W. Schultz）提出"人力资本投资"的概念，为通过教育阻断贫困恶性循环与代际传递奠定了扎实的理论基础。在其著名的《人力资本投资》（*Investment in Human Capital*）一文中，舒尔茨指出，人力资本投资是促进经济增长的关键因素；贫困地区落后的原因不在于物质资源的匮乏而在于人力资本的不足；加强教育事业的发展对人力资本的形成、经济结构的转换，包括经济可持续发展具有重要的意义。之后，随着世界银行《1990年世界发展报告》进一步肯定人力资本与经济增长之间存在密切关系，世界上几乎所有的工业化国家都把教育作为生产发展的首要因素。很多发展中国家为了迅速摆脱贫困状况，也选择了教育先行的发展道路。

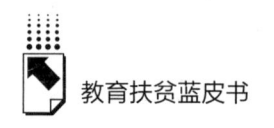

中国的教育扶贫是国家扶贫开发伟大实践的重要组成部分。从1949年至今,中国的教育扶贫经历了以工农教育、初等教育、职业教育、农村实用技术教育、九年义务教育、远程教育、学前教育和高中教育等不同阶段和类型的以教育为帮扶重点的阶段,在普及贫困地区九年义务教育、改善乡村教师生存和发展状况、加强贫困地区成人培训与扫盲和推动贫困地区职业教育迅速发展等方面取得了重要的成就。但是,由于我国教育事业发展的总体水平不高,区域间发展不平衡,制约贫困地区教育发展的深层次矛盾依然存在,所以,教育扶贫的力度和速度都亟待进一步加大。与此同时,随着知识经济对中国政治、经济、社会、文化等的影响日益深刻,各行各业对高素质人才的需求日益迫切,教育部门也迎来必须进行供给侧结构性改革的关口,教育扶贫需要在完成普及、丰富、提高等"老任务"的同时解决各种新问题。总之,在推动中国教育体系转型升级的同时,推动贫困地区的教育质量提升与均衡发展是构建公平、开放、多元的中国基础教育新格局必须啃下的硬骨头,也是摆在中国教育扶贫工作者面前的重要问题。

2013年7月29日,为落实《中国农村扶贫开发纲要(2011~2020年)》关于教育领域的目标任务,加大教育扶贫开发的力度,教育部联合国家发改委、财政部、国务院扶贫开发领导小组办公室、人力资源和社会保障部、公安部、农业部发布《关于实施教育扶贫工程的意见》。随后,教育部、国家发改委、财政部、国务院扶贫开发领导小组办公室等职能部门又单独或联合发布了一系列涉及学前教育、基础教育、职业教育、高等教育等不同领域的教育扶贫政策、文件、实施方案或支持计划等。2015年,国家脱贫攻坚战打响后,为精准帮扶贫困地区的每一所学校、每一名教师和每一位学生,依托国务院扶贫办"五个工作平台、六项扶贫行动、十项精准扶贫工程"的战略部署,教育部进一步会同相关部委发起教育精准扶贫的

"十大行动计划"。多项旨在保障贫困学生教育权利的超常规政策举措纷纷出台，为贫困地区的贫困人口跨越由经济、社会、地理、文化、民族等原因造成的阶层壁垒继续扬帆远航，提供了切实有力的保障。

在政府主导的教育扶贫"组合拳"不断打出的同时，由个人、企业、基金会等社会力量参与的教育扶贫行动也蔚然成风。2015年中国消除贫困奖初评结果显示，在23个机构和个人入围的初评候选名单中，相当部分获奖者在教育扶贫方面做出了突出的贡献。由此，在教育扶贫攻坚战的号角已经吹响，"千军万马齐奋进，百舸争流向未来"的立体化教育扶贫格局已经初步形成的背景下，中国教育扶贫的实际成效如何，是否真正发挥了阻断贫困代际传递的作用？在努力实现这一使命的过程中，中国教育扶贫走过了哪些发展历程，遵循哪些理论与实践路径，有什么独特的经验、模式或教训？特别是，作为国家扶贫开发伟大实践的重要组成部分，其如何与其他领域的扶贫，如产业扶贫、金融扶贫、技术扶贫、信息扶贫、就业扶贫、文化扶贫、减灾扶贫和医疗扶贫等进行协作与有效配合？抑或，对世界其他国家或地区的教育扶贫实践有什么借鉴？对这些问题的解答迫切需要更多来自理论与实践层面的回应。

北京师范大学是我国现代教育的发源地、师范教育的排头兵，在科学研究、人才培养、社会服务和文化传承等方面一直处于国内领先和国际知名的地位。一百多年来，北京师范大学始终和中华民族同呼吸共命运，勇为时代先锋，矢志报国为民。一代又一代的北师大学子用他们的青春和理想铸就了"爱国进步、诚信质朴、求真创新、为人师表"的优良传统，深刻影响了中华民族从救亡图存到伟大复兴的历史进程。在打赢中国教育脱贫攻坚战的关键时期，充分发挥学校的学科优势和优质教育资源，勇于担当，做教育扶贫的先行者，是北京师范大学义不容辞的责任。2015年4月，北京师范大学中国教育

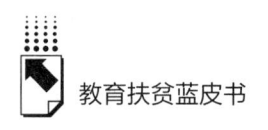

扶贫研究中心作为国内第一家专门从事教育扶贫的高水平研究机构获得批准成立。中心定位于打造中国教育扶贫智库，促进贫困地区基础教育发展，支持贫困家庭子女通过接受良好教育摆脱自身贫困、成为中国特色社会主义的合格建设者和劳动者；重点围绕"三个任务"开展工作：一是开创富有中国特色的教育扶贫理论研究，建设中国教育扶贫智库；二是面向贫困地区，开展乡村基础教育质量全面提升工程；三是搭建中国教育扶贫研究交流平台，引领中国教育扶贫事业发展与创新。2015年9月29日，北京师范大学中国教育扶贫研究中心成立暨"托起未来之梦"贫困地区教育扶贫专项基金正式启动。

《中国教育扶贫报告（2016）》是北京师范大学教育扶贫研究中心在智库建设方面的第一个研究成果，也是拟按年度出版的中国教育扶贫系列报告中的第一本。全书由总报告、政策进展、特别关注、专题研究和案例分析五个部分及附录组成，目的是通过对新中国成立以来，尤其是1985年以来的教育扶贫发展历程、主要成就、关键政策、重大行动、突出问题和典型经验等进行系统梳理和全面分析，勾勒中国教育扶贫开发伟大实践的形态、特点、规律和未来发展趋势。其能够作为社会科学文献出版社蓝皮书系列的一员获得顺利出版，是本书编委会全体成员辛勤劳动的结果。在教育扶贫蓝皮书策划和编写的过程中，北京师范大学党委书记刘川生教授、校长董奇教授、副校长周作宇教授，国务院扶贫办主任刘永富等领导给予了很多的指导和帮助，在此我们致以诚挚的谢意！

2016年10月15日，我国第三个"扶贫日"来临之际，以中国教育学会会长、原北京师范大学校长钟秉林教授为组长，中国国际扶贫中心理事长、原国务院扶贫办主任刘坚，《中国教育报》总编辑翟博，上饶市委常委、市政府副市长、华东师范大学常务副书记任友群教授，国家教育发展研究中心副主任杨银付研究员，山西省扶贫办原主任刘昆明等为成员的专家组，对《中国教育扶贫报告（2016）》进行鉴定，一致认为本报告立足我国打赢脱贫攻坚战的时代背景，聚焦教育扶贫领域，对教育扶贫实践中的重大现实问题进行研究，视角独特、思路清晰、论证可靠、突出创新，在适应国家教育精准扶贫需要，推动中国教育扶贫话语体系建设，引领中国教育扶贫的理论与实践创新，向世界贡献中国教育扶贫的独特经验等方面做出了很好的表率。我们对诸位专家的指导表示衷心的感谢！

由于时间和经验等各方面条件所限，《中国教育扶贫报告（2016）》难免出现纰漏，敬请学界同人不吝赐教！

2016 年 10 月 15 日

总报告

General Report

B.1 公平正义：教育扶贫的价值追求

李兴洲*

摘　要： 教育扶贫是阻断贫困代际传递的根本手段和重要方式，其目的是通过办好贫困地区和贫困人口的教育事业进而实现减贫脱贫的战略目标，其本质体现了社会公平正义的价值追求。这种价值追求表现在教育扶贫所体现的差别正义原则和教育公平理念、机会均等思想和结果公正理念、基本权利平等和可持续发展理念等方面，而保障贫困地区和贫困人口的教育权利、教育条件和教育收益等，是实现教育扶贫起点公平正义、过程公平正义和结果公平正义的必要前提。

---

* 李兴洲，北京师范大学教授、博士生导师，北京师范大学中国教育扶贫研究中心副主任，主要研究方向为职业教育、成人教育、教育扶贫。

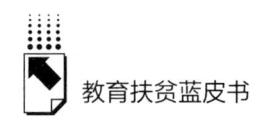

关键词： 公平正义　教育扶贫　价值追求

治贫先治愚，扶贫先扶智，教育扶贫作为我国"十三五"期间精准脱贫攻坚战略的重要举措，已日益成为人们的共识。随着人们对教育扶贫重要作用认识的不断深入，对于教育扶贫的基本内涵、教育与扶贫的基本关系以及教育扶贫的基本价值追求等基本理论问题，亟须进行深入的研究和探讨，从而为教育扶贫奠定坚实的理论基础，并以此为指导，更好地推动教育扶贫实践。

一　教育扶贫的内涵解析

早在20世纪末期，我国学者便开始关注和研究教育在扶贫中的作用和功能，并对教育扶贫的概念进行探讨。到目前为止，学界对"教育扶贫"概念的理解主要有两种观点：一种观点认为，教育扶贫就是"依靠教育扶贫"。如钟秉林认为，"教育扶贫，是指针对贫困地区的贫困人口进行教育投入和教育资助服务，使贫困人口掌握脱贫致富的知识和技能，通过提高当地人口的科学文化素质以促进当地的经济和文化发展，并最终摆脱贫困的一种扶贫方式。教育扶贫是智力扶贫的一种，公共教育资源向贫困地区倾斜，也是优化教育资源配置的重要方面"[①]。林乘东认为，"实施教育扶贫，主要是通过教育对贫困人口进行素质改造完成的，教育扶贫就是素质扶贫"[②]。王嘉毅等认为，治贫先治愚，扶贫先扶智，"'治愚'和'扶智'的根本手段是发展教育，就是要通过教育来提升劳动者的综合素质，促进贫困人

[①] 钟慧笑：《教育扶贫是最有效、最直接的精准扶贫——访中国教育学会会长钟秉林》，《中国民族教育》2016年第5期。
[②] 林乘东：《教育扶贫论》，《民族研究》1997年第3期。

口掌握脱贫致富本领，阻断贫困代际传递"①。另一种观点认为，教育扶贫不仅要"依靠教育扶贫"，而且要首先"扶教育之贫"。如刘军豪等认为，"教育扶贫首先意味着'扶教育之贫'，即教育始终都是扶贫开发的主要阵地和关键领域，其将教育作为扶贫的目标、任务、内容或领域，并通过政策倾斜、加大投入、调整结构等各种手段及方式以最终实现教育领域的减贫与脱贫"，"教育扶贫同时还包含着'依靠教育扶贫'，即教育也是实施扶贫开发的重要手段和有效途径，其将教育作为扶贫的手段、工具、途径或方式，并主要通过发展教育来带动贫困地区及贫困人口的脱贫致富"②。从表面上看，这两种主要观点似乎存在较为明显的差异，但深入分析可以发现，二者之间并没有本质的不同，都是把发展教育看作是减贫脱贫的重要手段。

通俗而言，教育扶贫就是通过教育手段帮助贫困地区和贫困人口减贫脱贫，被认为是阻断贫困代际传递的根本性途径。它主要是通过提高贫困地区和贫困人口的教育水平和质量，帮助贫困人口掌握脱贫致富的知识和技能，提高贫困人口的科学文化素质，促进当地经济和社会发展，最终达到减贫脱贫的目的。这一概念，至少包含如下内涵。

第一，教育扶贫是有效阻断贫困代际传递的精准扶贫方式。

从扶贫涉及的内容和表现形式看，教育扶贫是诸多扶贫方式中的一种。2015年11月颁布的《中共中央国务院关于打赢脱贫攻坚战的决定》便提出了包括"教育支持"在内的六种精准扶贫方式，并具体阐明了"着力加强教育脱贫"的一系列行动计划。然而，同样是一种扶贫方式，教育扶贫却具有自身的内在特征和不可替代性，它赋

---

① 王嘉毅、封清云、张金：《教育与精准扶贫精准脱贫》，《教育研究》2016年第7期。
② 刘军豪、许锋华：《教育扶贫：从"扶教育之贫"到"依靠教育扶贫"》，《中国人民大学教育学刊》2016年第2期。

予人们知识和技能，通过提升贫困人口科学文化素质，实现自我发展和脱贫致富。而且，通过教育，可以改变贫困地区人们不重视子女教育的传统观念，提高子女的受教育水平和脱贫致富能力，阻断贫困代际传递。世界银行的研究结果显示，以世界银行的贫困线为标准，如果家庭中的劳动力接受教育年限少于6年，则贫困发生率大于16%；若将接受教育年限增加3年，则贫困发生率会下降到7%；若接受教育年限为9~12年，则贫困率会下降到2.5%；若接受教育年限超过12年，则几乎不存在贫困的状况。教育程度的变量同样会反映在平均收入的结果上。随着劳动者平均受教育年限的提高，从6年到6~9年，到9~12年，再到长于12年，平均收入指数从100，分别上升到130、208，直到356。[①] 因此，教育扶贫是治愈贫困的根本性举措。

第二，教育扶贫是促进贫困地区和贫困人口可持续发展的有效手段。

贫困的发生，既有自然因素的影响，也受社会条件和人为因素的制约。以往的扶贫开发实践证明，"输血式"的扶贫开发方式只能解决燃眉之急和表面问题，无法根治贫困；只有"造血式"的扶贫开发方式才能从根本上实现减贫脱贫目的。而教育扶贫正是通过发展教育，把面向贫困地区和贫困人口的教育办好，不断提升贫困人口的科学文化素质和可持续发展的脱贫致富能力，从而实现根本减贫脱贫的目的。教育扶贫作为一种促进贫困地区和贫困人口可持续发展的扶贫手段，也不能只做表面文章和形式主义，必须体现其针对性、可行性和有效性，否则就无从谈起减贫脱贫的目的。因此，提供必要的办学条件，规范办学过程，提高办学质量，因地制宜办好贫困地区和贫困人口的教育事业，是减贫脱贫的必要前提。

---

① 世界银行、东亚及太平洋地区扶贫与经济管理局：《从贫困地区到贫困人群：中国扶贫议程的演进》，世界银行网，http://www.worldbank.org.cn/，最后访问日期：2015年4月13日。

第三，因地制宜办好适宜对路的教育是提高教育扶贫效果的关键。

2015年11月27日至28日，习近平在中央扶贫开发工作会议上指出，"要坚持精准扶贫、精准脱贫，重在提高脱贫攻坚成效。关键是要找准路子、构建好的体制机制，在精准施策上出实招、在精准推进上下实功、在精准落地上见实效"。要做到精准教育扶贫，就要不断提高教育扶贫效果。不同领域的研究者对教育扶贫的认识不尽相同，经济学领域的研究者强调教育投入对教育扶贫的重要性；社会学领域的研究者强调保障贫困地区和贫困人口的教育公平和教育权利；教育学领域的研究者强调改善办学条件和提高教育教学质量；等等。这些观点都是着眼于办好贫困地区和贫困人口的教育事业而提出的。然而，对贫困地区和贫困人口而言，什么样的教育才能称得上是好的教育？怎样去办才能称得上是办好？这确实是值得我们认真研究的问题。在我国，不同贫困地区和贫困人口之间存在着较为明显的差异，教育发展的基础、环境、资源等也不尽相同，举办教育的侧重点乃至发展模式自然会有所差异，因此，根据精准扶贫的指导思想，因地制宜，办好适宜对路的教育，是提高教育扶贫效果的关键。

第四，加快实施教育扶贫工程是脱贫攻坚的重要举措。

精准教育扶贫就是要解决扶什么、怎么扶等针对性问题，《中共中央国务院关于打赢脱贫攻坚战的决定》明确指出，"加快实施教育扶贫工程，让贫困家庭子女都能接受公平有质量的教育，阻断贫困代际传递"。这一决定是对上述教育扶贫内涵的具体规划，也是体现精准教育扶贫的具体措施。对教育扶贫工程进行精准的顶层设计，有的放矢地设置教育扶贫项目，保障各项教育扶贫工程资金的使用效率，完善学生资助体系，加强对教育扶贫的管理和统筹，客观评估教育扶贫的成效等，都是教育扶贫的应有之义，也是确保教育扶贫工程顺利实施的必然要求。

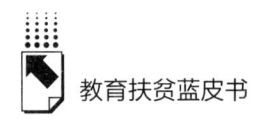

二 教育扶贫体现和促进社会公平正义

从根本上看,贫困问题不仅仅只是一个简单的社会民生问题,其背后已经触及社会的公平正义问题。公平、正义是现代社会具有支撑意义的核心价值观念和行为准则。"公平就是社会的政治利益、经济利益和其他利益在全体社会成员之间合理而平等的分配,它意味着权利的平等、分配的合理、机会的均等和司法的公正。"① 公平强调的是公正与平等,而正义则与一定的社会基本制度相联系,并以此为基准,规定着社会成员具体的基本权利和义务,规定着资源与利益在社会群体和成员之间的适当安排和合理分配。马克思主义认为,社会不公平的根源在于资本主义的剥削制度,实现社会公平和正义的基本条件,就是在整个社会实行生产资料公有制,发展生产力,消灭工农之间、城乡之间、体力与脑力劳动者之间的差别,广大人民群众是推动社会公平正义的主体和真正力量。罗尔斯认为,正义是一种"作为公平的正义",公平是正义的基础和核心,社会中的一切机会、人格、自由都是正义平等的,由此才会体现出整个社会的正义;而自由平等原则和差别原则与机会的公正平等原则是体现公平正义的两个基本原则;为了实现社会公平正义,应当遵循起点公正、过程公正和结果公正三大价值理念。

扶贫减贫战略的表层意义是为了使贫困地区和贫困人口脱离贫困,但其实质意义却是为了消除社会中的不平等,使全社会达到一个公平正义的状态,从而彰显社会主义制度的优越性。同样,教育扶贫的最终目的,并不仅仅表现为帮助多少贫困人口和贫困地区减贫脱贫,而是体现为对社会公平正义的价值追求。

---

① 俞可平:《和谐社会面面观》,《马克思主义与现实》2005年第1期。

第一，教育扶贫体现差别正义原则和教育公平理念。

公平正义不是平均主义，也不是一刀切式的整齐划一。由于历史、文化、自然环境等诸方面的原因，贫困地区和贫困人口的教育长期以来一直处于较为落后的发展水平，直接影响到人们的知识技能和科学文化素养的提高，间接制约着当地经济社会的发展，使得贫穷落后成为社会生活的常态。实施教育扶贫工程，就是要弥补过去对贫困地区和贫困人口在教育投入和教育扶持方面的历史欠账，加大教育帮扶力度，改善贫困地区和贫困人口落后的文化观念和恶劣的自然条件，办好适宜对路的教育，使他们也能享受到优质的教育资源，努力做到起点公正，体现教育公平理念。

第二，教育扶贫体现机会均等思想和结果公正理念。

2015年6月18日，习近平在贵州召开部分省区市党委主要负责同志座谈会时指出，"消除贫困、改善民生、实现共同富裕，是社会主义的本质要求，是我们党的重要使命"。教育扶贫不仅要体现差别正义原则，还要追求结果公正，即要让贫困地区和贫困人口在接受教育之后，有充足的获得感体验，感受到教育带来的收益。因此，办好适宜对路的教育，就是要根据贫困地区和贫困人口的实际情况，举办富有针对性和可行性的教育类型和教育形式，为他们提供多种多样的教育途径和教育机会，满足他们不同的学习愿望和需求，而不是仅仅强化某一种类型的教育。因此，基础教育、职业教育和培训、成人教育、高等教育等各种类型的教育都应积极参与教育扶贫，而且要在教育内容、教育形式、教育评价等方面充分体现贫困地区和贫困人口的具体特点和需求，提高教育效益，努力做到机会均等和结果公正。

第三，教育扶贫体现基本权利平等和可持续发展理念。

从人的发展和现代社会发展的价值取向来说，教育扶贫就是从根本上扶助并保障贫困地区和贫困人口的基本权利和可持续发展权利，为他们摆脱贫困和可持续发展奠定坚实的基础。在一个公平的社会，

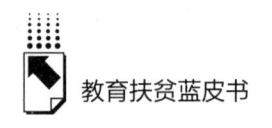

每一个社会成员都应平等地享有自我发展或自我实现所必需的基本权利,社会必须努力保证每一个社会成员都能够平等地享有生存权、劳动权以及社会保障权等基本权利,而不能因为他们财产和出身等方面存在差别而使得他们享有的权利存在差别,这就是公民基本权利的平等性。接受教育作为现代社会公民的一种基本权利,贫困地区和贫困人口理应得到同等对待和保障,唯有如此,贫困地区和贫困人口的减贫脱贫和可持续发展才有实现的可能。

三 建立健全促进公平正义的教育扶贫机制

贫困的产生以及贫困问题的出现表面上是由贫困地区自然条件恶劣和贫困人口自身能力欠缺造成的,但在根本上却是由于他们缺乏公平社会制度的保障,失去了某些权利。因此,要打赢精准脱贫攻坚战,不仅需要社会各界的精准帮扶,更重要的是要对那些导致贫困的社会制度进行校正,保障贫困地区和贫困人口的基本权利,进而建立健全使他们彻底摆脱贫困的制度保障机制。从阻断贫困代际传递和拔除穷根的长效机制考虑,实现公平正义的教育扶贫机制应体现如下内容。

第一,保障贫困地区和贫困人口的教育权利,实现起点公平正义。

不能够充分地享有某种应有的权利,或者某些应有权利的缺失,往往会导致贫困地区和贫困人口行为能力的缺失,进而成为他们贫困或无法摆脱贫困的重要原因。在我国,城乡之间的教育发展水平存在巨大差异,尤其在贫困地区,教育硬件设施陈旧落后甚至缺失、教育经费缺少、师资水平低等教育贫困现象更为突出。这种教育起点的不公平,难以保障贫困人口享有充分的教育权利。而教育权利的贫困与缺失,会严重制约贫困人口自身发展能力的开发和提升,最终使得他们只能陷入贫困境地。罗尔斯认为,"每一个人对于一种平等的基本自由之完全适当体制都拥有相同的不可剥夺的权利"①,"一个社会的所有成员对物质财富和资源在道德上的最低限度都拥有一种权利要求"②。这种权利是包括贫困人口在内的每个人都应该享有的,这也是一个公平和进步的社会所必须遵循的基本价值准则。

2012年12月29日,习近平在河北省阜平县考察扶贫开发工作时指出,"治贫先治愚。要把下一代的教育工作做好,特别是要注重山区贫困地区下一代的成长。下一代要过上好生活,首先要有文化,这样将来他们的发展就完全不同。义务教育一定要搞好,让孩子们受到好的教育,不要让孩子们输在起跑线上"③。2013年11月26日,习近平在同菏泽市及县区主要负责同志座谈时再次强调指出,"要紧紧扭住教育这个脱贫致富的根本之策,再穷不能穷教育,再穷不能穷孩子,务必把义务教育搞好,确保贫困家庭的孩子也能受到良好的教育,不要让孩子们输在起跑线上"。因此,采取切实可行的措施,充分保障贫困地区和贫困人口的教育权利,是精准教育扶贫的首要任务,也是充分保障贫困地区和贫困人口享有起点公平正义的内在要求。

第二,保障贫困地区和贫困人口的教育条件,实现过程公平正义。

教育条件的落后和缺失直接导致贫困地区和贫困人口不能享有充分的教育权利,并由此引发贫困的连锁反应和恶性循环。我国贫困地区和贫困人口的教育条件还相当落后,有的地方甚至缺少必要的教育

---

① 〔美〕约翰·罗尔斯:《作为公平的正义》,姚大志译,中国社会科学出版社,2011,第56页。
② 〔德〕威尔弗莱德·亨氏:《被证明的不平等》,倪道钧译,中国社会科学出版社,2008,第251页。
③ 《教育扶贫是精准扶贫的根本》,搜狐网,http://mt.sohu.com/20160526/n451632802.shtml,最后访问日期:2016年5月28日。

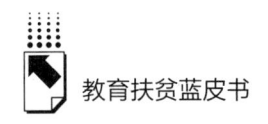

条件：学校缺少必要的办学经费和师资，音、体、美等课程难以开设，乡村几乎没有文化教育设施等。贫乏的教育资源和落后的教育条件，造成了贫困地区长期的愚昧无知和保守落后状况。

曾经深入研究过贫困问题的著名学者、诺贝尔经济学奖得主阿马蒂亚·森认为："更好的教育和医疗保健不仅能直接改善生活质量，同时也能提高获取收入并摆脱收入贫困的能力。教育和医疗保健越普及，则越有可能使那些本来会是穷人的人得到更好的机会去克服贫困。"[①] 因此，切实改善贫困地区和贫困人口的教育条件，让他们也能享有发达地区优质的教育资源和教育条件，虽不是短时间内容易解决的难题，但却能体现社会公平正义的过程公平原则，理应成为精准教育扶贫努力争取实现的目标。为此，《中共中央国务院关于打赢脱贫攻坚战的决定》明确指出，国家教育经费要向贫困地区、基础教育倾斜，健全学前教育资助制度，帮助农村贫困家庭幼儿接受学前教育，加大对乡村教师队伍建设的支持力度，制定符合基层实际的教师招聘引进办法，全面落实连片特困地区乡村教师生活补助政策，改善贫困地区农村中小学校基本办学条件，率先对建档立卡的家庭经济困难学生实施普通高中免除学杂费、中等职业教育免除学杂费政策，建立保障农村和贫困地区学生上重点高校的长效机制，加大对贫困家庭大学生的救助力度等，实施教育扶贫结对帮扶行动计划。

第三，保障贫困地区和贫困人口的教育收益，实现结果公平正义。

教育扶贫的目的是让贫困地区和贫困人口获得自我发展、自主脱贫的能力，是一种内生式的扶贫脱贫方式。然而，贫困地区和贫困人口所处的社会环境和自然条件千差万别，文化传统和氛围各不相同，

---

① 〔印〕阿马蒂亚·森：《以自由看待发展》，任赜等译，中国人民大学出版社，2013，第88页。

教育基础和条件也不完全相同,因此,不能用一个方案、一种办法解决所有问题,教育扶贫也应当适宜对路,具有针对性和可操作性,要让贫困地区和贫困人口切实感受到教育扶贫所带来的收益和获得感,从而发自内心地愿意接受教育,积极参与教育。

调查研究发现,贫困地区和贫困人口对教育的重视程度并不高,贫困家庭子女的教育没有得到普遍重视,他们在义务教育阶段的辍学率比较高,高中之后教育水平比较低,整体文化素质较低。这一方面是由于他们的教育水平和教育条件落后,但另一方面也说明他们并没有感受到教育带来的收益,并没有从接受教育中获得他们想要的东西,因此,他们往往认为读书无用,读书不如外出打工实惠。这应当引起人们的深思:到底什么样的教育才是贫困地区和贫困人口所需要的教育?精英教育显然不能适应广大贫困人口的需要,而那些更实用、更富于本土化的教育形式和内容,可能更能满足他们的需要,给他们带来实实在在的收益。因此,保障贫困地区和贫困人口的教育收益,切实保障社会公平正义的结果公平,才能充分体现教育扶贫的实际价值。

B.2
中国教育扶贫发展与挑战

王文静 李兴洲 谢秋葵 赵晓晨*

摘　要： 我国教育扶贫的历史与整体扶贫开发的历史相一致，教育扶贫是整体扶贫开发的重要组成部分。我国教育扶贫的历史进程大致经历了1949~1978年的救济式扶贫时期、1979~1985年农村经济改革推动减贫时期、1986~1993年开发式扶贫时期、1994~2000年国家八七扶贫攻坚时期、2001~2010年基本消除贫困时期、2010~2020年精准扶贫攻坚时期等六个阶段，并在普及九年义务教育、基础教育均衡发展、学校办学条件改善、乡村师资队伍建设、成人培训与扫盲、职业教育升级转型和贫困地区教育管理水平提升等方面取得了历史性的成就。面向未来，我国的教育扶贫工作要切实保障义务教育发展水平和贫困人口教育权利，着力解决好贫困地区师资、生源及学校合理布局等现实问题，全面推进贫困地区基本公共服务均等化水平，提高贫困地区的教育质量和发展水平。

---

* 王文静，北京师范大学教授、博士生导师，现任北京师范大学继续教育与教师培训学院院长、教育部教师资格认定指导中心主任、教育部高等学校师资培训交流北京中心主任等，主要研究方向为教师教育、学习科学和中华传统文化教育等；李兴洲，北京师范大学教授、博士生导师，北京师范大学中国教育扶贫研究中心副主任，主要研究领域为职业教育、成人教育和教育扶贫；谢秋葵，教育学硕士，北京师范大学首都基础教育研究院研究助理，主要研究方向为比较教育、学习科学、教师教育；赵晓晨，翻译硕士（英语），北京师范大学脑与认知科学研究院项目秘书，主要研究方向为英语翻译、高等教育等。

关键词： 中国教育扶贫　贫困地区　贫困人口

一　中国教育扶贫的发展历程

我国教育扶贫的历史与整体扶贫开发的历史相一致，教育扶贫是整体扶贫开发的重要组成部分。对于我国扶贫开发历史发展阶段的划分，国内研究者的认识基本一致。本文结合国内研究者关于我国扶贫开发历史阶段的划分及不同历史发展时期教育扶贫的特点，把我国教育扶贫的历史发展过程划分为如下几个阶段。

（一）1949～1978年救济式扶贫时期：普及工农教育的尝试与努力

经历了近代外来列强的入侵、民国初期的军阀混战、日本军国主义的肆意践踏以及国内战争的内耗之后，成立初期的新中国积贫积弱，百废待兴。为此，党和政府致力于经济的恢复和发展，实行计划经济体制，努力提高人民的生活水平。在这一时期，我国主要针对因灾致贫人口和战争伤残人士，采取社会救济、自然灾害救济以及优抚救济等方式，开展救济式扶贫，以帮助贫困人口渡过难关。在1949～1978年的近30年间，我国的经济、社会发展经历了"恢复—发展—破坏—再恢复"的曲折历程。尽管国家为促进经济、社会发展与缓解贫困进行了大胆尝试，确立了相应的制度安排，并取得了一定的成就，但中国极端薄弱的经济基础、"左"倾思想的羁绊阻挠以及农村工作指导方针和政策措施上的失误，导致经济体系在1978年滑落到崩溃的边缘，2.5亿农村人口生活在贫困之中。根据原农业部人民公社管理局对1977～1979年全国穷县的统计，1977年全国28个省、市、区（除西藏）穷县数量为515个，占全国总县数的22.5%，其

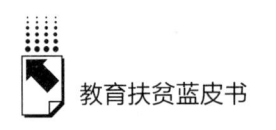

中，人均分配收入在 40 元以下的县为 182 个，占全国总县数的 7.9%；穷队数 180 万个，占全国总队数的 39%[①]。

1951 年春，热河省出现 45 个困难区、993 个困难村，有 45.5 万困难群众需要贷粮才能生产、生活。1951 年 5 月，热河省民政厅向政务院、内务部递交了《扶持困难户生产的报告》，黄炎培副总理做出重要指示："扶助困难户生产，是值得努力的一件事。希望热河省积累经验，使以后困难村户逐渐减少，做出一个典型来。"这算得上是国家领导人就扶贫问题所做的最早的指示[②]。

1964 年 2 月 26 日，内务部党组向中共中央提交了《关于社会主义教育运动中加强农村社会保障工作、帮助贫下中农困难户克服困难的报告》，第一次正式向中央提出要帮助困难户发展生产，明确提出"使他们（困难户）依靠集体经济，通过生产自救，逐步走上与其他社员共同富裕的道路"[③]。

1978 年 2 月 8 日，广东省民政厅会同银行、粮食、供销、农业等 10 个单位联合向省委提交了《关于认真做好扶持贫下中农困难户的申请报告》，在全国首次提出贫困户的困难是多方面的，不是单纯某个部门所能解决的，只有各级党委真正重视起来才能保证这项工作的顺利开展；各地、市、县要在各级党委统一领导下，建立扶贫领导小组，由党委负责同志挂帅，民政、财政、农业、商业、银行、教育、卫生、粮食、贫协等有关部门人员参加。该报告根据试点的经验得出结论：扶贫要以治本为主，治标与治本相结合；扶贫先扶志，自力更生，因地制宜；各部门都要为扶贫尽职尽责；要整顿、建设好穷队的领导班子。广东省委十分重视这个报告，并以文件形式转发给各

---

① 农业部人民公社管理局：《1977～1979 年全国穷县情况》，《农业经济丛刊》1981 年第 1 期。
② 付民：《中国政府消除贫困行为》，湖北科学技术出版社，1996，第 26 页。
③ 付民：《中国政府消除贫困行为》，湖北科学技术出版社，1996，第 26～27 页。

级党委研究贯彻实施。同年8月底,全省各地、市、县都成立了扶贫工作领导小组或办公室①。这是我国较早开展综合扶贫工作的实践,也是较早把教育部门纳入扶贫工作的实践。

1978年,民政部成立。民政部第一任部长程子华极为重视广东省的经验,指示民政部农村经济司"系统地研究",并派出13个工作组,分赴广东、辽宁等13个省、区调查了解扶贫情况。同年10月,民政部在北京召开第七次全国民政工作会议。程子华部长在会上所做的报告,第一次面向全国对扶贫工作给予肯定。广东省民政局、湖北省房县桥上公社等在会上介绍扶贫经验②。

新中国成立后,我国的教育基础落后,发展极不平衡,小学入学率只有20%左右,80%以上的成年人口是文盲,农村中文盲的比重更大。1949年10月19日,政务院文化教育委员会暨教育部成立。12月23日召开了第一次全国教育工作会议,进一步明确了国家在新民主主义时期的教育目的是"为人民服务,首先为工农兵服务,为当前的革命斗争和建设服务",教育改革的基本工作方针是"以老解放区新教育经验为基础,吸收旧教育有用经验,借助苏联经验,建设新民主主义教育"。教育发展的战略就是普及与提高相结合,重点在普及阶段。此后,教育部又相继召开了全国高等教育会议、全国工农教育会议、全国中等教育会议、全国初等教育会议与师范教育会议、全国民族教育会议等首次全国性会议,研究、讨论了各级各类教育的方针、政策和发展方向,分门别类地制订了一系列的规程、决定、条例、方案、办法等法规性文件,确定高等教育为生产建设服务,向工农开门的原则。1950年2月20日,教育部副部长钱俊瑞在全国学联会议上做了题为"改革旧教育、建设新教育"的报告,就各级

---

① 付民:《中国政府消除贫困行为》,湖北科学技术出版社,1996,第26~27页。
② 付民:《中国政府消除贫困行为》,湖北科学技术出版社,1996,第26~27页。

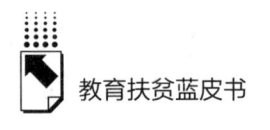

学校向工农劳动人民开门,着重推行劳动者的业余补习教育,准备普及成人识字教育,培养工农出身的新型知识分子等内容做了明确说明。

新中国成立之后确立的教育为工农服务指导方针,是我国教育发展史上的一个历史性飞跃,具有里程碑的意义。为实现这一历史性转变,党和国家采取了积极措施,促进教育普及:一是有计划地、分步骤地接管、改造旧学校,使之成为为人民服务的新学校;普遍开办工农速成中学,掀起全国扫盲识字运动。二是改革旧课程,颁布新学制。建立全日制学校、半工半读学校、业余学校等并举的"多轨制"学校,扩大教育机会。三是开展教师思想改造运动,提高为工农服务的觉悟。作为改造旧学校的重要内容之一,中小学优先吸收工农子弟入学,"准备和开始吸收工农干部和工农青年进高等学校,以培养工农出身的新型知识分子"①,中小学因此在招生工作中对工农子弟放宽入学年龄,降低分数,优先录取。大学从1950年开始,从宽录取工农青年,并创办了一批工农速成中学,在3~4年内完成普通中学的课程,毕业后直接进入大学。工农学生入学之后,各校采取免修俄语,单独编班,分组教学,加强课外辅导,重点补习、检查、了解和解决问题等办法,帮助工农学生学习。这样,工农学生入学的比例直线上升,由1950年的近乎为0上升到1951年的19.1%,再到1956年的34.1%,到1958年,工农大学生人数已经接近大学人数的一半,学校逐渐成为面向社会、服务于劳动人民的学校②。

改革开放之前,我国虽然没有出台专门的教育扶贫政策和专项行动,但在摸索和探索建设新民主主义教育方面,全国农村基本形成了生产大队办小学、公社办中学、"区委会"办高中的农村教育格局,

---

① 《高等学校规程》,1950年。
② 曾天山:《二十世纪的中国教育事业卷》,甘肃人民出版社,2000,第152~157页。

创造了"政府补贴+公社的公共经费分担"的全民办教育模式。尽管当时的农村教育质量水准较低，但我国在当时国家财力严重不足的情况下，借助于这一模式，通过政府和集体共同分担方式，用最少的钱，办成了世界上规模最大的农村教育事业。1949年，全国学龄儿童平均入学率只有20%，1957年达到61.7%，全国小学毕业生的初中升学率达到44.2%。进入人民公社时期后，学龄儿童平均入学率由1962年的56.1%上升到1978年的95.5%，农村小学毕业生的初中升学率由1962年的32.3%上升到1978年的86.4%。基础教育方面的成就超过了改革开放初期，有益于缓解农村贫困①，也在一定程度上体现了教育发展在扶贫脱贫过程中的作用和价值。

（二）1979~1985年农村经济改革推动减贫时期：普及初等教育与重点发展职业教育

20世纪70年代末，经历了十年"文革"浩劫之后，我国农村的贫困问题愈加严重。十一届三中全会后，改革开放和农村经济取得快速发展，农民生活水平明显提高，农村贫困状况有了很大改善，贫困人口大幅度减少。据国家统计局保守估计，贫困人口由1978年的2.5亿减少到1985年的1.25亿，绝对数减少了一半，贫困人口占农村人口的比重由1978年的30.7%下降为1985年的14.8%，下降了近16个百分点。但是，农村贫困人口的绝对数仍然很大，其中3000万左右人口的温饱问题没有得到根本解决，反贫困任务仍很艰巨②。而贫困地区教育落后和人口素质低下也是导致贫困的重要原因。在当时，全国平均每10万人拥有教员956人，而贫困地区仅为500人左

---

① 《中国农村义务教育发展历史评述》，豆丁网，http://www.docin.com/p-862339852.html，最后访问日期：2015年4月20日。
② 付民：《中国政府消除贫困行为》，湖北科学技术出版社，1996，第35页。

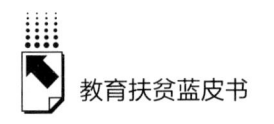

右；全国人口平均文盲比重约为25%，而个别贫困地区则高达50%[①]。

救济扶贫时期的经验证明，要改变贫困地区贫穷落后的状况，一般的发展政策难以奏效，需要实施特殊的扶持政策。在这种背景下，中共中央、国务院于1984年9月30日联合发布了《关于帮助贫困地区尽快改变面貌的通知》（以下简称《通知》），第一次将消除贫困作为一项特殊的政策提出来，标志着我国政府消除贫困正式行动的开始。在《通知》提出的五点具体措施中，非常明确地把增加智力投资作为其中一条重要措施，要求在贫困地区有条件地发展和普及初等教育，重点发展农村职业教育，加速培养适应山区开发的各种人才。这应当是我国政府文件中第一次明确提出教育扶贫。《通知》要求各有关省、自治区成立贫困地区工作领导小组，负责检查督促各项措施的落实；国家有关部门（包括计划、农业、水电、林业、商业、交通、机械、冶金、煤炭、化工、地质、物资、民政、卫生、文教、金融等）都应指定专人负责，分别做出帮助贫困地区改变面貌的具体部署，并抓紧落实，保证实现；贫困地区各级党、政机构的设置、人员配备，应从实际出发，不强调上下对口，尽量做到简政便民；在划定的贫困地区，除国家层面适当增加投资外，各部门戴帽下达到贫困地区贫困县的各项建设经费，由县政府统筹安排，集中用于关系到群众切身利益的生产建设项目上[②]。

在此期间，区域性扶贫开发活动的实施和全国性扶贫开发项目的准备逐渐步入正轨，各民主党派、工商联利用自身的人才、智力优势，通过科学技术的传播和智力的投入，开展"智力支边"活动，为革命老区、少数民族地区和边远地区的脱贫致富和社会发展服务。

---

① 付民：《中国政府消除贫困行为》，湖北科学技术出版社，1996，第36页。
② 付民：《中国政府消除贫困行为》，湖北科学技术出版社，1996，第39页

例如1984年，中国民主促进会参加智力交流和支边活动的人员达318人次，深入全国47个地、市、县、区，完成讲学、经验交流和培训项目54项，培训师资以及各类业务骨干4400多人，参加听讲的近4万人次。

（三）1986～1993年开发式扶贫时期：普及初等教育及开展农村实用技术培训与扫盲

从20世纪80年代中后期开始，我国政府开始实施有计划、有组织、大规模的区域性开发式扶贫，有效地将贫困人口的自力更生与国家扶持、地方对口帮扶结合起来，极大地推进了农村贫困人口脱贫致富的进程。在这一时期，我国的贫困人口主要分布于国务院和各省、市、自治区核定的699个贫困县，其中约有430个县形成连片的贫困地带，占贫困县总数的61.5%。1986年国家成立了专门的扶贫领导机构——国务院贫困地区经济开发领导小组（国务院反贫困领导小组的前身），标志着我国的扶贫减贫工作逐渐走上规范化、机构化、制度化和专业化之路：一是确立了开发式扶贫方针；二是制定了专门针对贫困地区和人口的政策措施；三是对18个集中连片的贫困地区实施重点反贫困；四是确定了对贫困县的扶持标准并核定了贫困县，分中央政府和省（自治区）两级重点扶持[①]。同年4月，全国人大六届四次会议将帮助老、少、边、穷地区尽快摆脱经济文化落后状况作为一项重要内容，并将其列入国民经济和社会发展"七五"计划。按照统一部署，各有关省（区）、地（市、州）、县（旗）也分别建立起负责贫困地区经济开发工作的组织机构，并层层建立了扶贫目标管理责任制，进一步明确治穷致富是贫困地区各级领导机关和广大干部的根本任务，要求贫困县把扶贫工作摆到工作的中心位置上来。党

---

① 张磊：《中国扶贫开发政策演变（1949～2005）》，中国财政经济出版社，2007，第86页。

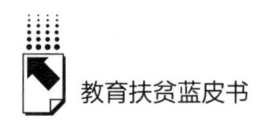

政一把手都必须亲自抓扶贫工作。政府要经常调查研究，党委要定期听取汇报，并动员和教育广大干部群众，发扬自力更生、艰苦奋斗的优良传统，齐心协力向贫困宣战。之后，从1986年5月至1987年1月的半年多时间内，国务院贫困地区经济开发领导小组接连召开了四次全体会议，明确了贫困地区经济开发的基本目标和任务，并对整个扶贫工作做出具体部署，提出了具体的扶贫方案、措施和要求。我国政府消除贫困的正式行动由此进入实质性阶段[1]。

1990年2月成立的全国贫困地区干部培训中心，为直属于国务院扶贫开发领导小组办公室的事业单位，其主要职责是对全国贫困地区党政领导干部进行扶贫开发方面的培训，对贫困地区乡村干部培训和农民实用技术培训进行指导。同时，也承担了一些国际合作项目和调查研究工作。

在教育扶贫方面，尽管经济开发扶贫的主要任务是发展当地经济，带动贫困人口经济致富，但其着力点依然是提高贫困人口的科学文化技术素质，教育和培训在脱贫致富中的作用日益受到重视。因此，新的反贫困战略，把提高人的素质和科技扶贫放在重要位置。一是从中央到地方分层次对领导干部和专业技术人员进行广泛培训，以提高他们的组织、管理能力和技术水平，同时对贫困地区农民进行实用技术培训，使受培训人员每人掌握一两门实用技术，在生产经营中起示范和带头作用。二是将"星火计划"、"丰收计划"、"温饱工程"和"燎原计划"等大型科技推广应用行动推进到贫困地区，使贫困地区农民从新的科技推广应用中得到较大实惠。三是积极发展贫困地区的教育事业，普及初等教育，发展职业技术教育和成人教育，积极扫除青壮年文盲；并把对农民的成人教育、扫盲教育放在重要位置，大力开展各类实用性专业技术培训，兴办各种职业学校和举办短

---

[1] 付民：《中国政府消除贫困行为》，湖北科学技术出版社，1996，第39～40页。

训班,长短结合,以短为主,努力使农民开阔视野,更新观念,提高技能,掌握依靠自己摆脱贫困、走向富裕的真本领。四是组织和动员国家机关、大专院校、科研院所等单位有一定专业知识的优秀干部到贫困地区任科技副县长、副乡长等,同时组织科技人员、能工巧匠搞技术承包和举办人才培训,形成规模庞大的科技开发与人才队伍,实施科技扶贫[①]。此外,动员社会各界力量,支援贫困地区教育发展。中国青少年发展基金会于1989年10月31日组织了中国第一项救助贫困地区失学少年儿童专项基金,以帮助千千万万因家庭贫困而失学的孩子重返校园。这项助学扶贫的事业被命名为"希望工程"。希望工程的推出,得到了海内外的广泛理解和积极支持。到1995年,共筹集资金6.92亿元,直接救助学生125万名;至1996年6月,与地方共同投资建设希望小学2574所。在中国,希望工程已成为动员社会力量,推进贫困地区发展教育,加快贫困地区脱贫步伐的一支积极力量[②]。

1988年2月,国务院颁发《扫除文盲工作条例》,把扫盲教育纳入依法治教的轨道,提出了由各级政府领导,有关方面分工协作,教育部门具体管理的行政领导负责制。把扫盲工作与义务教育相结合,把文字扫盲与功能性扫盲结合起来,扫盲对象年龄由12~40岁上升为15~40岁。1990年,中央10个部门联合成立全国扫盲工作协调小组,有力推进了扫盲工作。1978~1990年,全国扫盲4249.6万人,成人文盲数量由1982年的22996万人下降到1990年的18003万人,年均减少624万人,总人口的文盲率相应地由22.8%下降到15.9%,年均减少0.9个百分点[③]。

1993年9月22日,国务院贫困地区经济开发领导小组正式更名

---

① 付民:《中国政府消除贫困行为》,湖北科学技术出版社,1996,第44~45页。
② 付民:《中国政府消除贫困行为》,湖北科学技术出版社,1996,第42~43页。
③ 曾天山:《二十世纪的中国·教育事业卷》,甘肃人民出版社,2000,第227页。

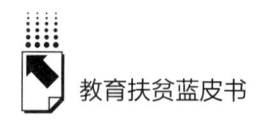

为国务院扶贫开发领导小组，从组织上强化了对扶贫工作的领导，为《国家八七扶贫攻坚计划》的出台做好了组织上的准备。

（四）1994~2000年国家八七扶贫攻坚时期：普及九年义务教育与扫除青壮年文盲

为了进一步加快扶贫开发的步伐，中国政府于1994年制定并颁布实施《国家八七扶贫攻坚计划》。该计划明确提出，集中人力、物力和财力，动员社会各界力量，力争用7年左右的时间，到2000年底基本解决农村贫困人口的温饱问题。其中，改变教育文化卫生的落后状况，是该项计划的具体目标之一，并明确规定：减免贫困户子女入学的学杂费，并在助学金上给予照顾；到20世纪末贫困地区要基本普及初等教育，积极扫除青壮年文盲；开展成人职业技术教育和技术培训，使大多数青壮年劳力掌握一到两门实用技术；在科教兴农方面，要求统筹实施农业综合开发、扶贫开发、"丰收计划"、"星火计划"、"燎原计划"等项目，统筹制定人才培养和适用技术培训方案，统筹组织各方面的技术力量，统筹使用各部门的实验基地和设施，统一筹措、合理安排科教兴农资金。

为了改善贫困地区教育落后状况，加快贫困地区普及九年义务教育的步伐，从1995年起，政府开始实施第一期"国家贫困地区义务教育工程"。1995~2000年，中央财政投入39亿元，地方财政配套87亿元，共计126亿元专项资金，实施范围集中在22个省、自治区、直辖市及新疆生产建设兵团的852个贫困县，其中，《国家八七扶贫攻坚计划》确定的国家级贫困县有568个、省定贫困县284个，成为新中国成立以来中央级专项资金投入最多、规模最大的义务教育扶贫工程。在各级政府的高度重视、社会各界特别是贫困地区广大人民群众的全力支持下，到2000年底，一期"工程"圆满结束，完成了各项任务，实现了规划目标。"工程"取得的主要成效有：一是加快了中西部地区"两基"进程。到一期"工程"结束，852个项目县中，有428个项目县通过了国家"两基"验收。二是极大地改善了贫困地区义务教育办学条件。通过实施"工程"，共新建中小学3842所，改、扩建中小学28478所。项目县中小学校舍面积由13000万平方米增加到18800万平方米，增加了5800万平方米；危房比率由10%左右下降到3%以下。购置课桌凳653万套，添置图书1亿多册，配备教学仪器设备近40万台套。三是教师教学水平有了较大提高。五年中，共培训中小学教师46.6万人次，培训校长7.22万人次，使项目县小学教师学历合格率达到了94%，初中教师学历合格率达到了87.7%，小学、初中校长学历全部达标。四是有力地推动了中小学布局调整。通过实施"工程"，项目县学校共减少1.67万所，增加学生320万人，校均规模达到168人，生师比达到22.7∶1；初中在校学生增加了153万人，校均规模达到660人，生师比达到18.2∶1。校均规模的扩大，生师比的提高，使教育资源得到了更有效的利用①。

与此同时，与收费改革体制相配套的奖学金、贷学金、勤工助学、特困生补助等政策也在实践中不断得到完善。对此，国家付出了极大的努力，教育部门郑重承诺，"不让一个因经济贫困而辍学的学生出现"。自1994年起，国家为缓解高校贫困生问题，曾先后动用"总理基金"5亿多元资助贫困大学生。河南、江西、上海等省、市把解决大学生经济困难纳入政府行为，建立了保证贫困大学生最低生活费和"济困基金"等制度，从而使当地的济困助学工作走入经常化、正规化、制度化的轨道②。

社会捐助是缓解教育经费紧张不可缺少的一条补充性措施。团中央于1995年12月开展了第一次全国性救济贫困大学生活动。深圳黄

---

① "国家贫困地区义务教育工程"的含义，360百科，http://baike.so.com/doc/6457875-6671562.html，最后访问日期：2015年4月24日。
② 曾天山：《二十世纪的中国·教育事业卷》，甘肃人民出版社，2000，第413页。

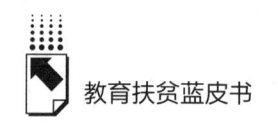

金塔集团公司参与首批捐助,每年40万元,连续3年,共120万元,揭开了"关注贫困生"的跨世纪公益活动序幕。1997年10月25日,团中央和全国学联联合邀请了全国若干所高校的近百名贫困生代表在北京人民大会堂,接受由福建恒安集团赞助1000万元设立的"恒安济困奖学金",这是团中央组织的金额最大的一项济困奖学金。原国家教委还接受境外友好机构和个人及港、澳、台同胞对我国教育的捐赠,金额累计在数亿美元以上[①]。

1997~2000年,国家设立贫困地区义务教育助学金1.3亿元,资助少数民族学生接受义务教育,少数民族教育得到了前所未有的发展。少数民族学生占大、中、小学生总数的比例分别从4.2%、3.8%、5.3%提高到6.8%、6.7%、8.9%,已接近或超过少数民族人口占全国总人口的比重。内蒙古等8个主要少数民族聚集区的省(区)小学适龄儿童入学率达到97.6%,其中女童达到97.1%。全国有1万多所学校采取利用汉语和少数民族语言的"双语教学",涉及少数民族语言60多种。各级各类普通学校中少数民族在校生近1800万人,各级政府逐步增加少数民族教育经费,对有特殊困难的少数民族地区采取倾斜政策和措施。教育为加速民族地区经济和社会的发展做出了重要贡献[②]。

(五)2001~2010年基本消除贫困时期:加强基础教育与普遍提高贫困人口受教育程度

到2000年底,除了少数社会保障对象和生活在自然环境恶劣地区的特困人口,以及部分残疾人以外,全国农村贫困人口的温饱问题已经基本解决,《国家八七扶贫攻坚计划》确定的战略目标基本实

---

① 曾天山:《二十世纪的中国·教育事业卷》,甘肃人民出版社,2000,第415页。
② 曾天山:《二十世纪的中国·教育事业卷》,甘肃人民出版社,2000,第234~235页。

现。《国家八七扶贫攻坚计划》的实施,有力地推动了我国扶贫减贫工作的进程。2000年底,全国农村没有解决温饱的贫困人口数量下降到3000多万,占农村人口的比例在3%左右;低收入贫困人口数量在6000多万。进入21世纪后,国家从加快推进社会主义现代化建设步伐、全面建设小康社会着眼,制定并颁布实施《中国农村扶贫开发纲要(2001~2010年)》,决定从2001年到2010年,集中力量,加快贫困地区脱贫致富的进程,把扶贫开发事业推向一个新的阶段。

在教育扶贫方面,《中国农村扶贫开发纲要(2001~2010年)》指出,努力提高贫困地区群众的科技文化素质。切实加强基础教育,普遍提高贫困人口受教育的程度。实行农科教结合,加强普通教育、职业教育、成人教育统筹,有针对性地通过各类职业技术学校和各种不同类型的短期培训,增强农民掌握先进实用技术的能力。

为了贯彻落实《中国农村扶贫开发纲要(2001~2010年)》,中共中央、国务院决定,"十五"期间继续实施第二期"国家贫困地区义务教育工程"。中央财政投入50亿元,地方财政配套23.6亿元,共计73.6亿元,在中、西部19个省、自治区、市和新疆生产建设兵团的522个县级单位实施,共覆盖人口1.24亿,其中少数民族人口0.49亿,约占总人数的40%。项目实施单位包括西部开发地区县(旗、团场)462个,约占总数的89%。中央专款的分配向西部地区倾斜,为西部地区安排的资金占到了中央专款的90%以上。二期"工程"把校舍改造和建设继续作为重点的同时,加大了师资培训的力度,新增了免费提供教科书、配置信息技术教育设备等项目。按照规划,522个项目县共新建、改扩建中小学10663所(新建4062所、改扩建6601所),其中新建、改扩建小学6928所(新建2431所、改扩建4497所),新建、改扩建初中3735所(新建1631所、改扩建2104所);培训中小学校长和教师约46.7万人次,添置仪器设备1.6万台套,购置课桌凳205万套,新增图书资料2300万册;向110万

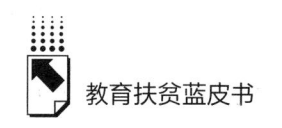

人次的小学和初中学生免费提供教科书;为近2万所农村中小学(小学14770所、初中4940所)配备信息技术教育和远程教育接收设备①。

此外,中央政府还通过实施免费教科书并补助寄宿生生活费专项、农村中小学教师工资专项、中小学危房改造工程、农村中小学现代远程教育工程、农村寄宿制学校建设工程、西部地区"两基"攻坚计划等转移支付项目推动贫困地区基础教育的发展。

(六)2010~2020年精准扶贫攻坚时期:基本普及学前教育和高中教育与精准教育扶贫

随着《国家八七扶贫攻坚计划》和《中国农村扶贫开发纲要(2001~2010年)》的实施,我国的扶贫事业取得了巨大成就。农村贫困人口大幅减少,收入水平稳步提高,贫困地区基础设施明显改善,社会事业不断进步,最低生活保障制度全面建立,农村居民生存和温饱问题基本解决。然而,扶贫开发仍然是我国全面建成小康社会最艰巨的任务,是工作的重点和难点。党的十八大以来,中央提出了一系列扶贫开发的新思想、新论断、新要求,明确指出"消除贫困、改善民生,实现共同富裕,是社会主义的本质要求,是我们党的重要使命"②,强调"没有贫困地区的小康,没有贫困人口的脱贫,就没有全面建成小康社会"③。"我国扶贫开发工作已进入啃硬骨头、攻坚拔寨的冲刺期",强调"扶贫开发贵在精准,重在精准,成败之举在于精准",要求"各级党委政府必须增强紧迫感和主动性,采取力度

---

① 《第二期国家贫困地区义务教育工程实施》,《人民日报》(海外版)2002年5月10日第1版。
② 《扶贫攻坚》,阆中市人民政府网,http://www.langzhong.gov.cn/special/show.jspx?specialID=16&id=2293,最后访问日期:2015年6月21日。
③ 《新华社评论员:没有农村小康就没有全面小康》,新华网,http://www.news.xinhuanet.com/2012-12/30/c_114207305.htm,最后访问日期:2015年6月21日。

更大、针对性更强、作用更直接、效果更可持续的措施，大力度推进，再加快步伐，确保贫困人口到2020年如期全部脱贫"。面对2020年全面建成小康社会的艰巨任务和实现打赢脱贫攻坚战的底线目标，精准扶贫是当前帮助贫困地区和人口摆脱贫困、走向共同富裕的科学方法，也是全面建成小康社会的重要抓手。

2011年12月，中共中央、国务院印发了《中国农村扶贫开发纲要（2011~2020年）》，提出了"到2020年，稳定实现扶贫对象不愁吃、不愁穿，保障其义务教育、基本医疗和住房。贫困地区农民人均纯收入增长幅度高于全国平均水平，基本公共服务主要领域指标接近全国平均水平，扭转发展差距扩大趋势"的总体目标。教育扶贫的主要任务是："到2015年，贫困地区学前三年教育毛入园率有较大提高；巩固提高九年义务教育水平；高中阶段教育毛入学率达到80%；保持普通高中和中等职业学校招生规模大体相当；提高农村实用技术和劳动力转移培训水平；扫除青壮年文盲。到2020年，基本普及学前教育，义务教育水平进一步提高，普及高中阶段教育，加快发展远程继续教育和社区教育。"发展贫困地区教育文化事业的具体对策是："推进边远贫困地区适当集中办学，加快寄宿制学校建设，加大对边远贫困地区学前教育的扶持力度，逐步提高农村义务教育家庭经济困难寄宿生生活补助标准。免除中等职业教育学校家庭经济困难学生和涉农专业学生学费，继续落实国家助学金政策。在民族地区全面推广国家通用语言文字。推动农村中小学生营养改善工作。关心特殊教育，加大对各级各类残疾学生扶助力度。继续实施东部地区对口支援中西部地区高等学校计划和招生协作计划。贫困地区劳动力进城务工，输出地和输入地要积极开展就业培训。继续推进广播电视村村通、农村电影放映、文化信息资源共享和农家书屋等重大文化惠民工程建设。加强基层文化队伍建设。"

为了确保到2020年农村贫困人口实现脱贫，全面建成小康社会，

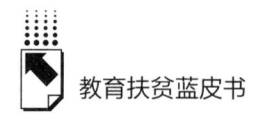

2015年11月29日，中共中央、国务院发布了《关于打赢脱贫攻坚战的决定》（以下简称《决定》），要求各级党委和政府必须把扶贫开发工作作为重大政治任务来抓，把精准扶贫、精准脱贫作为基本方略，不断创新扶贫思路和办法，坚决打赢这场攻坚战。到2020年，稳定实现农村贫困人口不愁吃、不愁穿，义务教育、基本医疗和住房安全有保障。实现贫困地区农民人均可支配收入增长幅度高于全国平均水平，基本公共服务主要领域指标接近全国平均水平。确保我国现行标准下农村贫困人口实现脱贫，贫困县全部摘帽，解决区域性整体贫困。《决定》明确把教育扶贫作为脱贫攻坚战的重要措施，要求"着力加强教育脱贫"，"让贫困家庭子女都能接受公平有质量的教育，阻断贫困代际传递"。为此，国家教育经费向贫困地区、基础教育倾斜，健全学前教育资助制度，稳步推进贫困地区农村义务教育阶段学生营养改善计划，加大对乡村教师队伍建设的支持力度，全面落实连片特困地区乡村教师生活补助政策，建立乡村教师荣誉制度，合理布局贫困地区农村中小学校，改善基本办学条件，普及高中阶段教育，率先对建档立卡的家庭经济困难学生实施普通高中免除学杂费、中等职业教育免除学杂费，让未升入普通高中的初中毕业生都能接受中等职业教育，加强有专业特色并适应市场需求的中等职业学校的建设，提高中等职业教育国家助学金资助标准，努力办好贫困地区特殊教育和远程教育，建立保障农村和贫困地区学生上重点高校的长效机制，加大对贫困家庭大学生的救助力度。对贫困家庭离校未就业的高校毕业生提供就业支持，实施教育扶贫结对帮扶行动计划，改善边疆民族地区义务教育阶段基本办学条件，建立健全双语教学体系，加大教育对口支援力度，积极发展符合民族地区实际的职业教育，加强民族地区师资培训。

为了有效推进贫困地区教育事业的发展，教育部、国家发展改革委、财政部、国务院扶贫开发领导小组办公室等职能部门单独或联合发布了一系列教育扶贫政策文件、实施方案和支持计划等，如2011年4月26日国务院扶贫开发领导小组办公室、财政部颁发的《关于完善雨露计划实施方式改革试点工作的通知》，2013年9月12日教育部、财政部颁发的《关于落实2013年中央1号文件要求对在连片特困地区工作的乡村教师给予生活补助的通知》，2013年12月31日教育部、国家发展改革委、财政部颁发的《关于全面改善贫困地区义务教育薄弱学校基本办学条件的意见》，2014年4月23日教育部办公厅、国家发展改革委办公厅、财政部办公厅颁发的《关于制定全面改善贫困地区义务教育薄弱学校基本办学条件实施方案通知》，2014年7月18日教育部办公厅、国家发展改革委办公厅、财政部办公厅颁发的《关于印发全面改善贫困地区义务教育薄弱学校基本办学条件底线要求的通知》，2015年6月2日国务院扶贫开发领导小组办公室、教育部、人力资源和社会保障部颁发的《关于加强雨露计划支持农村贫困家庭新成长劳动力接受职业教育的意见》，2015年6月8日国务院办公厅颁发的《关于印发乡村教师支持计划（2015~2020年）的通知》，2016年3月7日教育部办公厅颁发的《关于2015年连片特困地区乡村教师生活补助实施情况的通报》等。这些政策文件、实施方案或支持计划等的颁布和实施，有力地推动了教育扶贫工作的开展，为精准扶贫、精准脱贫提供了有力保障。

在2015年11月召开的中央扶贫开发工作会议上，习近平总书记强调，消除贫困、改善民生、逐步实现共同富裕，是社会主义的本质要求，是我们党的重要使命。全面建成小康社会，是我们对全国人民的庄严承诺。在2016年的《政府工作报告》中，精准扶贫成为2016年重点工作之一。

2016年7月20日，习近平总书记在银川主持召开东西部扶贫协作座谈会并发表重要讲话，要求东西部扶贫协作要"明确重点，精准聚焦"，在发展经济的基础上，向教育、文化、卫生、科技等领域

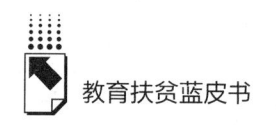

合作拓展，促进观念互通、思路互动、技术互学、作风互鉴，加大对西部地区干部特别是基层干部、贫困村致富带头人的培训力度，打造一支留得住、能战斗、带不走的人才队伍。

二 中国教育扶贫取得的成就

毋庸置疑，新中国成立以来持续开展的扶贫开发事业取得了令世人瞩目的成就，按照世界银行的贫困标准（每天1.25美元，2005年购买力平价），1981～2011年，全球贫困人口从19.38亿减少到10.11亿，全球贫困人口减少9.27亿。同期，中国的贫困人口由8.38亿减少到8417万（2011年），贫困人口减少7.54亿[①]。我国的贫困统计数字显示，截至2014年底，只有7000多万人口生活在贫困线以下。联合国发布的《千年发展目标2015年报告》显示，全球极端贫困人口已从1990年的19亿降至2015年8.36亿，其中中国的贡献率超过70%[②]。与此同时，我国的教育扶贫在提高贫困人口科学文化素质、阻断贫困代际传递等方面也发挥了巨大的作用，取得了巨大的成就，主要表现在以下方面。

（一）贫困地区基本普及九年义务教育

1986年《中华人民共和国义务教育法》（以下简称《义务教育法》）公布实施以后，国家逐步加大财政投入，各级政府积极行动，社会各界广泛动员，着力推进普及九年义务教育。到1991年，全国90%左右的人口所在地区普及了小学教育，小学学龄人口入学率达到

---

① 黄成伟：《中国为全球减贫做出了哪些贡献》，《瞭望》2015年第42期。
② 常红、张志达：《对全球减贫贡献超过70%"中国奇迹"普惠世界》，人民网，http://world.people.com.cn/n/2015/1016/c1002-27703507-2.html，最后访问日期：2015年10月16日。

97%左右。城市和部分农村地区普及了初中教育。2001年,《国务院关于基础教育改革和发展的决定》提出,在已实现"两基"农村地区重点抓好义务教育巩固提高工作,在占全国人口15%左右、未实现"两基"任务的贫困地区打好"两基"攻坚战。2003年,国务院召开了全国农村教育工作会议,会上印发的《国务院关于进一步加强农村教育工作的决定》提出"力争用五年时间完成西部地区'两基'攻坚任务"。2004年,国务院批准的《2003~2007年教育振兴行动计划》提出实施国家西部地区"两基"攻坚计划。中央政府与省级政府签订实施"两基"攻坚责任书。

到2002年底,虽然全国已有91.8%的人口地区基本普及了九年义务教育,但西部地区"普九"人口覆盖率只有77%,仍有410个县级行政单位尚未"普九",人均受教育年限仅为六七年,当地适龄儿童上学面临诸多困难。2006年,国家启动实施农村义务教育阶段学校教师特设岗位计划,公开招募高校毕业生到西部"两基"攻坚县农村学校任教,以提高农村教师队伍整体素质。从2006年起,免除全部西部地区农村义务教育阶段学生学杂费,惠及西部地区4880万名学生,使约20万名因贫困辍学的孩子重返校园。从2007年起,免除全国农村义务教育阶段学生学杂费,中央财政向全国农村义务教育阶段学生免费提供国家规定课程的教科书,惠及1.5亿名学生。经过艰苦努力,到2007年,西部地区"普九"人口覆盖率达到98%,全国共有3022个县级行政单位通过"两基"验收,"普九"人口覆盖率达到99%,初中毛入学率98%。2008年,国家全力支持西部地区尚未"普九"的42个边远贫困县普及义务教育。2008年,国家制定农村义务教育阶段中小学公用经费基准定额,到2009年全部落实到位,义务教育经费保障机制进一步完善,并开始实施义务教育阶段教师绩效工资改革。2010年、2011年,国家先后两次提高农村义务教育阶段学生人均公用经费基准定额,义

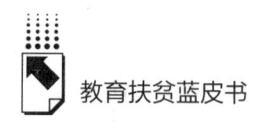

务教育经费保障水平不断提升。

2010年，中共中央、国务院发布《国家中长期教育改革和发展规划纲要（2010~2020年）》，在加大力度实施原有教育专项工程的同时，启动实施农村义务教育薄弱学校改造计划、边远艰苦地区农村教师周转宿舍计划、中小学教师国家级培训计划等。到2011年，最后42个边远贫困县通过"两基"验收。全国所有县级行政单位、所有省级行政区全部普及了九年义务教育，人口覆盖率达到100%，初中阶段毛入学率达到100%。全面普及九年义务教育是中国教育发展的历史丰碑，是中华民族伟大复兴道路上最绚丽的篇章[1]。

（二）义务教育均衡发展和学校规范化建设成效显著

为帮助贫困地区加快发展基础教育事业，教育部、财政部分别于1996~2000年、2001~2005年实施了两期"国家贫困地区义务教育工程"。两期"工程"共新建小学5380所，改扩建小学27197所；新建初中2466所，改扩建初中8035所。新建小学校舍431.82万平方米、改扩建小学校舍1336.44万平方米；新建初中校舍527.89万平方米、改扩建初中校舍929.29万平方米。购置小学和初中课桌凳857.5万单人套、图书13252.81万册、教学仪器及信息技术教学设备价值88957.16万元，培训校长和教师117.23万人次[2]。

"十五"期间，中央加大了对基础教育的投入，安排50亿元用于专项补助中西部困难地区发放农村中小学教师工资，安排30亿元用于"中小学危房改造工程"，安排50亿元实施第二期"国家贫困地区义务教育工程"，并有1亿元助学金和1亿元免费提供教科书专

---

[1] 王定华：《中国义务教育改革发展的回顾与展望》，《中国教育科学》2013年第4期。
[2] 宋梓铭：《我所经历的"国家贫困地区义务教育工程"》，中华人民共和国财政部，http://www.mof.gov.cn/zhuantihuigu/czgg0000_1/czgg0000/200811/t20081106_88367.html，最后访问日期：2015年5月12日。

项经费①。

2007年颁布的《中西部农村初中校舍改造工程方案》，重点支持大约7000所独立设置的农村初中新建或改造学生宿舍、食堂和厕所等生活设施，使项目学校寄宿学生生活设施达到或接近农村普通中小学校建设标准，基本消除"大通铺"和校外租房现象。中央共投入专项资金100亿元，用于初中改造工程，工程主要覆盖四个方面：一是国家扶贫工作重点县；二是少数民族自治县；三是革命老区；四是边境县②。截至2012年底，农村义务教育学生营养餐改善计划的实施，为全国22个省（区、市）699个国家试点县（含兵团19个团场）的学生提供营养餐，覆盖近10万所学校，惠及2200多万名学生。另有15个省（区、市）481个县开展了地方试点，覆盖3.5万多所学校，惠及800多万名学生③。

2012年《国务院关于深入推进义务教育均衡发展的意见》印发，首次从中央政府的层面明确了推进义务教育均衡发展的指导思想和基本目标，即到2015年，全国义务教育巩固率达到93%，实现基本均衡的县（市、区）比例达到65%；到2020年，全国义务教育巩固率达到95%，实现基本均衡的县（市、区）比例达到95%。从2014年起，用4年左右的时间，使贫困地区农村义务教育学校教室、桌椅、图书、实验仪器、运动场等教学设施满足基本教学需要；学校宿舍、床位、厕所、食堂（伙房）、饮水等生活设施满足基本生活需要；留守儿童学习和寄宿需要得到基本满足，农村小学和教学点能够正常运转；基本消除县镇和乡村超大班额现象，逐步做到小学班额不超过

---

① 《中国教育年鉴（2002）》，中华人民共和国教育部，http://www.moe.edu.cn/jyb_sjzl/moe_364/moe_302/，最后访问日期：2015年9月12日。
② 《中央投入100亿进行中西部农村初中校舍改造工程》，《教育发展研究》2008年第23期。
③ 《中国教育年鉴（2013）》，中华人民共和国教育部，http://www.moe.edu.cn/jyb_sjzl/moe_364/moe_302/，最后访问日期：2015年9月12日。

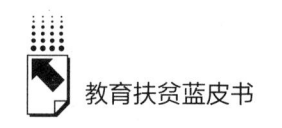

45人、初中班额不超过50人；教师配置趋于合理，数量和素质基本适应课程发展和教育教学需要；小学辍学率努力控制在0.6%以下，初中辍学率努力控制在1.8%以下①。

（三）乡村教师生存和发展状况不断改善

我国目前有1500多万名教师，其中330多万名为乡村教师，支撑着世界最大规模的教育体系——2.6亿学生。为了适应贫困地区教育发展，加强贫困地区教师队伍建设成为教育扶贫的重要组成部分。2000年国家启动民族、贫困地区中小学教师综合素质培训工作（2000～2004年）。从2001年起，中央财政为支持中西部贫困地区建立农村中小学教师工资保障机制，每年拿出50亿元用于补助这些地区发放教职工工资，4年累计投入了200亿元。2004年教育部开始实施"民族、贫困地区中小学教师综合素质训练项目暨新课程师资培训计划（2004～2008年）"，同年（2004年）教育部启动农村学校培养教育硕士师资计划，进一步提高农村学校教师的学历。2002年至2004年，全国农村小学教师学历合格率从96.7%提高到97.8%，西部地区小学教师学历合格率从95.4%提高到97.0%②。2013年10月开始实施"农村校长助力工程"，每年组织2000名农村义务教育学校校长参加国家级培训，提高农村学校校长解决办学重点难点问题的能力。2014年6月又开始实施中西部农村校长培训项目。

为引导教师进入贫困地区进行教学，国家还出台相关政策对贫困地区教师的福利待遇进行倾斜，鼓励教师到乡村执教。2013年10月教育部、财政部下发了《关于落实2013年中央1号文件要求对在连片特困地区工作的乡村教师给予生活补助的通知》。2014年，22个

---

① 王定华：《中国义务教育改革发展的回顾与展望》，《中国教育科学》2013年第4期。
② 《中国教育年鉴（2006）》，中华人民共和国教育部，http://www.moe.edu.cn/jyb_sjzl/moe_364/moe_302/，最后访问日期：2015年9月12日。

省份699个连片特困地区县中，已有21个省份604个连片特困地区县实施了乡村教师生活补助政策，覆盖县数达到86%，比2013年增加55个百分点，享受补助学校6.7万所，受益乡村教师94.9万人。目前，河北、内蒙古、黑龙江、安徽、江西、湖北、湖南、广西、重庆、四川、西藏、甘肃、青海、宁夏、新疆等16个省份实现了连片特困地区县全覆盖①。

"特岗教师计划"的实施为农村教育补充了大批高素质教师，增强了农村教师的生机和活力。截至2012年，68%的特岗教师具有大学本科学历，河南、青海、山西等省还吸引了一批硕士研究生到农村学校任教，特岗教师年龄一般在30岁以下，改善了农村中小学教师年龄偏大的状况②。

（四）成人培训和扫盲成果显著

提高贫困人口人力资本可以减少贫困人口的贫困发生率，缓解贫困人口的贫困程度。从20世纪80年代中后期开始，我国政府开始实施有计划、有组织、大规模的区域性开发式扶贫，提高贫困人口的人力资本、开展科技扶贫成为扶贫的重点。"九五"期间，农村成人教育累计培训农民4.56亿人次，各级农村成人学校增加55484所，年培训人数增加1232.75万，其中1999年教育培训人数达到10157万，首次突破1亿，创造了年度培训农村劳动者人数最多的新纪录。农村成人教育的广泛深入开展，有效地提高了农村劳动者的科学文化素质，促进了农村经济建设和社会发展③。

---

① 《94.9万乡村教师享生活补助》，中华人民共和国教育部，http://www.moe.gov.cn/jyb_xwfb/s5147/201509/t20150907_205615.html，最后访问日期：2015年9月12日。
② 《中国教育年鉴（2003）》，中华人民共和国教育部，http://www.moe.edu.cn/jyb_sjzl/moe_364/moe_302/，最后访问日期：2015年9月12日。
③ 《中国教育年鉴（2001）》，中华人民共和国教育部，http://www.moe.edu.cn/jyb_sjzl/moe_364/moe_302/，最后访问日期：2015年9月12日。

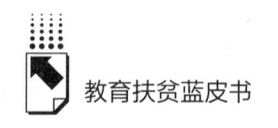

2000年农村成人教育取得了新进展。据统计，2000年全国有农民高等学校3所，毕业400人，在校生800人；农民中专学校446所，毕业7.41万人，在校生17.26万人；农民中学2622所，毕业19.50万人，在校生25.17万人；农民技术培训学校48.63万所，全年共培训9047.08万人次。农民初等学校15.99万所，毕业493.52万人。全年扫除文盲258.04万人，青壮年文盲率已降至5%以下[1]。

2002年全国有37.91万所农民技术培训学校，主要开展农民技术培训、农村劳动力转移培训，共培训农民7681.81万人次。2005年继续开展实用技术培训，共培训农民4793.18万人次。2006年，实施"农村实用人才培训工程"和"教育部农村实用技术培训计划"，教育系统农村实用技术培训共培训农民4500万人次。2007年教育系统农村实用技术培训共培训农民4500万人次。2008年全国农村实用技术培训共培训农民4358.22万人次，教育系统的农村成人文化技术学校培训农民4241.07万人次，占培训总数的97.31%，在农民教育培训中发挥着重要作用。2009年教育系统开展劳动力转移培训4249.31万人次，其中技能性培训1564.46万人次。2010年，教育系统大力实施"教育部农村实用技术培训计划"和"农村劳动力转移培训计划"，开展农村实用技术培训3711.71万人次，农村劳动力转移培训和农民工培训4087.65万人次（其中技能型培训1497.46万人），通过培训提高了农民生产能力和富余劳动力转产转业能力。2011年，教育系统共开展农村实用技术培训3813.06万人次，开展农村劳动力转移培训和农民工培训4048.65万人次，其中技能型培训1496.46万人次[2]。

---

[1] 《中国教育年鉴（2001）》，中华人民共和国教育部，http://www.moe.edu.cn/jyb_sjzl/moe_364/moe_302/，最后访问日期：2015年9月12日。

[2] 根据2001~2012年《中国教育年鉴》整理，中华人民共和国教育部，http://www.moe.edu.cn/jyb_sjzl/moe_364/moe_302/，最后访问日期：2015年9月12日。

(五) 职业教育迅速发展

相比基础教育、普通教育，职业教育扶贫有其得天独厚的优势，与当地经济发展和劳动力就业的关系更加直接，且在受教育者年龄和对象方面更具开放性。

我国农村职业教育发展的起步阶段（1949~1965年）：1949年12月在北京召开的第一次全国教育工作会议明确了当前教育工作的建设方针是：教育为国家建设服务，教育向工农开门。另外，由于农村生产力水平提高和基础教育的发展，在技术人员短缺和等待升学的高中、小学、初中毕业生大幅度增加的情况下，为解决生产和升学的双重压力，江苏、河北等地先后办起了一批农业中学。1958年9月19日，中共中央、国务院发出《关于教育工作的指示》，规定今后半工半读学校将与全日制学校、业余学校同为我国三类主要学校。在一系列政策的驱使下，从1958年到1960年我国的农业中学出现了飞速发展的局面，仅1958年一年建立的农业中学就多达20000所，招生数高达220万人，1960年又增加到22597所，在校学生达230.2万人[1]。

农村职业教育恢复发展阶段（1980~1984年）：农村中农业中学的过快发展并没有形成应有的规模效益，反而带来教育资源不足、农民负担过重、教学质量偏低等问题，使得农业中学招生人数下滑，1958年农业中学招生人数达到220万人，而到1960年却减少到95.3万人，招生数量下降56.7%。但十一届三中全会以后，中国进入一个新的发展时期，职业教育进入全新的发展阶段。1983年5月6日，中共中央、国务院发布的《关于加强和改革农村学校教育若干问题的通知》提出："改革农村中等教育结构，发展职业技术教育，是振

---

[1] 曹茂甲：《职业教育六十年：农村职业学校的发展历程》，《职教通讯》2011年第3期。

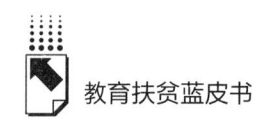

兴农村经济,加速农业现代化建设的一项战略措施。各地要根据本地区的实际需要与可能,统筹规划,有步骤地增加一批农业高中和其他职业学校。除把一部分普通高中改为农业中学外,还要根据可能,新办一些职业学校。通过对农业学校的发展和农村中学的改造,到1984年在我国农村的职业中学、农业中学数量发展到6019所（其中职业高中4285所）,在校生数将近130万人"。①

农村职业教育持续发展阶段（1985～1992年）：改革开放极大地解放了生产力,我国快速发展的各行各业对各级技术人才的需求逐渐增大。为全面提高劳动者的文化技术素质、促进农村经济发展,1988年9月,国务院正式批准原国家教委实施的"燎原计划",受到各地积极响应。1990年7月,国家教委印发了《1990～2000年全国农村教育综合改革实验区工作指导纲要（试行）》,对农村教育综合改革的方针和任务做了明确的阐述,指出："要根据当地经济和社会发展的需要,积极发展农村职业技术教育。"1991年10月,国务院发布了《关于大力发展职业技术教育的决定》,进一步明确了今后我国职业教育发展的方针、政策、目标和措施。《关于大力发展职业技术教育的决定》强调："在广大农村地区,要积极推进农村教育综合改革,实施'燎原计划',实行农科教结合,统筹规划基础教育、职业技术教育和成人教育,采取灵活的方式大力发展职业技术教育。"这一方针指明了我国农村职业教育发展的方向。随着农村职业教育理论和政策的不断完善、国家的大力扶植,尤其是"燎原计划"的实施,我国农村职业教育有了长足的进步。到1992年全国农村职业中学数量达到6973所（其中职业高中5419所）,在校生数226.4万人。学校数量比1984年增加954所,学生人数增加96.7万人。1990年国家统计局对67000个农户的调查表明,接受职业培训的农民收入明显高

---

① 曹茂甲：《职业教育六十年：农村职业学校的发展历程》,《职教通讯》2011年第3期。

于其他农户。大量的职校毕业生已成为科技致富的带头人和农村各行各业的技术骨干,农村职业学校对于提高我国农村劳动力素质和发展农村经济的意义日益明显①。

农村职业教育调整阶段(1993～1998年):1993年以后,随着社会主义市场经济体制的逐步完善,农村第二、三产业大力发展造成农业比较效益相对下降,中等职业学校出现了农林类专业招生下降的现象。为解决农村职业中学数量减少、农林类专业招生下降等问题,1996年4月29日,国家教委与农业部联合发出《关于进一步办好农村中等职业学校农林类专业的意见》。该意见针对农业职业教育进一步深化改革的内容与措施提出了强化兴农意识、深化教育改革、加强学校基本建设、加大政府统筹力度四点要求,把深化农业职业教育改革的内容与措施阐述得更加具体,便于各农村地区办好农业类专业,以解决农业类专业招生人数及在校生人数几年来大幅度减少的问题。1993年5月,在国家教委召开的全国骨干型示范职业学校(中心)建设工作会议上,王明达在做会议总结时指出,河北省建设县级职教中心的经验值得全国学习借鉴。此后,全国各地积极推进农村职业教育布局结构调整,对农村职业学校进行合并重组,大范围地推广县级职教中心。1995年12月,原国家教委组织实施了"燎原计划百千万工程",即在全国上千个乡、上万个村推广百项农村实用技术。这段时间由于农林类专业招生困难、职业学校的合并重组等,农村职业学校数量有所下降,从1993年的6945所缩减到1998年的6201所。然而,经过调整合并,随着职业教育政策法规的实施,农村职业学校已更好地融入农村社会生活中、更适应农村经济发展的需求,学校的总体招生数量仍然呈上升趋势,1998年职业初中和职业高中的招生人数分别为34.1万和95.2万,比1993年分别高出23.6%和18%。此

---

① 曹茂甲:《职业教育六十年:农村职业学校的发展历程》,《职教通讯》2011年第3期。

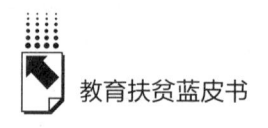

外,民办职业中学也逐渐兴起,到1998年我国农村已有民办职业中学189所,虽然数量很少,但作为全新的办学主体,它们为农村职业教育进一步改革发展提供了新的思路,也使职业学校的发展更贴近市场①。

农村职业教育全面改革发展阶段(1999~2015年):这一时期职业教育面临着前所未有的形势,在迎来新的发展机遇的同时也面临着巨大挑战。1999年以后我国职业教育面临着两个大的问题,一个是高校连年扩招,导致大批生源流向普通高中,中职学校招生困难;另一个是原有的计划培养模式丧失,致使中职生就业困难,职业学校,尤其是农村职业学校对学生吸引力逐渐减弱。这使得1999~2002年职业中学发展进入了一个短暂的低迷时期。2003年9月国务院在北京召开全国农村教育工作会议,做出《关于进一步加强农村教育工作的决定》,提出要从解决"三农"问题出发,以就业为导向,大力发展农村职业教育和成人教育。从全面建设的战略高度,提出要优先发展农村教育,把农村教育作为教育工作的重中之重。为了促进农村职业教育发展,解决农村职业教育的招生问题,2003年11月10日,教育部、财政部、劳动保障部印发了《关于开展东部对西部、城市对农村中等职业学校联合招生合作办学工作意见》;2004年7月15日,教育部下发了《关于贯彻落实全国职业教育工作会议精神进一步扩大中等职业学校招生规模的意见》;2005年2月,教育部下发了《关于加快发展中等职业教育的意见》等。这些文件分别对城市与农村、东部与西部的联合招生问题提出了指导意见。2007年秋季学期起,中央和地方财政共同设立国家助学金,资助对象扩大到中职学校全日制所有农村学生和城市家庭经济困难学生,资助标准为每人每年1500元,主要用于家庭经济困难学生的生活费开支。2009年12月2

---

① 曹茂甲:《职业教育六十年:农村职业学校的发展历程》,《职教通讯》2011年第3期。

日，国务院常务会议决定，从 2009 年秋季学期起，对公办中等职业学校全日制在校学生中农村家庭经济困难学生和涉农专业学生逐步免除学费。这一阶段，职业学校的发展虽然经历了一些挫折，但由于国家政策支持、投入加大，各级政府齐抓共管，我国农村职业学校从办学理念到人才培养模式等都有了很大的进步；校均规模不断增大。另外，农村职业学校办学模式从封闭走向联合；培养方式从学校本位走向了工学结合、校企合作，办学主体更加多元化，农村职业教育的特色更加鲜明[①]。

三 目前教育扶贫存在的问题与挑战

尽管我国的扶贫开发取得了令世人瞩目的巨大成就，但毕竟现在仍有 5575 万贫困人口，脱贫攻坚的任务依然艰巨。目前贫困地区和贫困人口的教育发展状况并不乐观，仍有不少需要继续改进的地方。

（一）基础教育投入仍然不足，且不均衡，效益不高

贫困地区经济基础薄弱，财政拮据，且大多为"吃饭"财政。财政对教育的拨款主要用于人头经费，教育经费很难实现"三个增长"、达到"三个比例"，对于教育事业费中的公用经费，有的地方几乎为零，教育费附加征而不返或随意挪用现象较为常见。如西部一所 1951 年建校的乡级初级中学，有 19 个教学班，在校生 706 人，一年支配费用只有 5 万元，人均 180 元，仅能维持正常开支。

我国现行的"分级办学、分级管理"的教育制度，致使义务教育阶段的经费县级政府承担较多，中央政府承担较少。尤其是税费改

[①] 曹茂甲：《职业教育六十年：农村职业学校的发展历程》，《职教通讯》2011 年第 3 期。

革之后,农民的负担减轻了,但与此同时县乡财政的收入也大大减少,无力承担对基础教育的资金投入。此外,在中央财政与地方财政对教育的投入资金总量既定的前提下,国家对城市教育的资金投入比农村多,造成了城乡之间义务教育投入分配的不合理,这种不均衡的教育投入模式会形成教育发展中的"马太效应",并形成教育不公平。

贫困地区基础教育投入本身效率不高,而且存在着行政管理费用、各级政府和扶贫机构及其工作人员对教育资金的侵占和挪用,以及教育资金本身的漏出——面向贫困地区的教育资金被贫困地区的非贫困人口享用等问题,对贫困地区的教育发展来说更是雪上加霜。

(二)学校数量不足,办学条件较差,办学质量相对较低

教育经费短缺致使贫困地区学校数量不足,办学条件差,教学设施落后。贫困地区学习设施建设的严重滞后不仅表现为设施老旧,而且部分设施还存在安全隐患。同时一些教学用品,如实验仪器、图书配备等都严重不足,大部分学校的校舍、图书、实验仪器设备等的增设以及更新无法得到资金的支持。农村教学点的条件尤其简陋,仪器、设备、图书、教具几近于无,有的教学点只靠一块黑板、几支粉笔、几本教材进行教学。例如在某些可以住宿的学校,竟然有两三个学生盖一床被子的现象。办学条件差难免会影响日后孩子的入学率,以及现有学生的巩固率,教育质量难以保证。

由于义务教育经费严重不足,20世纪末全国中小学危房面积约1300万平方米,集中在中西部农村。虽然危房占全国中小学总校舍的比例不足1%,但在中西部经济欠发达地区的农村,这一比例较高。宁夏中学危房面积达5.32%,小学危房面积达4.6%;新疆中学危房面积达4.05%,小学危房面积占3%;青海中学危房面积占3.16%,小学危房面积占4.33%。有的贫困县危房面积高达10%~

15%，如甘肃积石山保安族东乡族撒拉族自治县小学危房率高达28.3%[①]。

截止到2014年，全国共有危房125.5万平方米，相比于20世纪末的1300万平方米，减少了90%。危房占全国中小学总校舍面积的比例降低到0.16%。但是在经济欠发达的中西部贫困地区，这一比例仍然较高，云南省中小学危房比例为0.94%，海南省中小学危房比例为0.62%，新疆中小学危房比例为0.59%。

表1 2014年全国各地校舍情况（总计）

单位：平方米

地区	学校产权建筑面积	
	合计	其中:危房
北京	36781246	102950
天津	15557067	
河北	33907127	
山西	20100188	36120
内蒙古	13167010	14435
辽宁	29534199	28794
吉林	19457378	1500
黑龙江	25867881	19186
上海	19369511	
江苏	52801349	78329
浙江	28685472	
安徽	31270277	117333
福建	19871504	12787
江西	30719259	

[①] 周怡：《西部地区农村义务教育的困境与出路》，豆丁网，http://www.docin.com/p-125423696.html，最后访问日期：2015年5月11日。

续表

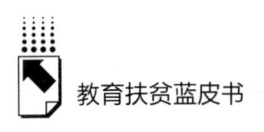

地区	学校产权建筑面积	
	合计	其中:危房
山 东	55585909	221253
河 南	55615559	24770
湖 北	46580737	33829
湖 南	32601135	81763
广 东	39401845	26852
广 西	19506243	41622
海 南	4568213	28296
重 庆	22196802	11814
四 川	36951324	45378
贵 州	15937790	5502
云 南	14980585	141400
西 藏	1130614	6602
陕 西	36349302	40354
甘 肃	12797496	60938
青 海	1703735	2309
宁 夏	3342495	
新 疆	11851747	70512
总 计	788190999	1254628

注：不含民办的其他高等教育机构数据。

资料来源：《2014年教育部数据统计》，中华人民共和国教育部，http://www.moe.gov.cn/，最后访问日期：2015年5月13日。

（三）师资投入不足，数量缺额，结构不尽合理，素质亟待提升

一方面，表现为教师整体数量不足，生师比过高，优秀教师外流严重，有的地方甚至无法维持正常的教学秩序；另一方面，现有的教师队伍整体素质水平偏低、知识的深度和广度不够，学校无力满足教

师培训、外出培养、观摩学习的需求。此外，有的地方拖欠教师工资问题尚未彻底解决，一定程度上影响了教学质量的提高。

表2是2014年分省情况下各级学校生师比情况，从表中可以看出，西部欠发达地区生师比明显高于全国生师比的平均值。例如：普通小学的全国生师比平均值为16.78，而广西、湖南、河南、江西、青海、广东的生师比在18.0以上；初中的生师比全国平均值是12.57，而广西、贵州、云南的生师比在15.0以上；普通高中的生师比全国平均值为14.44，而重庆、四川、贵州、江西、河南的生师比在16.0以上。在贫困地区，这一数字更大。

表2 2014年各级学校生师比分省情况

地区	普通小学	初中	普通高中	中等职业学校	普通高校		
					全国	本科院校	专科院校
北京	14.44	9.44	8.41	17.51	15.95	16.08	14.56
天津	14.71	10.21	10.62	13.94	17.45	17.34	17.75
河北	16.92	13.45	13.23	14.82	17.28	17.37	17.08
山西	12.70	10.52	13.59	15.89	18.63	18.47	19.00
内蒙古	12.09	11.02	14.40	15.83	18.17	19.09	16.73
辽宁	14.07	10.68	13.34	16.18	17.27	17.48	16.49
吉林	11.26	9.30	14.66	8.55	17.66	17.77	17.09
黑龙江	11.29	9.60	13.32	14.33	16.19	16.34	15.74
上海	15.60	11.49	9.27	15.63	17.02	16.94	17.50
江苏	17.45	10.60	10.71	16.70	16.24	16.54	15.70
浙江	18.62	12.59	12.06	16.08	16.76	16.68	16.96
安徽	17.45	12.40	15.97	28.51	18.87	19.03	18.61
福建	17.30	11.49	12.35	25.59	17.38	17.40	17.32
江西	19.64	14.42	17.67	28.34	18.05	18.01	18.15
山东	16.67	11.87	14.08	19.24	17.77	17.50	18.31
河南	18.80	14.09	17.11	21.32	17.98	18.78	16.50
湖北	16.12	10.30	13.49	17.01	17.88	17.95	17.69

续表

地区	普通小学	初中	普通高中	中等职业学校	普通高校 全国	普通高校 本科院校	普通高校 专科院校
湖 南	19.10	12.97	15.44	25.68	18.95	18.87	19.09
广 东	18.31	13.53	14.43	28.36	18.94	19.26	18.38
广 西	19.87	16.56	17.33	38.33	17.87	18.12	17.35
海 南	14.99	13.33	14.46	26.87	19.26	19.99	17.99
重 庆	17.48	12.94	16.88	22.25	17.39	17.56	17.02
四 川	17.43	12.86	16.18	26.55	18.01	18.34	17.25
贵 州	17.96	17.29	18.00	33.32	17.93	17.39	18.81
云 南	16.94	15.49	15.53	23.02	18.84	18.25	20.23
西 藏	14.56	13.08	12.64	17.11	13.93	13.91	14.00
陕 西	14.21	10.40	14.95	21.40	18.17	17.87	19.19
甘 肃	12.83	11.44	14.95	16.63	18.15	18.22	17.98
青 海	18.28	13.81	14.19	31.50	15.36	15.48	15.12
宁 夏	17.65	14.59	15.92	33.09	17.01	17.04	16.94
新 疆	13.39	10.47	12.25	22.26	17.72	17.18	18.52
合 计	16.78	12.57	14.44	21.34	17.68	17.73	17.57

资料来源：中华人民共和国教育部教育统计数据，中华人民共和国教育部网，http://www.moe.gov.cn/，最后访问日期：2015年5月13日。

（四）贫困家庭无力使子女接受更多教育，教育受重视程度不够

贫困家庭的经济水平较低，许多家庭无力支付孩子上学所需学杂费用，不少贫困地区的学校贫困学生占比较大，他们往往因为家庭无力负担上学所需的费用而正在或即将面临辍学问题。此外，许多家庭受打工潮的影响，认为外出打工比读书更有用，个人教育需求不足，教育不被重视。

根据2013年审计署公布的数据，在1155所样本学校里，辍学人

数由 2006 年的 3963 人上升到 2011 年的 8352 人。2013 年底，全国人大常委会执法检查组检查《义务教育法》实施情况的报告表明，在中西部欠发达地区，尤其是边远、贫困及少数民族地区，农村初中辍学率较高，有的地区超过 10%[①]。

有研究表明，越来越多的辍学并非由经济困难导致，而是由学生学习动力不足、知识改变命运的信心不足和自我期望值不够高等非智力因素造成的。如苏刚对吉林省的调查发现：农村初中学生辍学率明显高于县城，厌学是中小学生辍学的主要原因。在辍学的初中学生中，因家庭贫困辍学的学生比例为 7.3%，因厌学辍学的学生比例为 63%，受读书无用论影响辍学的学生占 25%，因其他因素辍学的学生占 4.7%。另外，除了"显性辍学"外，如今农村中小学还大量存在着"隐性辍学"现象，如根据梁飞对福建省三县四校的调查，农村初中"隐性辍学"情况多出现在初中三年级，发生在学业表现不好、缺乏学习兴趣、对自己学习能力评价不高的学生身上。与此相关的是，学生初中升学率呈现出地区性差异。从全国来看，初中升学率为 91.22%，其中，东部、中部和西部地区的初中升学率分别为 97.94%、87.73% 和 87.30%。部分民族地区和贫困地区初中毕业生的升学率不到 70%，连片贫困地区甚至不足 50%[②]。

（五）贫困地区教育管理水平相对落后

贫困地区很多学校还未建立激励制约机制，不能调动学校行政人员与老师的积极性。尤其是对于授课教师来说，缺少必要的物质和精神层面的激励机制和倾斜政策，致使不少教师不安心、不愿意扎根贫

---

① 胡伶：《"十二五"时期义务教育平等政策回顾及其对"十三五"教育规划的建议》，《教育理论与实践》2016 年第 10 期。
② 胡伶：《"十二五"时期义务教育平等政策回顾及其对"十三五"教育规划的建议》，《教育理论与实践》2016 年第 10 期。

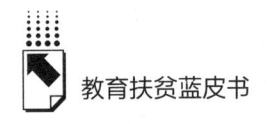

困地区工作，甚至跳槽、逃离教育行列，不能稳定和促进贫困地区教育的发展。

首先是物质激励的有限性。由于欠发达地区财政困难、学校经费普遍短缺，物质激励的运用有很大的局限性。一方面是教师工资水平低，难以让教师满意，也难以统筹调剂，难以实行差异发放。另一方面是学校多有债务，无力给教师发放奖金。例如，2006年对一个欠发达县5所农村初中进行调查，发现校校都有债务，债务最少的是2.8万元，最多的是32万元。至于教师的奖金，更是难以筹措，这些学校大多尽了很大努力才在春节给教师发了人均两三百元的年终奖①。

其次是自我激励的消极性。有研究者在2006年面向欠发达地区的1060名教师进行了一次调查，54.5%的被调查教师认为目前当地教师队伍的职业热情不高；有49.34%的被调查教师表示，如有机会一定改行或倾向于改行，有20%左右的教师拿不定主意，只有30%的教师表示坚持从教不动摇②。

（六）九年义务教育的完成度有待继续提高

目前"普九"的成果是低标准的，并且基础相当脆弱。一方面，所谓"基本普及"，是指85%的人口覆盖地区实现"普九"这一要求，还有15%的人口覆盖地区——主要在西部贫困地区——这一目标远未实现；另一方面，即便在"普九"已经验收的地区，普及义务教育的成果也是很不稳固、质量较低的，不少地区的辍学率出现了明显的反弹。近年来，农村学生的辍学、流失率偏高，初中生辍学率上升。

从2014年贫困县九年义务教育的完成情况来看，学前三年教育

---

① 苗宁礼：《欠发达地区教师激励机制建构的路径选择和制度保障》，《当代教育科学》2007年第15期。
② 苗宁礼：《欠发达地区教师激励机制建构的路径选择和制度保障》，《当代教育科学》2007年第15期。

平均入园率最高的是江苏省，高达96.75%；有23个省份的学前三年教育平均入园率不到90%；有16个省份的贫困县的学前三年教育平均入园率不到80%；而西藏、甘肃、青海贫困县的学前三年教育平均入园率只有65%左右。贫困县高中阶段教育毛入学率已经基本达到70%以上，云南、西藏、青海、新疆四省份的高中阶段教育毛入学率偏低，其中云南省67.47%，西藏自治区54.63%，青海省60.77%，新疆维吾尔自治区66.50%。贫困县九年义务教育阶段平均巩固率基本达到80%以上，但青海省贫困地区九年义务教育阶段平均巩固率只有78.51%，安徽、江西、山东、广西、甘肃五省贫困地区的九年义务教育阶段平均巩固率不到90%[1]。

面对当前教育扶贫中存在的问题，2013年教育部联合国家发改委、财政部、扶贫办、人力资源和社会保障部、公安部、农业部，出台《关于实施教育扶贫工程的意见》，提出了教育扶贫的总体目标。

第一，按照党的十八大提出的总体实现基本公共服务均等化和进入人力资源强国行列的目标，加快教育发展和人力资源开发，到2020年使片区基本公共教育服务水平接近全国平均水平，教育对促进片区人民群众脱贫致富、扩大中等收入群体、促进区域经济社会发展和生态文明建设的作用得到充分发挥。

表3　2014年贫困县九年义务教育情况统计

地区	总县数（个）	学前三年教育平均入园率(%)	高中阶段教育毛入学率(%)	九年义务教育阶段平均巩固率(%)
河北省	65	86.56	80.41	93.47
山西省	58	84.89	79.37	93.97
内蒙古自治区	57	82.46	88.47	93.24

[1] 数据来源：国务院扶贫办建档立卡数据。

续表

地区	总县数（个）	学前三年教育平均入园率（%）	高中阶段教育毛入学率（%）	九年义务教育阶段平均巩固率（%）
辽宁省	15	90.69	89.65	98.78
吉林省	27	77.95	82.71	94.38
黑龙江省	28	71.99	84.41	94.90
江苏省	22	96.75	90.36	99.63
浙江省	29	88.53	89.89	92.92
安徽省	31	77.81	81.51	86.09
福建省	23	90.33	86.96	93.67
江西省	92	75.74	69.83	88.73
山东省	34	77.61	73.79	86.10
河南省	53	79.69	80.21	95.60
湖北省	31	78.65	89.06	97.49
湖南省	51	82.62	80.93	95.56
广东省	19	91.16	92.09	90.60
广西壮族自治区	106	78.53	77.75	89.11
海南省	5	68.78	85.10	96.98
重庆市	18	80.68	88.00	97.79
四川省	88	75.32	71.94	90.08
贵州省	83	76.40	78.90	90.39
云南省	130	70.04	67.47	91.35
西藏自治区	74	65.92	54.63	90.63
陕西省	98	90.11	86.51	94.73
甘肃省	75	68.50	80.28	89.96
青海省	39	63.28	60.77	78.51
宁夏回族自治区	8	69.76	87.21	90.99
新疆维吾尔自治区	35	87.27	66.50	96.97
全国	1394	78.37	77.19	91.77

资料来源：国务院扶贫办建档立卡数据。

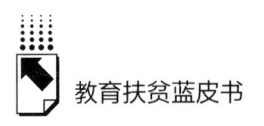

第二，提高基础教育的普及程度和办学质量。到2015年，学前三年教育毛入园率达到55%以上，少数民族双语地区基本普及学前

一至两年双语教育,义务教育巩固率达到90%以上,高中阶段毛入学率达到80%以上,视力、听力、智力三类残疾儿童义务教育入学率达到80%。到2020年,基本普及学前教育,义务教育水平进一步提高,基本普及视力、听力、智力三类残疾儿童义务教育,普及高中阶段教育,基础教育普及程度和办学质量有较大提升。

第三,提高职业教育促进脱贫致富的能力。到2015年,初、高中毕业后的新成长劳动力都能接受适应就业需求的职业教育和职业培训,力争使有培训需求的劳动者都能得到职业技能培训。到2020年,职业教育体系更加完善,教育培训就业衔接更加紧密,培养一大批新型农民和在第二、三产业就业的技术技能人才。

第四,提高高等教育服务区域经济社会发展能力。通过调整优化高等学校空间布局和学科专业结构,改革人才培养模式,促进高等教育与当地经济、社会、科技发展和城镇化建设深度融合,使高等教育能为当地传统产业改造升级、新兴产业培育发展和基本公共服务提供有效的人才支撑和智力支持。通过多种途径,增加片区群众接受高等教育的机会。

第五,提高继续教育服务劳动者就业创业能力。通过教育培训与当地公共服务、特色优势产业有效对接,大力提高就业创业水平。完善毕业生和接受培训人员就业服务政策,通过带技能转移、带技能进城、带技能就业,使转移劳动力在城镇多渠道、多形式、稳定就业。

实施和完成好上述教育扶贫目标,我国的教育扶贫工作仍面临着许多艰巨的任务和挑战:第一,切实保障义务教育发展水平和贫困人口教育权利。城乡义务教育均衡发展被认为是提升贫困地区和贫困人口基础教育发展水平的关键,也是教育权利起点公平的体现。但是,现在有些贫困地区的义务教育发展状况不容乐观,其入学率、巩固率仍有待继续提高。"义务教育法规定,每个少年儿童都应该享有平等的受教育机会。但是,这种平等根本难以落实。义务教育阶段,平等

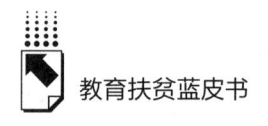

都谈不上,高中阶段,就变本加厉。"这段沉甸甸的文字来自中国人民大学政治系教授张鸣《难以落地的公平》一文。2010年7月颁布的《国家中长期教育改革和发展规划纲要(2010~2020年)》在其"战略目标"章节中提出:"形成惠及全民的公平教育。坚持教育的公益性和普惠性,保障公民依法享受接受良好教育的机会。建成覆盖城乡的基本公共教育服务体系,逐步实现基本公共教育服务均等化,缩小区域差距。"因此,提升贫困地区义务教育发展水平,努力实现城乡义务教育均衡发展,保障贫困人口教育权利,是当下教育扶贫面对的挑战之一。第二,着力解决好贫困地区师资、生源及学校布局等现实问题。贫困地区师资短缺、优秀教师留不住的问题并没有真正得到解决;随着城镇化步伐加快,农村学校生源出现严重不平衡的状况,且整体质量呈下降趋势;有相当数量的乡村学校布局不合理,撤点并校带来后遗症,学生数量过少又显得学校不像学校等。这些问题的解决无疑是教育扶贫重要而紧迫的任务。第三,全面提高贫困地区基本公共服务均等化水平。提高贫困地区的教育质量和发展水平,就要从根本上改变不重视教育的行为和做法,全面提高贫困地区基本公共服务的均等化水平,提升教育作为基本公共服务应有的社会地位和价值。

政策进展

The Policy Evolution of Education Poverty Alleviation

B.3
教育扶贫政策和重大行动

周秀平 赵 红*

摘　要： 本报告主要从教育扶贫政策与教育扶贫行动两个方面，围绕基础教育、职业教育、高等教育、学生资助体系以及师资建设等主题，对1985年至今的7部教育扶贫相关法律、34项国家政策和137份重大行动计划进行整理与分析，解读相关政策和行动内容，并就当前我国教育扶贫政策与行动计划中存在的问题提出建议。报告认为教育扶贫标准的确立应充分考虑教育自身的发展和改革需求；应加强对贫困人口自身的教育心理、教育态度和教育行动的研究，并

---

* 周秀平，北京师范大学中国教育政策研究院讲师，主要研究方向为流动人口教育政策、职业教育政策、农村教育政策；赵红，北京师范大学职业教育与成人教育研究所硕士研究生，主要研究方向为职业教育。

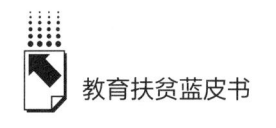

设计相应的政策内容,明确对贫困人口自身努力的要求、引导和扶持;教育扶贫行动,应更多指向教育公平、教育质量,而非教育贫困;教育扶贫制度应在更高层次上定位于提高贫困人口的代际上升和发展机会、发展能力,通过提高子代或父代的综合素质,促进贫困人口家庭的代际发展。

关键词: 教育扶贫政策　教育扶贫行动

本报告界定的教育扶贫政策是指与教育扶贫相关的法律、行政法规、中长期规划或纲要,及以中共中央、国务院、中共中央办公厅、国务院办公厅抬头下发的意见、决定等政策文件。教育扶贫行动主要瞄准的是以部门名义下发或实施的部门规章、通知、意见、实施方案或实施细则、规划、计划、行动等。通过全国人大门户网站、政府网、国务院扶贫办门户网站、教育部门户网站、人力资源和社会保障部门户网站等权威网站和国务院扶贫办内部编辑的扶贫政策文本集的文本分析,一共收录了从1985年至今与教育扶贫相关的7部法律、34项国家政策、137份重大行动计划[①]。本部分以总体与专项为主要分类维度,结合学段、教育类型,基于政策文本内容进行数量化表述和规范性分析。

一　教育扶贫政策

(一)国家法律中的教育扶贫政策

国家法律中关于教育扶贫的规定是最为稳定的政策。本报告主要

---

① 限于执笔人员的研究积累和政策文本资料的可及性,对教育扶贫政策和重大行动计划的收集肯定有遗漏,分析维度也需要在下一步的研究中细致化和精细化。此外,这些政策的规范时间截止到2020年,与政策文本出台的时间跨度有差异。

分析《宪法》《教育法》《义务教育法》《高等教育法》《职业教育法》《民办教育促进法》和 2016 年 9 月 1 日起施行的《慈善法》等七部法律中体现教育扶贫精神和理念的相关条款。

《宪法》是国家的根本法，具有最高的法律效力。我国实行的《宪法》于 1982 年 12 月 4 日第五届全国人民代表大会第五次会议通过，最新的修正经 2004 年 3 月 14 日第十届全国人民代表大会第二次会议表决通过。《宪法》关于教育扶贫的条款规定，从扶贫对象来看，主要瞄准在民族、性别、劳动能力和身体功能上有障碍的贫困弱势人群；从扶贫手段来看，增强劳动者和失去劳动能力人群的知识和技能水平被赋予重要地位。《宪法》第一章第四条规定，"国家根据各少数民族的特点和需要，帮助各少数民族地区加速经济和文化的发展"。第二章第四十二条规定，"中华人民共和国公民有劳动的权利和义务。国家通过各种途径，创造劳动就业条件，加强劳动保护，改善劳动条件，并在发展生产的基础上，提高劳动报酬和福利待遇"。"国家对就业前的公民进行必要的劳动就业训练。"第二章第四十五条规定，"中华人民共和国公民在年老、疾病或者丧失劳动能力的情况下，有从国家和社会获得物质帮助的权利。国家发展为公民享受这些权利所需要的社会保险、社会救济和医疗卫生事业"。"国家和社会保障残废军人的生活，抚恤烈士家属，优待军人家属。""国家和社会帮助安排盲、聋、哑和其他有残疾的公民的劳动、生活和教育。"第二章第四十六条规定，"中华人民共和国公民有受教育的权利和义务"。第二章第四十八条规定，"中华人民共和国妇女在政治的、经济的、文化的、社会的和家庭的生活等各方面享有同男子平等的权利"。第三章第一百二十二条规定，"国家从财政、物资、技术等方面帮助各少数民族加速发展经济建设和文化建设事业"。

《教育法》于 1995 年 3 月 18 日第八届全国人民代表大会第三次会议通过，最新修正于 2015 年 12 月 27 日第十二届全国人民代表大

会常务委员会第十八次会议表决通过。《教育法》是教育领域的基本法,适用对象是我国境内的"各级各类教育",自然对学历与非学历等多种类型的教育扶贫政策和行动具有法律效力。

《教育法》的最新修改对于教育法律地位和功能进行了更明确的界定。第一款修改意见明确规定"教育必须为社会主义现代化服务、为人民服务,必须与生产劳动和社会实践相结合,培养德、智、体、美等方面全面发展的社会主义建设者和接班人"。贫困地区的群众是人民的组成部分,贫困儿童青少年也是社会主义建设者和接班人的培养对象。第二款修改意见,增加了"增强受教育者的社会责任感"的规定,帮助处于不利处境的贫困儿童青少年是受教育者社会责任的重要体现。

目前实施的《义务教育法》于1986年4月12日第六届全国人民代表大会第四次会议通过,2006年6月29日通过了修改表决。《宪法》和《教育法》是该法的上位法。《义务教育法》总则部分的第二条,明确了贫困地区儿童少年的义务教育必须受到帮助和政策支持的法律权利,"义务教育是国家统一实施的所有适龄儿童、少年必须接受的教育,是国家必须予以保障的公益性事业"。同时对贫困地区儿童、少年的父母或其他法定监护人落实其义务教育权利的时间和程度提出了要求,"适龄儿童、少年的父母或者其他法定监护人应当依法保证其按时入学接受并完成义务教育"。从教育质量、社会环境两个方面对学校和相关社会力量给予了法律要求和约束。"依法实施义务教育的学校应当按照规定标准完成教育教学任务,保证教育教学质量。""社会组织和个人应当为适龄儿童、少年接受义务教育创造良好的环境。"明确了各级政府保障贫困儿童、少年接受义务教育的法定责任,总则部分第六条规定"国务院和县级以上地方人民政府应当……保障家庭经济困难的和残疾的适龄儿童、少年接受义务教育"。"国家组织和鼓励经济发达地区支援经济欠发达地区实施义务教育。"第六章经费保障第四十四条规定，"各级人民政府对家庭经济困难的适龄儿童、少年免费提供教科书并补助寄宿生生活费"。

《高等教育法》于1998年8月29日经第九届全国人民代表大会常务委员会第四次会议表决通过，最新修正于2015年12月27日经第十二届全国人民代表大会常务委员会第十八次会议表决通过。总则和高等学校的学生部分对高等教育领域的扶贫做出了相关的法律规定。最新修正的《高等教育法》第四条再次明确了高等教育必须贯彻国家的教育方针，高等教育要"为社会主义建设服务、为人民服务"。第五条的修正中增加了"高等教育的任务是培养具有社会责任感、创新精神和实践能力的高级专门人才"的条款，特别是对"社会责任感"的强调，从法律上规定了高等学历获得者的教育扶贫责任。第九条明确规定"国家采取措施，帮助少数民族学生和经济困难的学生接受高等教育"。第八条也规定了要支持少数民族高等教育的发展。高等教育领域的扶贫理念也体现在缩小高等教育区域差距上，为贯彻《高等教育法》等教育法律的教育公平理念，我国近年又出台了向中西部等高等教育欠发展的贫困地区倾斜的招生计划，缩小发达地区和贫困地区的高等教育差距。第五十四条规定"家庭经济困难的学生，可以申请补助或减免学费"。第五十五条规定"国家设立高等学校学生勤工俭学基金和贷学金，并鼓励高等学校、企业事业组织、社会团体以及其他社会组织和个人设立各种形式的助学金，对家庭经济困难的学生提供帮助"。同时也要求"获得贷学金及助学金的学生，应履行相应的义务"。

我国自1996年9月1日起施行《职业教育法》，最新的关于《职业教育法》实施情况的检查报告的审议于2015年6月29日举行的第十二届全国人大常委会第十五次会议获得通过。《教育法》和《劳动法》是《职业教育法》的上位法。在保障条件部分，《职业教育法》第三十二条规定"职业学校、职业教育培训机构可以对接受中等、高等职业学校教育和职业培训的学生适当收取学费，对经济困难的学生和残

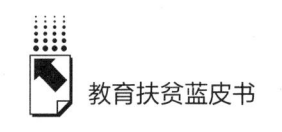

疾学生应当酌情减免"。"国家支持企业、事业组织、社会团体、其他社会组织及公民个人按照国家有关规定设立职业教育奖学金、贷学金，奖励学习成绩优秀的学生或者资助经济困难的学生。"

现行《民办教育促进法》于2002年12月28日第九届全国人民代表大会常务委员会第三十一次会议通过，自2003年9月1日起施行。原本拟于2015年底进行修正，因分歧众多，延迟到2016年再研究讨论表决。《宪法》和《教育法》为《民办教育促进法》的上位法。《民办教育促进法》的扶贫理念主要体现在扶持与奖励部分。第五十二条规定，"国家采取措施，支持和鼓励社会组织和个人到少数民族地区、边远贫困地区举办民办学校，发展教育事业"。相比其他教育法律，《民办教育促进法》对于教育扶贫的作用定位较少，在教育政策行动中，也较少提及依托民办教育途径开展教育扶贫。

依据《慈善法》的规定，自然人、法人和其他组织以捐赠财产或者提供服务等方式，自愿开展的促进教育发展的公益活动属于慈善活动，适用该法调节。《慈善法》第七章第六十三条对教育扶贫的资助标准进行了规定，"开展医疗康复、教育培训等慈善服务，需要专门技能的，应当执行国家或者行业组织制定的标准和规程"。在第九章促进措施的第八十条规定，"学校等教育机构应当将慈善文化纳入教育教学内容。鼓励高等学校培养慈善专业人才，支持高等学校和科研机构开展慈善理论研究"。这成为国家弘扬慈善文化，培育公民慈善意识，增强全社会自豪感与扶贫社会责任的重要法律依据。

（二）国家扶贫政策中的教育扶贫内容

本部分以1994年的《国家八七扶贫攻坚计划》（以下简称《八七扶贫计划》）、2001年的《中国农村扶贫开发纲要（2001～2010年）》（以下简称《2001～2010年扶贫纲要》）、2011年的《中国农村扶贫开发纲要（2011～2020年）》（以下简称《2011～2020年扶贫纲要》)、2015 年的《关于打赢脱贫攻坚战的决定》(以下简称《脱贫攻坚决定》)四个以中共中央、国务院名义印发的政策文件为分析对象。这四个文件分别在一定历史时期内代表了国家扶贫的整体规划和顶层设计。此外,这四个文件还体现了我国 1994 年至 2020 年近三十年的国家扶贫战略设计,能展现我国教育扶贫的变迁历程。

1. 教育扶贫的国家目标

从 1994 年至 2020 年近三十年中,教育扶贫的国家目标经历了从扫除文盲到保障义务教育水平的变化过程,同时始终将教育扶贫定位为实现经济扶贫目标的支撑和途径,始终将职业学校教育和职业培训作为教育扶贫目标的重要组成部分。《八七扶贫计划》提出的教育扶贫奋斗目标是改变教育的落后状况,基本普及初等教育,积极扫除青壮年文盲;开展成人职业技术教育和技术培训,使大多数青壮年劳力掌握一到两门使用技术。《2001~2010 年扶贫纲要》提出的总目标是"尽快解决少数贫困人口温饱问题,进一步改善贫困地区的基本生产生活条件,巩固温饱成果,提高贫困人口的生活质量和综合素质,加强贫困乡村的基础设施建设,改善生态环境,逐步改变贫困地区经济、社会、文化的落后状况,为达到小康水平创造条件"。教育领域的扶贫目标没有单独列出,从总目标看,教育扶贫目标是提高贫困人口的综合素质,逐步改变贫困地区文化的落后状况,为达到小康水平创造条件。《2011~2020 年扶贫纲要》提出的总体目标是,"到 2020 年,稳定实现扶贫对象不愁吃、不愁穿,保障其义务教育、基本医疗和住房。贫困地区农民人均纯收入增长幅度高于全国平均水平,基本公共服务主要领域指标接近全国平均水平,扭转发展差距扩大趋势"。教育扶贫目标寓于整体扶贫目标中,着重从义务教育、基本公共服务指标两个方面明确了教育扶贫目标的具体要求。《脱贫攻坚决定》延续了前面两个纲要的基本思路,将教育扶贫目标纳入扶贫总目标中加以设计,提出"到 2020 年,稳定实现农村贫困人口不愁吃、不愁穿,义务教育、基

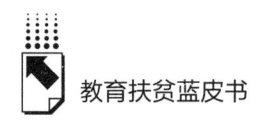

本医疗和住房安全有保障。实现贫困地区农民人均可支配收入增长幅度高于全国平均水平,基本公共服务主要领域指标接近全国平均水平。确保我国现行标准下农村贫困人口实现脱贫,贫困县全部摘帽,解决区域性整体贫困"。教育脱贫目标延续了义务教育有保障目标,重申了贫困地区教育基本公共服务指标要接近全国平均水平。

2. 教育扶贫的体制机制

总的来看,我国的扶贫开发实行分级负责、以省为主的行政领导扶贫工作责任制,建立有国务院扶贫开发领导小组。国务院扶贫开发领导小组的性质为国务院议事协调机构。1986年5月16日成立之初名称为国务院贫困地区经济开放领导小组,1993年改用现名。目前的领导小组由国务院副总理汪洋同志担任组长。下设国务院扶贫开发领导小组办公室,负责承担领导小组的日常工作。国务院扶贫开发领导小组的主要任务是拟定扶贫开发的法律法规、方针政策和规划;审定重要扶贫资金分配计划;组织调查研究和工作考核;协调解决扶贫开发工作中的重要问题;调查、指导全国的扶贫开发工作;做好扶贫开发重大战略政策措施的顶层设计。省、自治区、直辖市都把扶贫开发列入重要日程。根据国家扶贫开发计划制定本地区的具体实施计划。中央的扶贫资金在每年初一次下达到地方,实现扶贫资金、权力、任务、责任"四个到省"。所有到省的扶贫资金一律由省级人民政府统一安排使用,并由各有关部门规划和实施项目。

《八七扶贫计划》规定采取分级负责、以省为主的省长(自治区主席、直辖市市长)负责制。国务院扶贫领导小组的主要任务:一是全面部署和督促检查本计划的执行;二是抓好扶贫资金、物资的合理分配,集中使用,提高效益;三是组织调查研究、总结推广计划实施过程中的成功经验;四是制定促进本计划实施的政策和措施,协调解决计划实施中的问题。扶贫方针坚持开放式扶贫。扶贫运用五种途径,第一、二种依靠产业和发展乡镇企业,第三种对土地进行开发利用,第四种是劳务输出,第五种是搬迁脱贫。中央通过财政、信贷和以工代赈等形式安排的扶贫资金会集中投放到国家重点贫困县,非贫困县的分散贫困乡村、贫困农户由地方政府安排资金扶持。

《2001~2010年扶贫纲要》沿用分级负责体制,明确"坚持省负总责,县抓落实,工作到村,扶贫到户"。继续坚持扶贫责任到省、任务到省、资金到省、权力到省的开发原则。"扶贫开发工作责任在省,关键在县。"继续实行扶贫工作党政"一把手"负责制。扶贫开发的基本方针是五个坚持,一是坚持开放式扶贫,二是坚持综合开发、全面发展,三是坚持可持续发展,四是坚持自力更生、艰苦奋斗,五是坚持政府主导、全社会共同参与。在对象方面,仍以中西部少数民族地区、革命老区、边境地区和特困地区等集中连片地区的贫困人口为重点。东部和中西部的贫困乡、村、户的扶贫资金,仍然由地方政府负责。

《2011~2020年扶贫纲要》提出"坚持中央统筹、省负总责、县抓落实的管理体制,建立片为重点、工作到村、扶贫到户的工作机制,实行党政一把手负总责的扶贫开发工作责任制"。各省(自治区、直辖市)扶贫开发领导小组每年要向国务院扶贫开发领导小组汇报工作。财政扶贫资金仍然主要投向连片特困地区、重点县和贫困村。扶贫开发的基本原则明确为"政府主导,分级负责。突出重点,分类指导。部门协作,合力推进。自力更生,艰苦奋斗。社会帮扶,共同致富。统筹兼顾,科学发展。改革创新,扩大开放"。在扶贫对象方面,继续以连片特困地区为主战场。考虑到不同地区的经济社会发展水平,纲要提出要因地制宜制定扶贫政策,实行有差异的扶持措施。在开放的方式方面,进一步明确了要充分尊重扶贫对象的主体地位,充分发挥贫困地区、扶贫对象的主动性和创造性。

《脱贫攻坚决定》再次重申了扶贫开发工作的"重大政治任务"性质。强化脱贫攻坚领导责任制。实行中央统筹、省(自治区、直

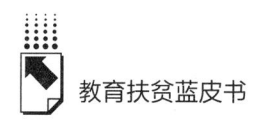

辖市）负总责、市（地）县抓落实的工作机制，坚持以片区为重点、精准到村到户。决定要求发挥基层党组织的战斗堡垒作用，严格扶贫考核督促问责机制，加强扶贫开发队伍建设，推进扶贫开发法治建设。基本原则是六个坚持：坚持党的领导，夯实组织基础；坚持政府主导，增强社会合力；坚持精准扶贫，提高扶贫成效；坚持保护生态，实现绿色发展；坚持群众主体，激发内生动力；坚持因地制宜，创新体制机制。与之前的扶贫体制的制度安排相同之处是始终坚持政府主导地位，坚持尊重和发挥贫困人口自身的主动性、能动性，坚持环境保护与经济开发并重。不同之处，一是明确"精准脱贫"方略，政策瞄准单位由原来的县、村精细到村、户、项目、措施等；二是强化了党在扶贫开发工作中的领导地位；三是将动员社会力量进一步明确为东西部扶贫协作机制、定点扶贫机制、社会力量参与机制。

3. 教育扶贫的具体内容

《八七扶贫计划》分配到教育部门的任务是"积极推进贫困地区农村的教育改革，继续组织好贫困县的'燎原计划'，普及初等教育，做好农村青壮年的扫盲工作，加强成人教育和职业教育"。

《2001～2010年扶贫纲要》指出教育领域的主要任务是"努力提高贫困地区群众的科技文化素质"。纲要指出，提高贫困群众的科技文化素质，是增加贫困人口经济收入的重要措施，是脱贫致富的根本途径，是扶贫开发的重要工作。且要切实加强基层教育，实行农科教结合，普通教育、职业教育、成人教育统筹，有针对性地通过各类职业技术学校和各种不同类型的短期培训，增强贫困人口、农村居民掌握先进实用技术的能力。要求加强贫困地区劳动力的职业技能培训，组织和引导劳动力健康有序流动。

《2011～2020年扶贫纲要》指出教育领域的主要任务是"到2015年，贫困地区学前三年教育毛入园率有较大提高；巩固提高九年义务教育水平；高中阶段教育毛入学率达到80%；保持普通高中和中等职业学校招生规模大体相当；提高农村实用技术和劳动力转移培训水平；扫除青壮年文盲。到 2020 年，基本普及学前教育，义务教育水平进一步提高，普及高中阶段教育，加快发展远程继续教育和社区教育"。从学前教育、义务教育、高中教育、中等职业教育、职业培训和终身教育等六个方面提出了量化的脱贫目标和工作任务。在专项扶贫部分，纲要的就业促进专项也部分涉及了教育扶贫的内容。一是要瞄准农村贫困家庭中为继续升学的应届初、高中毕业生参加劳动预备制培训的，给予一定的生活费补贴。二是对农村贫困家庭新成长劳动力接受中等职业教育的给予生活费、交通费等特殊补贴。三是对农村贫困劳动力开展实用技术培训。就业促进专项实现了劳动力人群全覆盖，职业学校教育和职业培训相结合。行业扶贫在教育文化事业领域的具体任务是，"推进边远贫困地区适当集中办学，加快寄宿制学校建设，加大对边远贫困地区学前教育的扶持力度，逐步提高农村义务教育家庭经济困难寄宿生生活补助标准。免除中等职业教育学校家庭经济困难学生和涉农专业学生学费，继续落实国家助学金政策。在民族地区全面推广国家通用语言文字。推动农村中小学生营养改善工作。关心特殊教育，加大对各级各类残疾学生扶助力度。继续实施东部地区对口支援中西部地区高等学校计划和招生协作计划。贫困地区劳动力进城务工，输出地和输入地要积极开展就业培训。继续推进广播电视村村通、农村电影放映、文化信息资源共享和农家书屋等重大文化惠民工程建设。加强基层文化队伍建设"。《2011～2020年扶贫纲要》通过聚焦学校布局和建设、中等职业教育国家助学金政策、高等教育招生专项计划、终身教育体系建设等更加具体地明确了教育扶贫的工作任务内容和量化的目标要求。

《脱贫攻坚决定》明确"通过教育脱贫一批"，更加强调教育扶贫的基础性和支撑性作用。在继续重点保障贫困地区义务教育的基础上，瞄准学生、教师、学校的扶贫政策更加精准，教育扶贫的学段向

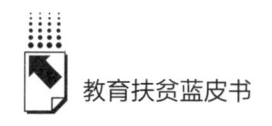

前延伸至学前教育，向后延伸至高中和高等教育。《脱贫攻坚决定》提出"国家教育经费向贫困地区、基础教育倾斜"。要"加快实施教育扶贫工程，让贫困家庭子女都能接受公平有质量的教育，阻断贫困代际传递"。要健全学前教育资助制度，普及高中阶段教育，率先对建档立卡的家庭经济困难学生实施普通高中免除学杂费、中等职业教育免除学杂费，让未升入普通高中的初中毕业生都能接受中等职业教育。针对学生，《脱贫攻坚决定》提出要"稳步推进贫困地区农村义务教育阶段学生营养改善计划"。要建立保障农村和贫困地区学生上重点高校的长效机制，加大对贫困家庭大学生的救助力度，提高中等职业教育国家助学金资助标准。对贫困家庭离校未就业的高校毕业生提供就业支持。针对教师，《脱贫攻坚决定》提出要加大支持力度，全面落实连片特困地区乡村教师生活补助政策，建立乡村教师荣誉制度。推动特岗计划、国培计划向贫困地区基层倾斜，同时建立省级统筹乡村教师补充机制，推动城乡教师合理流动和加强对口支援。针对学校，一是更加合理布局贫困地区农村中小学校；二是加快标准化建设；三是加强寄宿制学校建设；四是加强有专业特色并适应市场需求的中等职业学校建设。针对终身教育，《脱贫攻坚决定》提出要"办好"贫困地区的特殊教育、远程教育，加强新型职业农民培训。大力实施边远贫困地区、边疆民族地区和革命老区人才支持计划，制订贫困地区本土人才培养计划。积极推进贫困村创业致富带头人培训工程。

（三）国家重大教育政策中的扶贫内容

本部分的国家重大教育政策是指以中共中央、国务院及其办公厅名义下发的教育类的决定、意见、计划等。1985年至今的三十多年中，中共中央、国务院层面发布的政策文件近60份，其中一半以教育为主题。国家重大教育政策中的扶贫定位和理念与国家扶贫战略和定位相一致，以基础教育为最重要的教育扶贫领域，共10个政策文件，最多；其次是总体性、以资助体系为主要规范内容的政策文件，各6个；再次是针对教师、职业教育的文件，分别为2个、3个；最后，针对民族教育、特殊教育的各仅有1个。

1. 总体性国家重大教育扶贫政策

总体性的国家重大教育政策指的是1985年5月发布的《中共中央关于教育体制改革的决定》（以下简称《教育体制改革决定》），1993年2月发布的《中国教育改革和发展纲要》（以下简称《教育改革发展纲要》），1999年6月发布的《中共中央国务院关于深化教育改革，全面推进素质教育的决定》（以下简称《推进素质教育决定》）。2001年5月的《国务院关于基础教育改革与发展的决定》（以下简称《基础教育改革发展决定》），2003年9月的《国务院关于进一步加强农村教育工作的决定》（以下简称《农村教育决定》），2013年7月的《国务院办公厅转发教育部等部门关于实施教育扶贫工程意见的通知》（以下简称《教育扶贫工程意见》）。

《教育体制改革决定》重点瞄准约占全国人口1/4的经济落后地区的基础教育扶贫，提出"要随着经济的发展，采取各种形式积极进行不同程度的普及基础教育工作"。国家尽力支援这类地区教育的发展。《教育改革发展纲要》提出要"积极支持贫困地区和民族地区发展教育"。"中央和地方对有特殊困难的少数民族地区采取倾斜政策和措施。""要创造条件，鼓励和支持非义务教育阶段学生参加勤工俭学，对家庭确有困难的学生，可减免学杂费或提供贷学金。"从1985年到20世纪末的十多年中，国家重大教育政策的扶贫主要运用了财政工具，主要手段是提供或减免学费，领域方面聚焦在以义务教育为主的基础教育上。《推进素质教育决定》的扶贫任务主要定位为基本普及九年义务教育和基本扫除青壮年文盲（简称"两基"），以贫困地区、少数民族地区的薄弱学校为政策目标，在2000年后继续

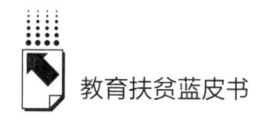

实施"国家贫困地区义务教育工程",运用教育对口支援的方式,降低农村初中辍学率,提高残疾儿童少年入学率。《基础教育改革发展决定》重申了"基础教育"是教育扶贫的重点学段的政策取向,首次瞄准流动儿童少年的入学问题,提出"以流入地区政府管理为主,以全日制公办中小学为主"(简称"两为主")的政策举措。要求抓住国家西北大开发的有利时机,通过继续实施"国家贫困地区义务教育工程""东部地区学校对口支援西部贫困地区学校工程""大中城市学校对口支援本地贫困地区学校工程",举办内地"西藏班""新疆班"发展贫困地区的教育事业。要求完善并落实中小学助学金制度,运用减免学杂费、书本费、寄宿费等办法减轻家庭经济困难学生的负担。《农村教育决定》延续"两基"攻坚思路,对西部贫困地区的教育脱贫提出了量化指标,"2007年,西部地区普及九年义务教育(以下简称"普九")人口覆盖率要达到85%以上,青壮年文盲率降到5%以下"。规定"中央和地方新增扶贫资金要支持贫困乡村发展教育事业"。将分散的助学金政策举措提升为"资助家庭经济困难学生就学制度","到2007年,争取全国农村义务教育阶段家庭经济困难学生都能享受到'两免一补'(免杂费、免书本费、补助寄宿生生活费)"。《教育扶贫工程意见》明确扶贫目标是"到2020年使片区基本公共教育服务水平接近全国平均水平",范围为《中国农村扶贫开发纲要(2011~2020年)》所确定的连片特困扶贫攻坚地区。对教育扶贫的主要任务从基础教育、职业教育、高等教育、学生资助、教育信息化等五个方面提出了明确的要求,建立了经费保障、学生就业、对口支援、人才引进四个方面的保障措施,在政府责任、社会力量支撑、考核评估三个方面明确理清了教育扶贫的组织领导。

2. 基础教育领域的扶贫政策

基础教育领域的国家重大教育政策包括1995年3月印发的《国家贫困地区义务教育工程》,2002年4月发布的《国务院办公厅关于完善农村义务教育管理体制的通知》，2004 年 2 月发布的《国家西部地区"两基"攻坚计划（2004~2007 年）》，2005 年 7 月发布的《国务院办公厅转发教育部等部门关于进一步做好农村寄宿制学校建设工程实施工作若干意见的通知》，2005 年 12 月发布的《国务院关于深化农村义务教育经费保障机制改革的通知》，2007 年 12 月发布的《国务院办公厅转发国务院农村综合改革工作小组关于开展清理化解农村义务教育"普九"债务试点工作意见的通知》，2010 年 11 月发布的《国务院关于当前发展学前教育的若干意见》，2012 年 9 月发布的《国务院关于深入推进义务教育均衡发展的意见》《国务院办公厅关于规范农村义务教育学校布局调整的意见》，2015 年 11 月发布的《国务院关于进一步完善城乡义务教育经费保障机制的通知》。

国家重大教育政策服务于国家扶贫战略，以基础教育，特别是贫困地区义务教育为教育扶贫的主要规范和调节的内容。从数量来看，国家颁布的基础教育领域的政策甚至超过了总体性的政策数量。从主题来看，基础教育领域的国家教育扶贫政策回应了一定历史时期国家教育综合改革的主题和内容。如 2002 年发布的《国务院办公厅关于完善农村义务教育管理体制的通知》，正好回应了当时教育综合改革的主题——"教育体制改革"，及 1993 年《教育改革发展纲要》和 1999 年《推进素质教育决定》的教育改革理念。从领域来看，基础教育领域的国家教育扶贫从一个中心——"义务中心"开始拓展到两端，即学前和高中阶段。2010 年国家发布了首个专门规范学前教育发展的意见，由此开启学前教育三年行动计划，为满足贫困地区幼儿和随迁儿童的入园需求，提供了直接的政策依据。从政策工具来看，运用公共财政手段的频率最高，而且国家围绕教育公共财政投入和分配机制，也多次下发了专门的政策文件。公共财政保障的主要内容，经历了从减免学费、杂费向增加补充寄宿生活费的变化。此外，基础教育领域的国家重大教育政策更加精准，由相对笼统的"义务

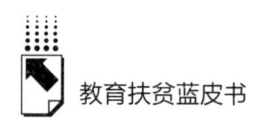

教育"转到相对具体的学校布局、薄弱学校改造、经费保障机制等方面。

3.职业教育领域的扶贫政策

瞄准职业教育的国家重大教育政策分别是2002年8月发布的《国务院关于大力推进职业教育改革与发展的决定》，2005年10月发布的《国务院关于大力发展职业教育的决定》，2014年5月发布的《国务院关于加快发展现代职业教育的决定》。

职业教育是传授职业知识和专业技能的教育，注重实践技能和实际工作能力的培养。职业教育是我国教育扶贫政策的重要组成部分，是促进经济发展、社会进步，提高劳动者综合素质的重要途径。当前，我国的职业教育实行在国务院领导下，分级管理、地方为主、政府统筹、社会参与的管理体制。相对于普通教育的发展而言，我国职业教育发展基础相对薄弱[1]。职业教育的教育扶贫功能主要运用两种方式，其中一种是国家支持贫困地区的职业学校教育发展，配套资助体系政策，扩大贫困家庭初中毕业生和高中毕业生掌握"一技之长"的机会，以技能促进就业，就业促进脱贫为政策影响路径。2002年《国务院关于大力推进职业教育改革与发展的决定》提出"国家采取措施，扶持农村地区、西部地区、少数民族地区和贫困地区职业教育的发展，办好一批骨干职业学校"。对东部地区和中西部地区大中城市招收的家庭经济困难学生，应适当减免学费。2005年《国务院关于大力发展职业教育的决定》将职业教育拓展到终身教育，提升了职业教育扶贫的制度化水平，明确了对接受职业教育的学生、职业教育教师队伍的资助措施，提出建立职业教育贫困家庭学生助学制度。通过助学金、奖学金、贷学金等多种形式，对贫困家庭学生实行学费减免和生活费补贴。中央和地方政府要安排专项财政经费资助农村贫

---

[1] 袁贵仁：《中国教育》，北京师范大学出版社，2013，第16～25页。

困家庭和城镇低收入家庭子女。中等职业学校、金融机构也要切实履行相应的扶贫责任。2014年发布的《国务院关于加快发展现代职业教育的决定》明确提出了职业教育发展的国家目标，即"到2020年，形成适应发展需求、产教深度融合、中职高职衔接、职业教育与普通教育相互沟通，体现终身教育理念，具有中国特色、世界水平的现代职业教育体系"。明确提出要进一步健全公平公正、多元投入、规范高校的职业教育国家资助政策。逐步建立职业院校助学金覆盖面和补助标准动态调整机制。"有计划地集中"支持集中连片特殊困难地区内限制开发和禁止开发区初中毕业生到省（区、市）内外经济较发达地区接受职业教育。从新型职业农民培养、中等职业学校建设、东部地区对口支持、民族地区职业教育发展等方面入手进一步加大对农村和贫困地区职业教育的支持力度。

4. 特殊教育领域的扶贫政策

专门针对特殊教育的国家重大教育政策是2014年1月发布的《国务院办公厅关于转发教育部等部门特殊教育提升计划（2014～2016年）的通知》（以下简称《特殊教育提升计划》）。

2014年1月8日，国务院办公厅转发了教育部、国家发展改革委、民政部、财政部、人力资源和社会保障部、卫生计生委、中国残联七部门联合制定的《特殊教育提升计划（2014～2016年）》。贫困地区的残疾儿童少年，是学习处境不利群体中最弱势的群体，城乡教育发展差距、贫富区域差距进一步加剧了该群体的教育贫困和教育弱势处境。"农村残疾儿童少年义务教育普及率不高，非义务教育阶段特殊教育发展水平偏低"，是国家教育扶贫最困难、最需要政府"兜底"和保障的政策对象。《特殊教育提升计划》要求到2016年视力、听力、智力残疾儿童少年义务教育入学率达到90%以上，财政补助标准人均经费要达到3000元，当时补助标准高于6000元的地区不得下调。以保证义务教育权利为主，兼及学前、高中和高等教育，同时

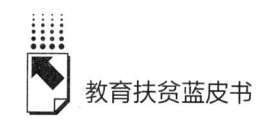

从学校、师资队伍建设方面均提出了大量的政策举措，极大地提高了特殊教育扶贫的政策力度。

5. 民族教育领域的扶贫政策

专门针对民族教育的国家重大教育政策是 2015 年 8 月发布的《国务院关于加快发展民族教育的决定》。该决定的基本原则之一是要坚持缩小发展差距，"坚持民族因素和区域因素相结合，完善差别化区域政策，分区规划，分类指导，夯实发展基础，缩小发展差距，促进教育公平，绝不让一个少数民族、一个地区掉队，推进民族教育全面发展"。提出"到 2020 年，民族地区教育整体发展水平及主要指标接近或达到全国平均水平，逐步实现基本公共教育服务均等化"。在加强组织领导部分，专门提出和强化了"对口支援"政策。要求"重点加大对受援地区双语教育、职业教育和学前教育的支援力度"。从职业教育方面看，以中东部职业教育集团为主要支援方，以民族地区职业学校为主要受援方。从高等教育来看，对口支援的侧重点放在人才培养、师资队伍建设、学科专业建设和科学研究四个方面。

6. 面向教师的扶贫政策

专门针对教师的国家重大教育政策分别是 2012 年 8 月印发的《国务院关于加强教师队伍建设的意见》（以下简称《教师队伍建设意见》），2015 年 6 月印发的《乡村教师支持计划（2015～2020 年)》。

我国目前有 1500 多万名教师，其中 1100 多万名为基础教育阶段教师，330 多万名为乡村教师，支撑着世界最大规模的教育体系——2.6 亿学生。习总书记指出："教育是提高人民综合素质、促进人的全面发展的重要途径，是民族振兴、社会进步的重要基石，是对中华民族伟大复兴具有决定性意义的事业。"[①]《教师队伍建设意见》指出

---

① 人民网强国社区，http://bbs1.people.com.cn/post/1/1/2/144785151.htm，最后访问日期：2015 年 10 月 20 日。

教师是教育事业发展的基础，是提高教育质量、办好人民满意教育的关键。国家重大教育政策一直将贫困地区的教师队伍建设作为教育扶贫的重要内容，但专门针对教师、依托教师队伍建设开展教育扶贫的政策文件的制定，是从2010年以后开始的。特别是2015年制定了专门支持乡村教师队伍建设的国家教育政策文件，《乡村教师支持计划（2015～2020年）》明确提出为了"加强老少边穷岛等边远贫困地区乡村教师队伍建设，明显缩小城乡师资水平差距，让每个乡村孩子都能接受公平、有质量的教育，特制定乡村教师（包括全国乡中心区、村庄学校教师）支持计划"。政策瞄准单位从传统的贫困县、贫困村精准到小规模学校和教学点。政策内容从相对单一的工资保障扩大到住房、社会保障、社会福利、职称评定、荣誉制度等，在政策路径上也提出了更加明确的要求，为提高贫困地区教育质量提供了坚实的政策依据。

7. 资助体系政策

涉及资助体系的国家重大教育政策是2003年9月发布的《国务院办公厅转发教育部等部门关于开展经常性助学活动意见的通知》，2004年6月发布的《国务院办公厅转发教育部 财政部 人民银行 银监会关于进一步完善国家助学贷款工作若干意见的通知》，2004年9月发布的《国务院办公厅关于切实解决高校贫困家庭学生困难问题的通知》，2005年2月发布的《关于加快国家扶贫开发工作重点县"两免一补"实施步伐有关工作的意见》，2007年5月发布的《国务院关于建立健全普通本科高校高等职业学校和中等职业学校家庭经济困难学生资助政策体系的意见》（以下简称《家庭经济困难学生资助政策体系意见》），2011年11月发布的《国务院办公厅关于实施农村义务教育学生营养改善计划的意见》。

国家重大教育政策多以提供助学金、贷学金、学费、生活费的形式开展扶贫，瞄准的对象以国家扶贫县的贫困家庭学生为主，兼及非

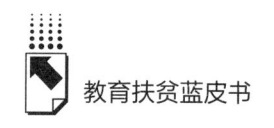

国家贫困县的家庭经济困难学生。"经常性助学活动主要资助农村义务教育阶段家庭经济困难的学生，优先资助农村家庭经济困难学生和残疾学生，适当兼顾其他困难学生。"资助的学段以义务教育为主，逐步扩展到高中和高等教育阶段，从力度来看，高中阶段的国家资助水平相对低。《家庭经济困难学生资助政策体系意见》指出我国家庭经济困难学生资助政策体系不够完善，"尤其是对普通本科高校、高等职业学校和中等职业学校家庭经济困难学生资助面偏窄、资助标准偏低的问题比较突出"。按照"加大财政投入、经费合理分担、政策导向明确、多元混合资助、各方责任清晰"的基本原则，家庭经济困难学生资助体系提出了主要目标，要"从制度上基本解决家庭经济困难学生的就学额外难题"。随着国家综合国力的进一步增强，教育公共财政投入能力进一步提高，投入教育领域的公益资金进一步增长，资助政策将在教育扶贫政策中占据越来越重要的地位，发挥越来越重要的作用。

二 教育扶贫重大行动

教育扶贫行动主要是指与教育扶贫政策相对应的各部门为完成上级制定的政策而下发或实施的部门规章、通知、意见、实施方案或实施细则、规划、计划、行动等。本部分共收集了1985年到至今30多年来，教育部、财政部、国家发改委、人社部、国开办层面发布的政策实施方案、文件137份，其中针对基础教育行动的文件共35份、针对高等教育行动的文件共17份、针对职业教育行动的文件共31份、针对贫困生资助体系建设行动的文件共30份，针对贫困地区师资建设行动的文件共24份。

针对以上文件，本部分把教育扶贫行动分成贫困地区基础教育扶贫行动、职业教育扶贫行动、高等教育扶贫行动、贫困地区学生资助体系建设行动、贫困地区师资队伍建设行动五个主题,并分别对五个主题进行了分析。

(一) 基础教育扶贫行动

基础教育扶贫行动主要是针对贫困地区基础教育领域的相关软硬件建设工程。主要有:"国家贫困地区义务教育工程",分为两期,1996~2000年为第一期,2001~2005年为第二期;2003年11月开始实施的"农村中小学远程教育工程";2006年6月实施的"农村寄宿制学校建设工程";2007年实施的"中西部农村校舍改造工程";2006年6月开展的"农村中小学布局调整工作",2013年实施的"农村义务教育薄弱学校改造计划"。除此之外,还发布了部分相关配套文件。

1. 国家贫困地区义务教育工程

为促进"到20世纪末,基本普及九年义务教育,基本上扫除青壮年文盲"的目标完成,为帮助贫困地区加快发展基础教育事业,在教育部、财政部统一领导下我国实施了"国家贫困地区义务教育工程"(以下简称"义务教育工程")。

"义务教育工程"覆盖范围:1996~2000年为第一期,覆盖范围涉及23个省、自治区、直辖市和新疆生产建设兵团853个县(旗、团场)。针对这些地区普及义务教育过程中校舍不足、危房率高的突出矛盾,项目建设的重要内容为改造危房和改扩建、新建校舍,兼顾教学仪器、图书资料的配备和校长、师资的培训。2001~2005年为第二期,覆盖范围为2000年底前未通过省级"普九"验收的经济薄弱县(旗、团场),涉及19个省、自治区、直辖市和新疆生产建设兵团522个县(旗、团场)。并明确未实现"普六"的项目县,以小学建设为重点,兼顾初级中学;已实现"普六"未实现"普九"的项目县,要在巩固"普六"成果的基础上,重点解决初级中学的办学条件问题。

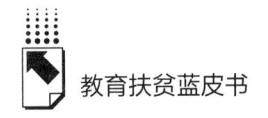

"义务教育工程"到位资金：两期"义务教育工程"共落实到位资金205.48亿元。其中，中央财政拨款78.92亿元；23个省、自治区、直辖市（兵团）地方财政配套97.37亿元；其他资金（含城乡教育费附加和非财政性配套资金）29.19亿元。整个"工程"投资中，中央和地方各级财政性投资占85.8%，是"义务教育工程"资金的主体。

"义务教育工程"主要贡献：共新建小学5380所，改扩建小学27197所；新建初中2466所，改扩建初中8035所。小学校舍方面，新建431.82万平方米、改扩建1336.44万平方米；初中校舍方面，新建527.89万平方米、改扩建929.29万平方米。共购置小学和初中课桌凳857.5万单人套、图书13252.81万册、教学仪器及信息技术教学设备价值88957.16万元，培训校长和教师117.23万人次。其中，"义务教育工程"第二期，年均资助贫困学生150.3万人，资助资金2.1亿元[①]。

2. 农村中小学远程教育工程

为贯彻落实《国务院关于进一步加强农村教育工作的决定》精神，教育部、国家发展和改革委员会、财政部将在中西部农村地区实施"农村中小学远程教育工程"（以下简称"远程教育工程"）[②]。"远程教育工程"在2003年先试点，在2005年全面推广展开。2003年11月17日《农村中小学现代远程教育工程试点工作方案》的出台确定了试点地区以及试点规模，主要在西部十二个省（自治区、直辖市）、新疆生产建设兵团、中部六省各选择2~3个人口适中，有一定工作基础，具备相应条件的地（市）级行政区域作为重点突破的试点地区，计划从2003年开始，用一年时间完成试点地区三种

---

① 宋梓铭：《我所经历的"国家贫困地区义务教育工程"》，《中国财政》2008年第16期。
② 教育部、财政部：《农村中小学现代远程教育工程试点工作方案》，《中国教育技术装备》2004年第2期。

模式（模式一：教学光盘播放点；模式二：卫星教学收视点；模式三：配备卫星接收系统、网络计算机教室、多媒体教室、教学光盘播放设备及教学光盘）的建设工作。在试点地区建设 20594 个教学光盘播放点、49598 个卫星教学收视点、6934 个计算机教室。规划覆盖西部各省（自治区、直辖市）25% 左右的农村中小学，覆盖中部六省 21% 左右的农村中小学。预计覆盖西部试点省 925 万中小学生，学生覆盖率为 27%；覆盖中部试点省 644 万中小学生，学生覆盖率为 21%。试点工作经费主要根据不同区域经济社会情况采用"西部试点地区中央投入为主、中部地区以地方投入为主、东部地区原则上由地方政府负责"的原则进行筹备。

在 2003 年工作的基础之上，2005 年 3 月 15 日教育部办公厅颁布《教育部办公厅关于全面推动农村中小学现代远程教育三种模式应用的指导意见》，正式开始在农村地区全面推动中小学现代远程教育三种模式的实施。

2006 年 7 月《关于开展农村中小学现代远程教育工程三种模式应用专家巡回培训指导工作的通知》的出台，保证了农村地区不仅有远程教育设备，也有人会用这些设备。

2006 年 7 月《关于做好农村中小学现代远程教育工程管理信息系统应用工作的通知》加快了农村中小学现代远程教育工程管理工作的科学化、规范化和效率的提高。

2006 年 8 月 16 日教育部基础教育司发布《关于做好免费向东部地区农村中小学提供优质教育资源工作的通知》。该通知是农村中小学现代远程教育工程的重要组成部分，附件《农村中小学现代远程教育工程教育资源服务系统建设工作方案》力求达到四个目标：①建设卫星数据广播和互联网结合的资源服务系统，使安装了卫星资源接收设备或具备上网条件的农村学校都能够获得农村中小学现代远程教育工程国家免费的优质教育资源；②保证教育资源接收和下载的

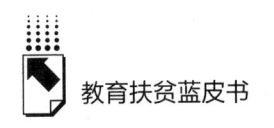

政治安全性；③保证国家免费教育资源的使用范围与资源采购合同中规定的使用范围一致；④通过互联网下载资源要简单、快捷。

3. 农村寄宿制学校建设工程

2004年以来，在国务院领导下，西部地区各级人民政府高度重视农村寄宿制学校建设工程（以下简称"寄宿制工程"）实施工作。为此国家为进一步确保完成"两基"攻坚目标的实现。2005年6月27日，教育部、国家发展改革委、财政部、国土资源部、建设部共同制定了《关于进一步做好农村寄宿制学校建设工程实施工作的若干意见》，国务院在2005年7月31日发布《国务院办公厅转发教育部等部门关于进一步做好农村寄宿制学校建设工程实施工作的若干意见》。

"寄宿制工程"覆盖范围：以2002年底西部地区尚未实现"两基"的372个县和新疆生产建设兵团的38个团场为主，包括纳入国家西部开发计划的部分中部省份的少数民族自治州和中部地区到目前尚未实现"两基"的县，兼顾中西部虽已实现"两基"但基础仍然薄弱的部分地区。

"寄宿制工程"资金安排：为实施"寄宿制工程"，中央共投入100亿元，由国家发展改革委、财政部各承担50亿元，从2004年到2007年分四年予以安排。

"寄宿制工程"实施成效："寄宿制工程"共覆盖中西部地区953个县，共批复项目学校7651所，满足了西部地区195.3万新增学生的就学需求和207.3万新增寄宿生的寄宿需求。410个攻坚县农村学校校舍总面积新增972平方米，生均校舍面积从2003年的3.92平方米增加至2006年的4.66平方米[①]。

---

① 《寄宿制工程介绍》，中国教育新闻网，http://www.jyb.cn/basc/bj/200909/t20090921_312104.html，最后访问日期：2015年5月29日。

为进一步加强管理，切实保障农村寄宿制学校师生人身安全，2010年10月27日教育部办公厅发布了《教育部办公厅关于做好农村寄宿制学校冬季采暖安全工作的通知》，切实做好农村寄宿学校冬季采暖安全隐患排查工作、加强农村寄宿制学校冬季采暖安全工作。

4. 中西部农村初中校舍改造工程

为进一步加强农村义务教育，改善农村教育基础设施，2007年国家发改委、教育部颁布了《中西部农村初中校舍改造工程总体方案》。

"中西部农村初中校舍改造工程"覆盖范围："两基"攻坚计划实施范围内的中西部地区的农村初中。主要覆盖范围包括西部12个省（市、区）和新疆生产建设兵团、中部6省以及河北、海南、吉林、黑龙江等省份的部分贫困地区。主要支持非"两基"攻坚县中的国家扶贫工作重点县、少数民族自治县、革命老区县和部分贫困人口集中分布县（以下简称四类县），适当兼顾少数其他困难地区。

"中西部农村初中校舍改造工程"主要任务：重点支持大约7000所独立设置的农村初中学校新建或改造学生宿舍、食堂和厕所等生活设施，使项目学校寄宿学生生活设施达到或接近《农村普通中小学校建设标准》，基本消除"大通铺"和校外租房现象。

《中西部农村初中校舍改造工程方案》资金安排："十一五"期间国家发展改革委计划安排100亿元，占匡算工程土建总投资需求的大约2/3，其余部分由地方政府负责落实。地方政府承担的配套投入，由省级政府专项安排。

5. 农村中小学布局调整工作

2006年6月7日，教育部办公厅出台《教育部办公厅关于切实解决农村边远山区交通不便地区中小学生上学远问题有关事项的通知》，对农村边远山区交通不便地区中小学生上学远问题进行了布局，从四个层面上来解决此问题：对于低学龄儿童上学道路偏远、交

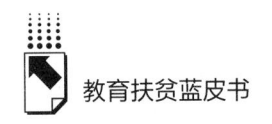

通不便的，要保留、改建一批小学或教学点；对于学龄儿童少，学生居住相对分散的，要采取合校分班、走教送教和普及推广教学光盘等方法，为低年级学生创造学习条件；寄宿制学校建设以初中为主，小学高年级学生确需住校的在征得当地学生家长同意后也可以寄宿；充分发挥农村中小学现代远程教育工程"模式一"的作用。

为了回应农村边远山区中小学生上学远问题，2006年6月9日，教育部发布《教育部关于实事求是地做好农村中小学布局调整工作的通知》，进一步强调在合并校的过程中应该实事求是禁止简单化"一刀切"情况，在不增加农民家庭上学的负担基础之上确保边远山区、贫困地区农民群众子女上学方便。

为解决"农村义务教育学校大幅减少，导致部分学生上学路途变远、交通安全隐患增加，学生家庭经济负担加重，并带来农村寄宿制学校不足、一些城镇学校班额过大等问题"，2012年9月6日，国务院颁布《国务院办公厅关于规范农村义务教育学校布局调整的意见》，明确提出了农村义务教育学校布局要保障学生就近上学的需要。

6.农村义务教育薄弱学校改造计划（简称"薄改计划"）

为解决"农村、边远、贫困和民族地区特别是集中连片特困地区经济社会发展相对滞后，办学成本较高，教学条件较差，寄宿制学校宿舍、食堂等生活设施不足，村小和教学点运转比较困难，教师队伍不够稳定，辍学率相对较高"等问题，2013年12月31日，《教育部国家发展改革委财政部关于全面改善贫困地区义务教育薄弱学校基本办学条件的意见》正式出台。

"薄改计划"实施范围：以中西部农村贫困地区为主，兼顾东部部分困难地区；以集中连片特困地区为主，兼顾其他国家扶贫开发工作重点地区、民族地区、边境地区等贫困地区。

"薄改计划"主要目标：经过3~5年的努力，使贫困地区农村义务教育学校教室、桌椅、图书、实验仪器、运动场等教学设施满足基本教学需要；学校宿舍、床位、厕所、食堂（伙房）、饮水等生活设施满足基本生活需要；留守儿童学习和寄宿需要得到基本满足，村小学和教学点能够正常运转；县镇超大班额现象基本消除，逐步做到小学班额不超过45人、初中班额不超过50人；教师配置趋于合理，数量、素质和结构基本合理。

"薄改计划"资金安排：优先使用农村义务教育经费保障机制资金，不足部分再通过初中改造工程和薄弱学校改造计划资金予以补充。

为了保障"薄改计划"顺利实施，发布的配套文件如下：

2014年4月23日发布的《教育部办公厅 国家发展改革委办公厅 财政部办公厅关于制定全面改善贫困地区义务教育薄弱学校基本办学条件实施方案的通知》；

2014年7月18日发布的《教育部办公厅 国家发展改革委办公厅 财政部办公厅关于印发全面改善贫困地区义务教育薄弱学校基本办学条件底线要求的通知》；

2015年1月26日发布的《全面改善贫困地区义务教育薄弱学校基本办学条件信息公开公示暂行办法》；

2015年5月11日发布的《教育部关于进一步做好全面改善贫困地区义务教育薄弱学校基本办学条件有关工作的通知》。

（二）高等教育扶贫行动

高等教育扶贫行动集中体现在三个方面：一是对口支援，二是高等教育资源倾斜定向招生，三是高等学校定点扶贫。

1. 对口支援西部地区高等学校计划（简称"对口支援计划"）

为积极发展西部地区高等教育，加快培养急需的高级专门人才，完成西部大开发战略，2001年5月10日，教育部颁布《关于实施

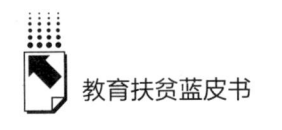

"对口支援西部地区高等学校计划"的通知》

"对口支援计划"方式：根据西部地区重点建设高校（简称"受援高校"）的学科特点和意愿，指定北京大学、清华大学等13所高校为支援高校。支援高校采取一对一的方式，实施对受援高校的支援，并采取全方位合作。

"对口支援计划"主要目标：以人才培养工作为中心，以学科专业建设、师资队伍建设、学校管理制度与运行机制建设为重点，争取用五年的时间，使受援高校的教学、科研和管理水平有较大提高，为受援高校的长远发展奠定坚实基础。

2010年1月22日，《教育部关于进一步推进对口支援西部地区高等学校工作的意见》将"对口支援计划"的目标由注重促进受援高校自身发展，转移到增强受援高校服务区域经济发展的能力上来。通过强化对口支援各方面的工作，显著提升受援高校的师资队伍水平、人才培养质量、科研服务能力和高校管理水平。努力使受援高校成为地方经济社会发展的依靠力量，成为区域经济建设和社会发展的智力中心和人才中心。

2010年5月5日，《教育部办公厅关于对口支援高校申请定向培养博士、硕士研究生单独招生指标办法等有关工作的通知》明确指出，在培养本科生的基础之上，进一步联合培养博士、硕士研究生。

2. 面向贫困地区定向招生专项计划（简称"专项计划"）

为贯彻落实中央有关文件精神和《国家中长期教育改革和发展规划纲要（2010~2020年）》，经研究决定，2012年3月19日，教育部发布《关于实施面向贫困地区定向招生专项计划的通知》。

"专项计划"主要内容：在普通高校招生计划中专门安排适量招生计划，面向集中连片特殊困难地区（以下统称"贫困地区"）生源，实行定向招生，引导和鼓励学生毕业后回到贫困地区就业创业和服务。

"专项计划"实施目标:"十二五"期间,每年在全国招生计划中专门安排1万名左右专项计划,以本科一批招生计划为主。

为加强农村地区卫生人才队伍建设,2015年5月19日发布《教育部等6部门关于进一步做好农村订单定向医学生免费培养工作的意见》,使高等医学教育资源向农村学生倾斜。

3. 教育部直属高校定点扶贫工作(简称"定向扶贫")

从1986年开始到2013年定点扶贫工作已经开展3轮,历时26年,2013年1月29日发布《教育部关于做好直属高校定点扶贫工作的意见》①,进一步明确了直属高校定点扶贫的任务和步骤。

"定点扶贫"方式:从教育扶贫、人才扶贫、智力扶贫、科技扶贫、信息扶贫、专业扶贫等6个层面对贫困地区进行支撑。

"定点扶贫"任务分配:一是16所直属高校定点扶贫滇西边境山区的16个国家扶贫开发重点县;二是28所直属高校定点扶贫滇西边境山区以外的28个国家扶贫开发重点县;三是31所语言、艺术、文科、师范等类型直属高校,由教育部定点联系滇西边境山区工作领导小组统筹安排,为贫困地区开展咨询研究、文化艺术下乡、干部师资培训等方面的工作。

(三)职业教育扶贫行动

职业教育扶贫行动主要集中在四个方面:一是职业学校针对贫困地区招生,二是雨露计划,三是职业教育帮扶农村劳动力转移计划,四是职业教育帮扶农民工学历与能力提升行动计划。

1. 职业学校针对贫困地区招生

在教育对口支援政策支撑下,2003年11月10日,《教育部 财

---

① 《教育部关于做好直属高校定点扶贫工作的意见》,滇西网,http://www.dxkf.cn/showArticle? article.articleId=323&docount=true,最后访问日期:2015年5月30日。

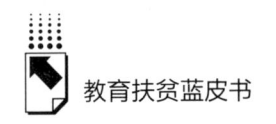

政部 劳动保障部关于开展东部对西部、城市对农村中等职业学校联合招生合作办学工作的意见》（以下简称《联合招生意见》）发布。

《联合招生意见》提出：①东部地区、城市要积极支持和鼓励办学有特色的骨干示范性中职学校，依据东部地区、城市经济建设特别是制造业发展需要，按照订单培养模式面向西部和农村跨地区单独招生；②鼓励东部地区、城市办学有特色的骨干示范性中职学校到西部地区和农村，特别是到国家级、省级扶贫重点开发县与当地中职学校开展合作办学（一对一或一对多）、联合招生、分段培养；③东部地区要选择和确定一批办学有特色的骨干示范性中职学校，以定向招生、定向培养方式，为西部大开发和西部地区国家重点建设工程培养急需的实用技术人才。

2. 雨露计划：职业技能、创业、农村实用技术培训

2007年3月22日，国务院扶贫开发领导小组办公室颁布《关于在贫困地区实施"雨露计划"的意见》。"雨露计划"是国务院扶贫开发领导小组办公室带头实施的以提高扶贫对象自我发展能力、促进就业为核心的工程。

"雨露计划"的实施对象：①扶贫工作建档立卡的青壮年农民（16~45岁）；②二是贫困户中的复员退伍士兵（含技术军士，下同）；③三是扶贫开发重点村的村干部和能帮助带动贫困户脱贫的致富骨干。

"雨露计划"的实施方式：①"十一五"期间，通过职业技能培训，帮助500万名左右经过培训的青壮年贫困农民和20万名左右贫困地区复员退伍士兵成功转移就业；②通过创业培训，使15万名左右扶贫开发工作重点村的干部及致富骨干真正成为贫困地区社会主义新农村建设的带头人；③通过农业实用技术培训，使每个贫困户至少有一名劳动力掌握1~2门有一定科技含量的农业生产技术。

"雨露计划"的资金投入：从2007年开始，各省、市、区用于

贫困青壮年劳动力转移培训的资金原则上不能低于中央财政扶贫资金的 10%。

2010 年 6 月 17 日发布的《国务院扶贫办 财政部关于开展"雨露计划"实施方式改革试点工作的通知》，通过对贫困家庭劳动力接受教育与培训进行补助，引导和鼓励贫困家庭子女在完成九年义务教育和普通高中教育后，继续接受中高等职业教育和一年以上技能培训，以进一步提高贫困家庭新生劳动力的整体素质，增强其稳定就业和持续增收能力。补助对象及标准是：补助对象为试点县建档立卡贫困家庭中 2010~2011 年接受高等职业（一、二、三年级）、中等职业（一、二年级）教育和一年以上技能培训（进入顶岗实习阶段的学生例外）的学生。补助标准为在享受国家规定的其他补助政策的基础上，每人每年再补助 1000 元。试点为期 1 年，从 2010 年 7 月开始，至 2011 年 8 月结束。

2011 年 4 月 26 日发布的《国务院扶贫办 财政部关于完善"雨露计划"实施方式改革试点工作的通知》将扶贫对象的补助标准由原先的 1000 元/人上涨为 1500 元/人。

2015 年 6 月 2 日发布的《国务院扶贫办 教育部 人力资源和社会保障部关于加强雨露计划支持农村贫困家庭新成长劳动力接受职业教育的意见》将"雨露计划"的扶持对象逐步扩大到包括子女接受中等职业教育（含普通中专、成人中专、职业高中、技工院校，以下同）、高等职业教育的农村建档立卡贫困家庭。其扶持方式为符合条件的贫困学生无论在何地就读，其家庭均可在户籍所在地申请扶贫助学补助。补助资金通过一卡通（一折通）直接补给贫困家庭。

除了政府力量，国务院扶贫办也积极引导社会力量加入"雨露计划"，如 2009 年 3 月 5 日发布《国务院扶贫办关于做好 2009 年"雨露计划·腾飞工程"——中西部万名应用人才助学行动工作的通知》，"雨露计划·腾飞工程"——中西部万名应用人才助学行动是

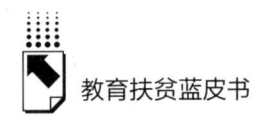

国务院扶贫办联合中国留学人才发展基金会主办，长沙环球职业教育集团承办的大型公益事业，其目的是通过联合办学免费让贫困家庭"两后生"入学接受职业教育。再如：2012年6月1日发布的《关于开展2012年"雨露计划·扬帆工程——中西部地区万名应用人才助学行动"的通知》。再如2011年6月3日发布的《国务院扶贫办关于开展"黔深雨露直通车"试点工作的通知》，以本人自愿为前提，选择贵州省毕节地区威宁、大方、纳雍3个县的500名贫困家庭新生劳动力，统一组织他们到深圳市协创技工学校接受异地中等职业教育培训后留在深圳市就业。

3. 职业教育帮扶农村劳动力转移计划

2004年3月24日，《教育部关于印发〈村劳动力转移培训〉的通知》（计划一）要求：在城乡合作办学和东西部合作办学中，实行"1+2""2+1""1+1+1"等模式，让西部地区和农村中职学生在当地学习一至两年，完成文化和部分专业基础课后，再到东部地区、城市的中职学校和对口企业，接受专业教育和技能训练，毕业后主要面向东部地区和城市就业。

除此之外，文件还扩大城乡各类职业学校面向农村招生规模。要求教育行政部门和职业学校要加强与劳动、农业等部门的联系，组织拟转移的农村劳动力参加转移就业培训，使他们掌握一至两项在非农产业和城镇就业的技能，并取得相应的职业资格证书或培训证书，做到先培训后转移就业。

4. 职业教育帮扶农民工学历与能力提升行动计划（简称"求学圆梦行动"）

2016年3月1日，教育部、中华全国总工会印发《农民工学历与能力提升行动计划——"求学圆梦行动"实施方案》。

"求学圆梦行动"总体目标：建立学历与非学历教育并重，产教融合、校企合作、工学结合的农民工继续教育新模式，实施"求学圆梦行动"，提升农民工学历层次和技术技能水平，帮助农民工实现体面劳动和幸福生活，有效服务经济社会发展和产业结构转型升级。

到2020年，在有学历提升需求且符合入学条件的农民工中，资助150万名农民工接受学历继续教育，使每一位农民工都能得到相应的技术技能培训，能够通过学习免费开放课程提升自身素质与从业能力。

"求学圆梦行动"主要任务：提升学历教育层次，提高专业技能；提升岗位胜任能力，促进产业转型；提升创新创业能力，助力万众创新；提升综合素质，融入城市生活；开放优质网络资源，助推终身学习。

"求学圆梦行动"主要措施：建立择优录取和企业推荐相结合的公开遴选机制；开发与岗位紧密对接的专业课程；建立多元化的农民工继续教育质量保障体系；建设行动计划的信息服务平台。

（四）贫困地区学生资助体系建设行动

针对贫困地区学生的资助行动主要体现在两个方面：一是针对贫困学生的资助体系的建设，二是针对贫困地区的学生营养改善计划。

1. 各阶段各层次教育资助体系的建立

至今，为帮助贫困地区各学龄阶段孩子完成学业，我国从学前教育到高等教育已建立了一套完整的学生资助体系。

（1）义务教育阶段资助体系的建立。从时间演变的角度看，最开始主要针对中小学学生建立资助体系，如2001年7月9日开始为全国部分贫困地区农村中小学生免费提供教科书。2001年9月24日建立的中小学贫困学生助学金制度，对家庭经济困难，无力负担学杂费、书本费、寄宿生活费而未入学和可能辍学者，及家庭经济困难的少数民族儿童、孤残儿童应优先资助。2003年9月17日开始实行经常性助学活动，主要资助农村义务教育阶段家庭经济困难的学生，优

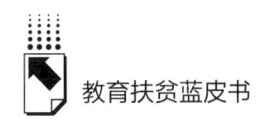

先资助农村家庭经济困难学生和残疾学生，适当兼顾其他困难学生。针对受援学生的书本费、学杂费和寄宿学生的住宿费、伙食费以及非义务教育阶段家庭经济特别困难学生的学费等提供补助。2005年2月2日在国家扶贫开发工作重点县建立"两免一补"制度，2007年12月20日开始全面实施农村义务教育教科书免费提供和做好部分教科书循环使用工作，2011年11月23日开始实施农村义务教育学生营养改善计划。

（2）高等教育阶段学生资助体系的建立。2004年6月8日，教育部、财政部、中国人民银行、银监会进一步建立了我国普通高校资助政策，延长了还贷年限等，完善了国家助学贷款政策。2008年9月9日发布的《财政部、教育部、银监会关于大力开展生源地信用助学贷款的通知》指出，从2008年起进一步扩大生源地信用助学贷款覆盖范围，大力推进生源地信用助学贷款工作。2009年3月11日，财政部、教育部印发《高等学校毕业生学费和国家助学贷款代偿暂行办法》，规定自2009年起，高校毕业生到中西部地区和艰苦边远地区基层单位就业、服务期在3年以上（含3年）的，其学费由国家实行代偿。在校学习期间获得国家助学贷款（含高校国家助学贷款和生源地信用助学贷款，下同）的，代偿的学费优先用于偿还国家助学贷款本金及其全部偿还之前产生的利息。2015年7月13日发布的《教育部　财政部　中国人民银行　银监会关于完善国家助学贷款政策的若干意见》，明确了学生在读期间利息全部由财政补贴，贷款最长期限从14年延长至20年，还本宽限期从2年延长至3年整，建立了国家助学贷款还款救助机制，简化学生贷款手续。

2007年5月13日，针对我国家庭经济困难学生资助政策体系不够完善的问题，国务院发布了《关于建立健全普通本科高校高等职业学校和中等职业学校家庭经济困难学生资助体系的意见》。明确规定：第一，完善针对普通高校和高等职业学校全日制本专科在校生中特别优秀学生的每年奖励 5 万元,每人 8000 元的国家奖学金制度。第二,完善国家助学金制度,资助普通本科高校、高等职业学校全日制本专科在校生中家庭经济困难学生和中等职业学校所有全日制在校农村学生及城市家庭经济困难学生,每人每年 2000 元。国家助学金资助中等职业学校所有全日制在校农村学生和城市家庭经济困难学生,资助标准为每人每年 1500 元。第三,从 2007 年起,对教育部直属师范大学新招收的师范生实行免费教育。第四,学校要按照国家有关规定从事业收入中足额提取一定比例的经费,用于学费减免、国家助学贷款风险补偿、勤工助学、校内无息借款、校内奖助学金和特殊困难补助等。2007 年 6 月 26 日,教育部、财政部下发《高等学校学生勤工助学管理办法》,明确了勤工助学的报酬和支付方式,保障了学生的权利。2007 年 6 月 27 日,财政部、教育部印发《普通本科高校、高等职业学校国家助学金管理暂行办法》,具体指出了助学金发放的标准和程序。2013 年 2 月 28 日出台的《财政部 国家发展改革委 教育部关于完善研究生教育投入机制的意见》规定,从 2014 年秋季学期起开始实行硕士生每人每年不超过 8000 元,博士生每人每年不超过 10000 元的学费收取政策,但也进一步加大了奖助经费投入力度以及研究生助教、助研和助管岗位津贴资助力度、国家奖学金力度、学业奖学金力度。

(3)中等职业学校学生资助体系的建立。2010 年 1 月 28 日,财政部、教育部、人力资源和社会保障部印发《中等职业学校免学费补助资金管理暂行办法》,中等职业学校免学费补助资金是指中等职业学校学生享受免学费政策后,为弥补学校运转出现的经费缺口,财政核拨补助资金,包括一、二年级免学费补助资金和公办学校三年级顶岗实习困难专业免学费补助资金。

2012 年 10 月 22 日,《关于扩大中等职业教育免学费政策范围进一步完善国家助学金制度的意见》规定,从 2012 年秋季学期起,对公办中等职业学校全日制正式学籍一、二、三年级在校生中所有农村（含县镇）学生、城市涉农专业学生和家庭经济困难学生免除学费（艺术类、相关表演专业学生除外）。为保证学校正常运转，对因免除学费导致学校收入减少的部分，第一、二学年由财政按照享受免学费政策学生人数和免学费标准补助学校；第三学年原则上由学校通过校企合作和顶岗实习等方式获取的收入予以弥补，不足部分由财政按照不高于三年级享受免学费政策学生人数50%的比例和免学费标准，适当补助学校。并进一步完善助学金制度，从2012年秋季学期起，将中等职业学校国家助学金资助对象由全日制正式学籍一、二年级在校农村（含县镇）学生和城市家庭经济困难学生，逐步调整为全日制正式学籍一、二年级在校涉农专业学生和非涉农专业家庭经济困难学生。2013年6月3日，教育部印发《中等职业学校国家助学金管理办法》，在2012年12月22日发布的《关于扩大中等职业教育免学费政策范围 进一步完善国家助学金制度的意见》的基础之上，明确了国家助学金的受援对象以及申请程序。

2016年3月17日发布的《教育部办公厅关于开展中等职业学校学生学籍管理和资助工作专项治理的紧急通知》，进一步规范了中等职业学校学生资助工作。

（4）普通高中学生资助体系的建立。2010年9月19日，财政部、教育部印发《关于建立普通高中家庭经济困难学生国家资助制度的意见》，规定从2010年秋季学期起，中央与地方共同设立国家助学金，用于资助普通高中在校生中的家庭经济困难学生，资助面约占全国普通高中在校生总数的20%。财政部、教育部根据生源情况、平均生活费用等因素综合确定各省资助面。其中：东部地区为10%、中部地区为20%、西部地区为30%。各地可结合实际，在确定资助面时适当向农村地区、贫困地区和民族地区倾斜。国家助学金平均资助标准为每人每年1500元，具体标准由各地结合实际在1000~3000

元范围内确定，可以分为2~3档。2010年11月3日，财政部、教育部印发《关于印发普通高中国家助学金管理暂行办法的通知》对普通高中助学金的发放进行了进一步的说明。

（5）学前教育资助体系的建立。2011年9月5日颁布的《财政部 教育部关于建立学前教育资助制度的意见》规定：地方政府对经县级以上教育行政部门审批设立的普惠性幼儿园在园家庭经济困难儿童、孤儿和残疾儿童予以资助。幼儿园要从事业收入中提取3%~5%比例的资金，用于减免收费、提供特殊困难补助等，具体比例由各地自行确定。各地进一步建立和完善相关优惠政策措施，积极引导和鼓励企业、社会团体及个人等捐资，帮助家庭经济困难儿童、孤儿和残疾儿童接受普惠性学前教育。

2. 农村义务教育学生营养改善计划（以下简称"营养餐改善计划"）

2011年11月23日颁布的《国务院办公厅关于实施农村义务教育学生营养改善计划的意见》，为解决农村中小学生营养不良问题提供了路径。

"营养餐改善计划"试点范围：从2011年秋季学期起，在集中连片特殊困难地区（以下简称"连片特困地区"）启动农村（不含县城，下同）义务教育学生营养改善计划试点工作。连片特困地区的具体范围按照《中国农村扶贫开发纲要（2011~2020年）》和有关文件规定确定。

"营养餐改善计划"试点内容：中央财政为试点地区农村义务教育阶段学生提供营养膳食补助，标准为每人每天3元（全年按照学生在校时间200天计算），所需资金全部由中央财政承担。试点地区和学校要在营养食谱、原料供应、供餐模式、食品安全、监管体系等方面积极探索，为稳步推进农村义务教育学生营养改善计划积累经验。

除了为试点地区农村义务教育阶段学生提供营养膳食补助以外，

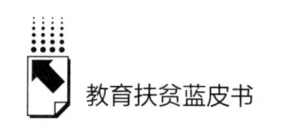

"营养餐改善计划"还致力于改善就餐条件,将学生食堂列为重点建设内容,使其达到餐饮服务许可的标准和要求。进一步完善补助家庭经济困难寄宿学生生活费政策:从2011年秋季学期起,将补助家庭经济困难寄宿学生生活费标准每人每天提高1元,达到每人每天小学4元、初中5元。中央财政对中西部地区落实基本标准所需资金按照50%的比例给予奖励性补助。

《农村义务教育学生营养改善计划实施细则》《农村义务教育学生营养改善计划食品安全保障管理暂行办法》《农村义务教育学校食堂管理暂行办法》《农村义务教育学生营养改善计划实名制学生信息管理暂行办法》《农村义务教育学生营养改善计划信息公开公示暂行办法》五个配套文件的出台规范了农村义务教育学生食堂就餐环境,有力地改善了农村学生营养健康状况。

(五)贫困地区师资队伍建设行动

贫困地区师资力量建设行动主要体现在以下三个方面:贫困地区教师培训行动、贫困地区师资支援行动、贫困地区校长培训行动。

1. 贫困地区教师培训

贫困地区教师培训行动主要从两个方面展开:少数民族、贫困地区中小学教师培训计划和教育硕士师资计划。

(1)少数民族、贫困地区中小学教师培训计划:为进一步加强少数民族、贫困地区中小学教师培训工作,2004年下发文件《教育部关于启动新一轮少数民族、贫困地区中小学教师综合素质训练项目暨新课程师资培训计划(2004~2008年)的通知》(以下简称《教师培训计划》)。

《教师培训计划》实施背景:为了进一步加强少数民族、贫困地区中小学教师培训工作,加快提高少数民族、贫困地区中小学教师队伍素质,根据《教育部关于加快推进"全国教师教育网络联盟计划",组织实施新一轮中小学教师全员培训的意见》及《2003~2007年中小学教师全员培训计划》的有关精神和要求,在实施2000~2003年"教育部民族、贫困地区中小学教师综合素质培训项目"的工作基础上,决定启动新一轮民族贫困地区中小学教师综合素质培训项目暨新课程师资培训工作。

《教师培训计划》主要目标:2004~2008年,以教师发展为本,以促进教师专业化为导向,以构建终身学习体系为重点,以新课程培训为切入点,以提高教师教育教学质量水平为中心,以校本研修为基础,建立教师学习型组织,以充分运用教育信息技术为手段,有效开展教师培训工作。

《教师培训计划》提出的主要任务:第一阶段:师德教育和新理念培训。第二阶段:新课程通识培训。第三阶段:新课程学科培训。第四阶段:新技术培训,如教育信息技术与学科教学整合。

(2)教育硕士师资计划:为了建立健全农村师资结构,保障教育教学质量,相关部门出台大量文件对乡村教师进行培训。如2004年教育部启动"农村学校培养教育硕士师资计划",该计划服务范围针对"国家扶贫开发工作重点县"和"省扶贫开发工作重点县"的农村学校,其要求本科毕业生签约到农村学校报到任教3年,取得教学实践经验,第4年,农村师资教育硕士注册入学,脱产学习,第5年毕业后返回任教学校工作,服务期限至少5年[①]。

2. 贫困地区师资支援行动

贫困地区师资支援行动主要从三个方面展开:特岗计划、人才支持计划——教师专项计划、城镇教师支援农村教育工作。

(1)特岗计划:为进一步加强农村教师队伍建设,促进义务教

---

① 《教育部办公厅关于做好2008年"农村学校教育硕士师资培养计划"实施工作的通知》,中华人民共和国教育部,http://www.moe.edu.cn/srcsite/A10/s7011/200709/t20070929_145950.html,最后访问日期:2015年6月12日。

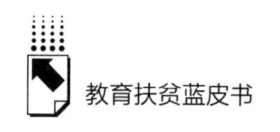

育均衡发展，2006年5月15日发布《教育部　财政部　人事部　中央编办关于实施农村义务教育阶段学校教师特设岗位计划的通知》。

"特岗计划"目标和任务：通过公开招聘高校毕业生到西部地区"两基"攻坚县以下农村学校任教，引导和鼓励高校毕业生从事农村义务教育工作，创新农村学校教师的补充机制，逐步解决农村学校师资总量不足和结构不合理等问题，提高农村教师队伍的整体素质。从2006年起，用5年的时间实施。特设岗位教师聘期3年。2009年教育部发布通知，继续实施"特岗计划"。

"特岗计划"实施范围："计划"的实施范围以国家西部地区"两基"攻坚县为主（含新疆生产建设兵团的部分团场），包括纳入国家西部开发计划的部分中部省份的少数民族自治州，适当兼顾西部地区一些有特殊困难的边境县、少数民族自治县和少小民族县。2009年3月30日《教育部　财政部　人力资源社会保障部　中央编办关于实施"农村义务教育阶段学校教师特设岗位计划"的通知》将"特设计划"实施范围扩大至中西部地区国家扶贫开发工作重点县，并将"河北、吉林、黑龙江"三个省纳入"特岗计划范围"。

"特岗计划"资金安排：所需资金由中央和地方财政共同承担，以中央财政为主。中央财政设立专项资金，用于特设岗位教师的工资性支出，并按人均每年1.5万元的标准，与地方财政据实结算。特设岗位教师在聘任期间，执行国家统一的工资制度和标准；其他津贴补贴由各地根据当地同等条件公办教师年收入水平和中央补助水平综合确定。凡特设岗位教师工资性年收入水平高于1.5万元的，高出部分由地方政府承担。

"特岗计划"的实施采取先试点，后推开的办法，坚持侧重初中、兼顾小学的原则。另外为了确保计划顺利进行，特设岗位教师享受《中共中央办公厅　国务院办公厅印发〈关于引导和鼓励高校毕业生面向基层就业的意见〉的通知》（中办发〔2005〕18号）和人事部等部门《关于组织开展高校毕业生到农村基层从事支教、支农、支医和扶贫工作的通知》(国人部发〔2006〕16号)规定的各项优惠政策,除此之外,特设岗位还与"农村学校教育硕士师资培养计划"相结合。

(2)人才支持计划——教师专项计划:2011年9月26日中共中央组织部等部门下达《边远贫困地区、边疆民族地区和革命老区人才支持计划实施方案》的通知,为了响应号召,2012年11月27日教育部等五部门印发《边远贫困地区、边疆民族地区和革命老区人才支持计划教师专项计划实施方案》。"教师专项计划"采用支教和培养相结合的方式,从2013年起,到2020年,每年选派3万名优秀幼儿园、中小学和中等职业学校教师到"三区"支教1年,每年为"三区"培训3000名幼儿园、中小学和中等职业学校的骨干教师和紧缺专业教师。其受援范围以县为基本单位,主要是国家确定的连片特困地区覆盖的县、国家扶贫开发工作重点县和省级扶贫开发工作重点县以及新疆生产建设兵团困难团场,涉及28个省(区、市)和新疆生产建设兵团的1272个县、团场。

(3)城镇教师支援农村教育工作:2006年2月26日针对农村师资力量总体薄弱的状况还未得到根本改变的现状,发布《教育部关于大力推进城镇教师支援农村教育工作的意见》(以下简称《城镇教师支援农村意见》),提出借助城镇师资力量的优势促进农村教育水平的提高。《城镇教师支援农村意见》积极规划大中城市中小学教师到农村教师资源薄弱学校支教,并形成"校对校""结对子""手拉手"等多种有效的支援和受援形式;为了鼓励教师到乡村任教,《城镇教师支援农村意见》严格控制城镇中小学教师编制,适当提高农村中小学中、高级教师职务的结构比例,积极促进城镇学校教育向农村流动,并定期选城镇学校教师到农村学校交流任教;《城镇教师支援农村意见》还积极鼓励并组织落实高校毕业生到农村任教,组织

师范生实习支教,组织开展短期支教、兼职支教等多种形式的智力支教活动。还利用把"特级教师讲学团"巡回下乡送教,城镇骨干教师到农村学校支教、带教或"走教"、"联聘"等形式,缓解了农村学校紧缺师资不足的问题。

3. 贫困地区校长培训行动

贫困地区校长培训行动从两个方面展开:农村校长助力工程和中小学校长国家级培训计划。

(1)农村校长助力工程:为增强农村地区校长的业务能力,2013年10月12日教育部发布《关于实施农村校长助力工程的通知》。

"农村校长助力工程"培养目标:每年组织2000名农村义务教育学校校长参加国家级培训,提高农村学校校长解决办学重点难点问题的能力,为各地培养一批实施素质教育、推进农村义务教育改革发展的带头人。

"农村校长助力工程"培训对象:中西部地区国家级贫困县、集中连片特殊困难地区乡镇及以下农村义务教育学校正职校长。其办学思想端正,工作进取心强;具有一定的理论修养、较强的管理能力;身心健康,能够正常参加培训学习活动。

"农村校长助力工程"培训内容:帮助农村学校校长开阔教育视野,更新办学理念,提升专业素质和解决实际问题的能力。

"农村校长助力工程"培训方式:采取"集中培训+返岗实践"的培训方式。集中培训阶段共25天,通过专题讲座、案例教学、影子培训等环节,帮助农村学校校长学习借鉴优秀中小学的办学经验,掌握诊断学校发展问题、制定学校发展规划的基本方法。返岗实践阶段共50天,农村学校校长在培训专家的指导下,制定学校中长期发展规划,实施学校改进行动计划,提高管理水平。

(2)中小学校长国家级培训计划(简称"校长国培计划"):

2014年6月6日下发《教育部关于启动实施中小学校长国家级培训计划的通知》。"校长国培计划"包括中小学校长示范性培训项目和中西部农村校长培训项目。

①"校长国培计划"：中小学校长示范性培训项目。教育部直接组织实施面向全国中小学校长的示范性培训项目，主要包括边远贫困地区农村校长助力工程、特殊教育学校校长能力提升工程、卓越校长领航工程、培训者专业能力提升工程。

边远贫困地区农村校长助力工程。面向中西部地区国家级贫困县、集中连片特殊困难地区乡镇以下农村中小学校长开展培训，主要包括农村幼儿园园长培训班、农村小学校长培训班、农村中学校长培训班。通过培训，进一步提高农村中小学校长解决办学重点难点问题的能力，为各地培养一批实施素质教育、推进农村教育改革发展的带头人。

特殊教育学校校长能力提升工程。面向全国特殊教育学校校长开展培训。通过培训，进一步提升特殊教育学校校长的专业水平，培养一批能够引领特殊教育改革发展的骨干校长。

卓越校长领航工程。面向全国中小学校长开展高端培训，主要包括中小学骨干校长高级研修班、中小学优秀校长高级研究班、中小学名校长领航班。通过举办中小学骨干校长高级研修班，提升校长的办学治校能力，培养一批优秀中小学校长；通过举办中小学优秀校长高级研究班，帮助校长凝练办学思想、形成办学风格、提升教育研究能力，培养一批教育家型校长后备人才；通过举办中小学名校长领航班，促进校长创新教育实践，引领区域乃至全国教育发展，提升教育思想引领能力，造就一批在国内外具有较大影响力的教育家型校长。

培训者专业能力提升工程。面向从事中小学校长培训工作的专职培训机构、高等学校、中小学等单位管理者开展培训。通过培训，进

一步提高培训者的专业素质，培养一批具有现代培训理念、较强培训能力的高素质专业化培训者。

②"校长国培计划"：中西部农村校长培训项目。中央财政专项支持中西部省份按照"校长国培计划"要求，实施农村中小学校长培训项目，对中西部农村校长开展有针对性的培训，不断提高中西部农村校长自身素质。

三 教育扶贫政策中的问题与发展建议

一是将教育扶贫对象的甄别与国家贫困标准直接对应，导致教育扶贫制度的设计部分地偏离教育规律和教育教学改革的自身需求和发展趋势。无论是最新的教育扶贫行动还是为落实国家扶贫政策中的教育扶贫任务的政策设计，教育扶贫对象的标准都完全对应国家贫困标准，即国家贫困县，及处于国家贫困县的村和户，使得其他因教致贫、因教返贫的学生和家庭难以及时享受到教育扶贫政策的支持。教育扶贫的对象是贫困地区的教育和学生，即"建档立卡贫困人口"。事实上，《脱贫攻坚决定》中所瞄准的5775万人口中就有2000万人口不在"教育支持"的范围。此外，城市贫困家庭子女和农村留守儿童、流动儿童也是重要的教育贫困群体构成。国家卫生计生委2016年发布的流动人口调查数据显示，2015年中国流动人口规模达2.47亿，占总人数的18%，相当于每六个人中有一个是流动人口。大规模举家流动造成了大量的流动、留守儿童现象。其中，留守儿童占农村儿童总体的35.6%。其中安徽、河南、四川跨省流出集中地区留守儿童比例较高，达到了43.8%[①]。2000年至2010年十年期间，

---

① 《中国流动人口规模达2.4亿！流向哪？》，至诚财经网，http://www.zhicheng.com/n/20161020/100413_3.html，最后访问日期：2016年10月20日。

中国0~17岁的流动儿童规模从1982万扩大到3581万，十年间的人数增长超过了80%。留守儿童多位于经济欠发达但未必是国家贫困县地区，流动儿童中的弱势家庭子女，常因为学费和接收教育所需的食宿、学校活动用品费用等，就读于教育质量差、教育基础设施差的薄弱学校、打工子弟学校。这部分儿童属于教育贫困群体，但非国家扶贫政策所瞄准的目标群体。因此，需要在推进国家教育公平的整体进程中，兼顾国家扶贫的教育目标，而非单一的将国家扶贫目标直接对应为教育扶贫目标。实现异地高考、高考的区域公平，乡村教师发展，薄弱学校的改造、高中教育发展攻坚等，既是教育综合改革发展的内在要求，也天然蕴含了扶贫济弱的社会功能。教育在转型中的中国越来越成为利益冲突的重要领域，社会对教育公平和教育质量的识别和要求均发生了重大的转变，教育扶贫标准与单一的经济维度确立的"贫困标准"内涵是不同的。因此，教育扶贫标准的确立需要充分考虑教育自身的发展和改革需求。

二是制度设计中过于突出和聚焦政府自身的功能，对企业、社会组织等社会力量，特别是教育贫困人群自身的政策引导和政策鼓励不足。教育扶贫不是单纯的教育问题，更是一个社会问题。政府在教育扶贫中的作用是主要的，但绝非唯一的主体，教育本身就是介于政府和市场之间的第三部门[①]。教育产品和服务既是非垄断性的公共产品，政府和非营利性机构均可供给，同时由于教育对学习者个体及其所在的家庭有巨大的利益回报，不同阶段的教育的公共性和非竞争性的巨大差异，使得教育产品和服务也可以，并且在现实中也正在由市场提供，这就要求教育扶贫的制度设计顺应不同类型教育产品和服务的公共性水平进行差异化的制度设计。2015年9月，由阿里巴巴集团董事局主席马云个人发起并捐赠成立的马云公益基金会公布"乡

---

① 劳凯声：《社会转型与教育的重新定位》，《教育研究》2002年第2期，第3~7页。

村教师计划",每年为100名乡村教师提供总额1000万元的奖金资助和持续三年的专业发展支持。2016年,该基金会发布"乡村校长计划",在十年中预计投入2亿元寻找、支持中国优秀乡村校长[1]。通过直接的经费资助、奖励投入教育扶贫和教育发展是企业履行社会责任经常被采用的一种形式,但目前的扶贫政策和相关的配套举措,如简化税费申报流程、加大政策优惠力度等,以进一步激发企业投入教育的积极性还有很大的提升空间。虽然先赋性贫困理论范式将导致贫困的主要因素归结为制度,但贫困者自身对制度的理解、对自身处境的解释和积极行动,也是该范式的重要解释维度。自致性贫困范式更是主张贫困文化和贫困者的人格、心理特质导致和加剧其贫困程度。国际减贫理论和我国的扶贫政策在演变过程中转向了开发式、造血型扶贫,一直视教育为主动减贫的手段。中国扶贫基金会、国际小母牛组织等国内外社会组织,运用参与式扶贫方法手段在这方面开展了多年的扶贫实践。因此,在后续的教育扶贫制度设计中,应加强对贫困人口自身的教育心理、教育态度和教育行动的研究,并设计相应的政策内容,明确对贫困人口自身努力的要求、引导和扶持。

三是教育扶贫制度及其实施内容的设计上部分地混淆了教育公平、教育质量与教育贫困的差异,在政策设计上有重复和雷同,未能切实发挥教育扶贫作为扶贫手段解决贫困人口"吃穿"生存问题和代际发展问题的手段功能。广义而言,贫困地区的儿童同时遭遇了教育起点的不公平、教育过程的不公平和教育结果的不公平。但是教育公平是一个相对的概念,尤其在制度政策设计中,主要体现在缩小教育差距,减少涉及机会、财力、师资、信息化等公共教育资源配置的不平等,以及政府作为促进教育公平的责任主体地位三方面[2]。教育

---

[1] 《每年千万奖励乡村教师还不够,马云再出2亿培养"乡村校长"》,凤凰资讯,http://news.ifeng.com/a/20160704/49292461_0.shtml,最后访问日期:2016年7月4日。
[2] 石中英:《教育公平政策终极价值指向反思》,《探索与争鸣》2015年第5期,第4~6页。

质量则多针对学生取得的学业成绩，或升入优质学校的可能性和整体比例，或走入社会之初入职的收入水平。而在现实操作中，因教育所需的资金、人力造成学生所在家庭生计困难甚至难以维持，往往是界定教育贫困的操作性依据。教育扶贫的行为，更多的指向教育公平、教育质量，而非教育贫困。一般而言，针对绝对贫困，教育扶贫制度的定位应该是提高贫困人口的知识和技能水平，进而增强其自我生存的能力、提高生活质量和水平。相对贫困是教育扶贫制度设计中需要加以重点设计的内容，与难以维持基本生存相比，教育对于贫困人口而言是第二位的发展性的需求，因此教育扶贫制度在更高层次上需定位在提高贫困人口的代际上升和发展的机会、发展能力，通过对子代或父代综合素质的提高，促进贫困人口家庭的代际发展。在现有的教育扶贫制度设计中，部分内容更多是涉及教育公平和教育质量，而非教育贫困问题，如乡村教师支持计划、高等教育招生的区域支持计划等。教育公平的维护、教育质量的提升，与教育扶贫有相似之处，但非完全等同，在制度设计上混淆二者，将会降低教育扶贫政策效果。

特别关注
Special Focus

B.4
贫困家庭子女教育问题研究

秦玉友 李 维 曾文婧 史志乐 周 月*

摘　要： 本报告主要基于国务院扶贫办信息中心"建档立卡"相关数据，对贫困家庭及其子女的生活状况、生活环境与教育状况进行整体描述，对"因学致贫现象"和"贫困家庭子女就业状况对就学的影响"这两个重要现实问题进行深入分析，并提出相关建议。报告认为扶持和帮助贫困家庭增强经济收入能力、实行贫困家庭子女全免费教育政策、建立健全充足而又精准的教育救助机制、增加贫困家庭子女就业机会、促进贫困家

---

* 秦玉友，东北师范大学中国农村教育发展研究院副院长，教授，博士生导师，主要研究方向为农村教育、教育政策；李维，东北师范大学中国农村教育发展研究院博士研究生，主要研究方向为农村教育；曾文婧，东北师范大学中国农村教育发展研究院博士研究生，主要研究方向为农村教育；史志乐，北京师范大学经济与资源管理研究院、中国扶贫研究中心博士研究生，主要研究方向为农村发展与减贫脱贫；周月，国务院扶贫办信息中心处长，主要从事建档立卡和信息化建设等精准扶贫工作。

庭子女就业质量提升、拓展创业孵化渠道等，是帮助贫困家庭子女就学就业的有效途径。

关键词： 贫困家庭　因学致贫　就学就业

随着经济社会发展，中国扶贫取得了举世瞩目的成绩。在现行标准下中国贫困人口从1978年的7.7亿减少到2015年的5575万人，减少了7亿多人。贫困作为一个动态发展概念，在中国扶贫语境中正在经由绝对贫困转向相对贫困、单一贫困转向多维贫困，扶贫措施也由单一的国家援助为主，转向多维扶贫方式并举，教育扶贫成为重要扶贫措施之一。本文聚焦贫困家庭子女教育现状与问题研究，试图从大教育视野研究中国贫困与扶贫问题。

在新一轮扶贫攻坚工作中，国家非常重视农村扶贫信息工作。2013年，中共中央办公厅和国务院办公厅在《关于创新机制扎实推进农村扶贫开发工作的意见》中提出按照以县为单位、规模控制、分级负责、精准识别、动态管理的原则，对每个贫困村、贫困户进行建档立卡，建设全国扶贫信息网络系统。在《关于创新机制扎实推进农村扶贫开发工作的意见》等政策指导下，相关部门进行了数据信息收集整理工作。本报告的基础数据来自国务院扶贫办信息中心"建档立卡"数据。这些数据主要依据2014年6月国务院扶贫办开发的建档立卡指标体系及基于这些指标研发的调查工具收集得到。调查工具包括《贫困户登记表》、《贫困村登记表》、《贫困县登记表》及其指标说明。本研究重点关注《贫困户登记表》涉及的信息。《贫困户登记表》包括贫困户的基本信息、生产生活条件、帮扶情况三个方面；基本信息包括识别标准、贫困属性、主要致贫原因、文化程度等16项。生产生活条件包括饮水是否困难、饮水是否安全、是否通生活用电等19项。

一 贫困家庭的生活状况

以往的研究从不同的层面对贫困家庭的贫困现状进行描述，给本研究提供了可以借鉴的路径。为了更好地勾勒出贫困家庭现状和贫困个人的基本特征，本研究借鉴以往的研究从贫困家庭的收入状况、贫困家庭的生活条件、贫困家庭及个人的特征等三个方面来描述贫困群体的生活现状。

（一）贫困家庭的收入情况

根据贫困户"建档立卡"数据统计结果，截至2015年，全国贫困户家庭人均年收入为2162.65元。从调整后[①]的贫困标准（年人均纯收入2800元）来看，这一年贫困户家庭人均收入比贫困标准低22.76%。就各省贫困户的户均年收入来看，湖南、云南、西藏、新疆四省份的贫困户人均年收入低于2000元，具体分别为1682.36元、1931.62元、1371.20元、1836.46元（详见表1）。这部分地区主要受地理环境、交通条件以及人文历史因素的影响，人均收入在全国处于较低水平。

表1 2015年各省份贫困户年收入结构

单位：元

地区	家庭人均年收入	人均务工收入	人均生产经营性收入	人均各类补贴	人均财产性收入
河 北	2427.90	778.04	1205.13	628.40	34.13
山 西	2016.32	896.68	1252.67	237.66	80.60
内 蒙 古	2613.72	460.25	2736.24	596.73	197.66
辽 宁	2403.49	479.20	1855.70	774.58	55.20

---

① 中国现行贫困标准为农民年人均纯收入2300元（2010年不变价），每年根据物价指数、生活指数等动态进行调整，2015年贫困标准上升至2800元。

续表

地区	家庭人均年收入	人均务工收入	人均生产经营性收入	人均各类补贴	人均财产性收入
吉林	2166.28	339.39	2347.72	591.01	351.49
黑龙江	2885.22	559.01	3805.85	343.81	89.43
安徽	2098.00	698.52	940.18	712.65	97.98
福建	2362.16	1129.13	879.35	616.03	56.78
江西	2037.38	947.73	779.65	610.76	79.77
山东	2162.93	426.43	1153.58	872.41	61.10
河南	2036.29	911.80	1311.40	260.13	102.01
湖北	2159.22	994.94	921.71	466.11	59.62
湖南	1682.36	805.15	652.15	358.86	62.38
广西	2098.59	935.63	1161.71	276.04	49.67
海南	2187.75	506.55	1593.41	151.26	10.56
重庆	2291.37	1950.73	1829.25	57.19	8.45
四川	2062.90	824.84	1118.48	448.82	58.25
贵州	2100.47	933.46	1193.57	564.84	168.09
云南	1931.62	566.12	1538.91	314.98	81.12
西藏	1371.20	489.62	413.66	580.76	108.52
陕西	2225.66	1127.58	853.93	523.95	47.19
甘肃	2332.23	1138.70	1205.59	582.58	28.96
青海	2117.72	915.39	810.47	978.58	100.07
宁夏	3011.11	1381.00	1351.20	467.96	264.00
新疆	1836.46	537.74	1822.35	374.61	38.79
全国	2162.65	903.82	1235.37	462.53	77.02

注：（1）数据来源于国务院扶贫办信息中心。需要说明的是"建档立卡"数据对全国28个省进行了贫困户信息收集，考虑本文研究对象是国家贫困标准下的贫困户，江苏、浙江、广东和新疆生产建设兵团四省（地区）未纳入本研究范围；（2）《贫困户登记表》关于收入的说明：家庭人均年收入等于家庭年纯收入÷家庭常住人口数，其中家庭年纯收入指该户一年家庭总收入（包括工资性收入、家庭经营收入、转移收入、财产性收入）减去生产经营费用总支出后的收入；家庭全家务工收入：主要指调查年度（2013年）该户外出务工的所有工资收入；全家生产经营性收入：主要指农户以家庭为生产经营单位通过生产经营活动取得的收益，可分为农业、林业、木业、渔业、工业、建筑业以及第三产业。各类补贴指：计划生育金、领取低保金、新农合报销医疗费等。

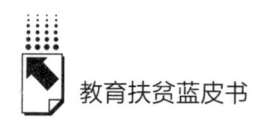

从人均生产经营性收入来看，全国贫困户人均生产经营性收入为1235.37元。从分省份的数据来看，黑龙江、内蒙古、吉林的人均经营性收入较高，分别为3805.85元、2736.24元、2347.72元。从片区规划来看，这三个省份属于大兴安岭南麓片区，较高的生产经营性收入反映了这些地区贫困户通过林业、木业、工业、建筑业等行业改善了生活条件。

近年来，随着城镇化以及进城务工趋势的推动，居民外出打工、劳务输出成为贫困地区的重要扶贫脱贫方式，这也就增加了贫困户的务工收入，改善了贫困户的收入情况。

"建档立卡"数据显示，2015年全国贫困人口的人均务工收入为903.82元，拥有外出务工收入的户数占比为50.67%；从分省情况来看，人均务工收入较高的五个省份分别为重庆、宁夏、福建、甘肃、陕西，均在1000元以上；外出务工人数占比较高的三个省份分别为宁夏、陕西、河南，均在65%以上（见图1）。

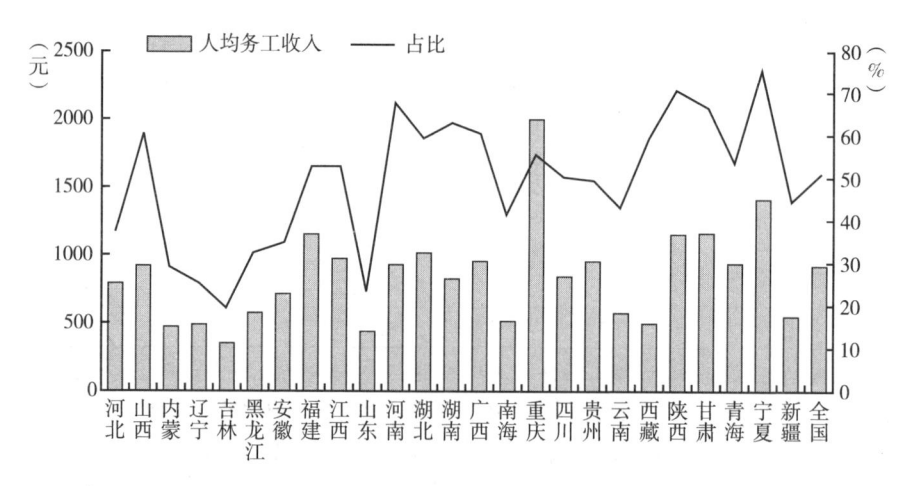

图1 各省份贫困家庭人均务工收入及外出务工人数占比

以上分析不同程度地揭示了贫困家庭收入及其结构现状，整体来看，2015年全国贫困家庭水平稳步提升，结构不断优化；从地区来看，我国贫困家庭收入存在明显的区域差异和地理差异。这不仅反映了我国精准扶贫、精准脱贫成效渐显，也反映了我国深化改革、推动城镇化进程以及全面建成小康社会对贫困家庭收入的影响。

（二）贫困家庭的生活条件

本部分通过饮水是否安全、饮水是否困难、是否通生活用电、是否通广播电视的生活条件来描述贫困户的生活质量情况。

"建档立卡"数据显示，2015年全国贫困家庭饮水困难户数占比为21.22%，贫困家庭"饮水不安全"户数占比为18.91%，贫困家庭"没有通广播电视"户数占比为12.84%，贫困家庭"没有通电"户数占比为1.4%。

从省域状况来看，各省份贫困家庭生活条件差异较大。"饮水困难"方面，云南、湖北、四川、青海的"饮水困难"现象较为严重，"饮水困难"户数比重最高达到40.38%；"饮水不安全"方面，湖北、云南、四川、广西的"饮水不安全"户数比重较高，最高达到33.10%；西藏和青海"未通生活用电"的贫困户占比远远高于其他省份，占比最高达到18.83%；山东、湖北、青海"没有通广播电视"的户数比重较高，最高达到21.92%。各省份生活条件状况具体见图2。

以上分析从饮水、用电等不同维度揭示了贫困家庭基本生活情况。2015年贫困家庭的基本生活条件得到较大改善，从统计的四项指标来看，"饮水安全""饮水不困难""通生活用电""通广播电视"户数比例全国平均水平保持在78%~99%，尤其是"通生活用电"户数比例已经达到98.6%，"未通生活用电"户数比例缩小为1.4%，为贫困家庭生产生活提供了基本保障。

（三）贫困家庭及贫困个人的基本特征

1. 贫困家庭规模

从全国水平来看，我国目前的家庭规模是2~4口人的最多，占

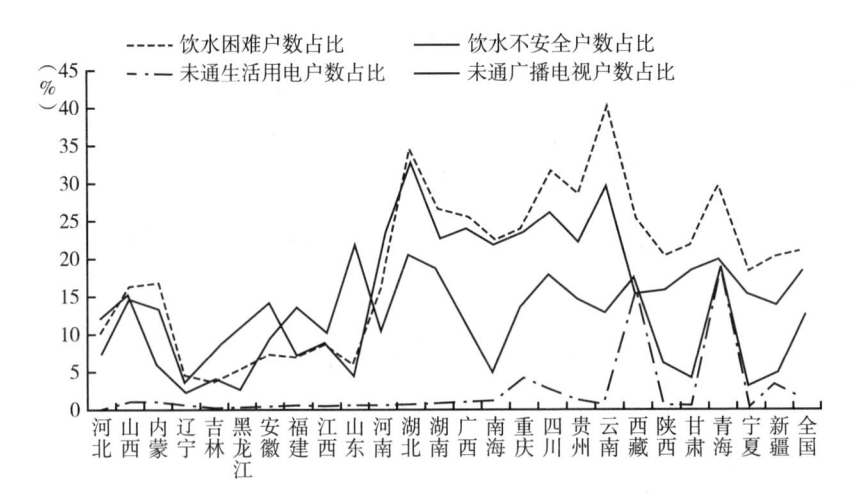

图2 各省份贫困家庭基本生活条件

比达到65%,这说明我国贫困家庭规模渐趋合理,家庭规模得到了适度控制,有助于减轻劳动力负担。

不同家庭规模的贫困户及其各省情况特征如下。

(1)家庭规模为一人户的贫困户占全国贫困户的17.75%,其中河北、吉林、安徽、山东四省份的比例较高,具体比例分别为40.96%、38.88%、30.32%、43.73%。

(2)家庭规模为二人户的贫困户占全国贫困户的22.55%,其中内蒙古、辽宁、吉林、山东四省份的比例较高,具体比例分别为36.02%、35.70%、34.48%、32.38%。

(3)家庭规模为三人户的贫困户占全国贫困户的21.24%,其中内蒙古、黑龙江、福建、湖北四省份的比例较高,其具体的比例分别为29.35%、30.13%、25.30%、25.59%。

(4)家庭规模为四人户的贫困户占全国贫困户的21.21%,其中广西、海南、重庆、云南四省份的比例较高,具体比例分别为30.96%、32.11%、30.27%、30.16%。

(5)家庭规模为五人户的贫困户占全国贫困户的10.71%,其中，海南、甘肃、宁夏、广西四省份的比例较高，具体比例分别为22.91%、20.14%、18.86%、17.39%。

（6）家庭规模为五人以上的贫困户占全国贫困户的6.53%，其中海南、甘肃、西藏、宁夏四省份比例较高，具体比例分别为19.25%、13.98%、21.61%、18.62%、13.98%。

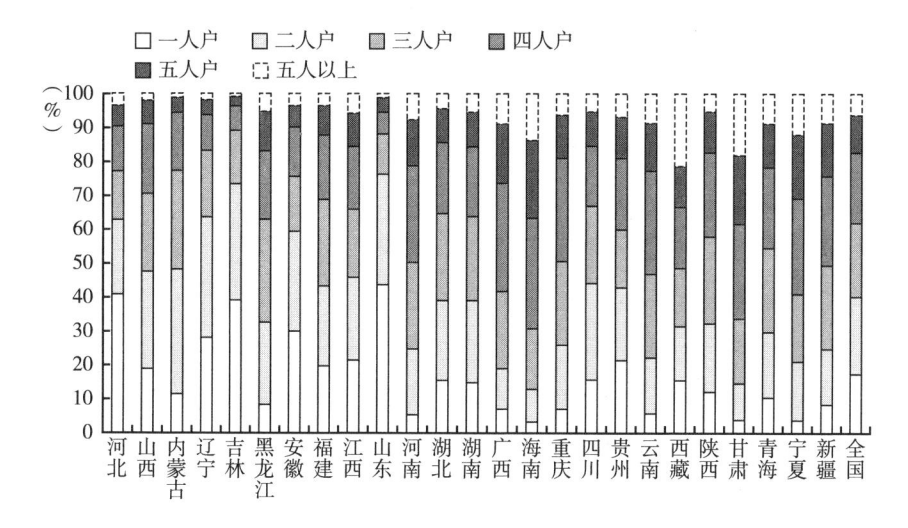

图3 各省份贫困家庭规模构成情况

2. 贫困人口的年龄分布

本部分结合2015年建档立卡数据，主要分析目前各省份贫困人口的年龄结构。年龄结构反映了一个地区在某一时间的各年龄组分布情况，不仅对未来人口发展的类型、速度和趋势有重大影响，而且对今后的社会经济发展也将产生一定的作用。

从目前的贫困户"建档立卡"数据统计结果来看，17～30岁、60岁以上、41～50岁的贫困人数较多，分别占贫困总人数的20.29%、19.30%、18.29%。而16岁以下、31～40岁、51～60岁的人数占贫困总人数的比例分别为16.40%、12.80%、12.91%（详见图4）。这说明我国贫困人口青年劳动力相对较少，儿童、老人相

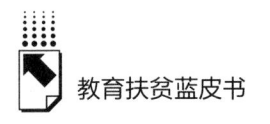

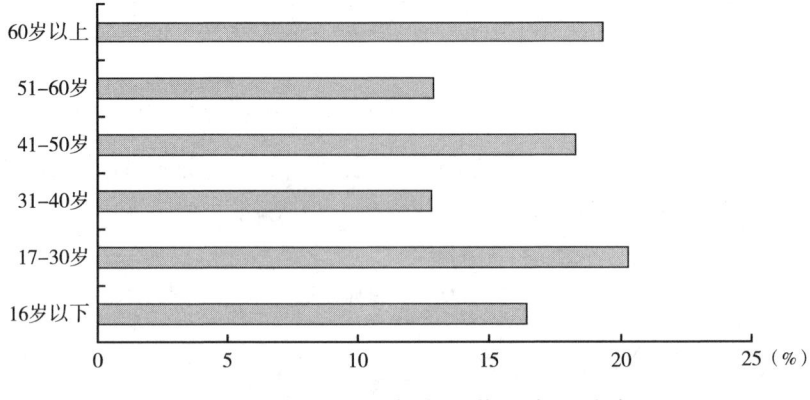

图4 按不同年龄段全国贫困人口分布

对较多,反映出青年年龄组贫困人口面对"上有老、下有小"的境况,无论是经济负担还是社会负担都较大。

表2 各省份贫困人口的年龄分布情况

单位:%

地区	16岁以下	17~30岁	31~40岁	41~50岁	51~60岁	60岁以上
河　北	13.58	16.69	10.73	17.40	16.91	24.69
山　西	14.47	22.50	11.89	19.10	16.97	15.07
内蒙古	11.62	19.33	13.53	21.57	21.02	12.94
辽　宁	9.24	12.61	9.69	16.90	19.25	32.30
吉　林	6.51	11.67	10.26	19.57	20.20	31.79
黑龙江	12.94	19.71	16.52	21.49	16.61	12.73
安　徽	11.18	16.51	10.14	18.25	11.49	32.43
福　建	14.61	18.80	13.69	18.22	13.12	21.56
江　西	17.57	17.63	14.15	16.91	13.63	20.11
山　东	8.43	10.63	7.13	13.59	15.78	44.44
河　南	16.69	21.22	12.89	19.99	13.87	15.34
湖　北	11.47	19.05	12.20	18.79	15.41	23.07
湖　南	15.19	17.19	12.86	19.16	14.59	21.01
广　西	22.39	22.03	14.68	18.86	9.02	13.01
海　南	21.13	27.00	16.88	15.38	9.61	10.01

续表

地区	16岁以下	17~30岁	31~40岁	41~50岁	51~60岁	60岁以上
重 庆	21.58	21.20	12.30	22.76	8.28	13.87
四 川	15.26	16.82	12.14	17.16	12.47	26.15
贵 州	18.53	22.90	13.45	17.59	10.75	16.79
云 南	21.04	23.03	16.51	17.88	10.55	10.98
西 藏	27.00	26.76	15.68	13.02	8.39	9.15
陕 西	13.03	23.01	11.92	19.61	14.62	17.81
甘 肃	18.65	25.47	11.68	20.68	10.35	13.17
青 海	25.22	22.17	15.82	17.00	8.72	11.07
宁 夏	24.45	25.39	14.60	15.31	9.49	10.76
新 疆	23.69	27.98	16.18	14.02	8.66	9.47
全 国	16.40	20.29	12.80	18.29	12.91	19.30

注：数据来源于国务院扶贫办信息中心。

不同年龄组的贫困户分省份统计情况如下。

（1）从16岁以下贫困人数占比的分省份统计来看，西藏、青海、宁夏、新疆的比例超过20%，比例分别为27.00%、25.22%、24.45%、23.69%。

（2）从17~30岁的贫困人数占比的分省份统计来看，海南、西藏、宁夏、新疆的比例较高，比例分别为27.00%、26.76%、25.39%、27.98%。

（3）从31~40岁的贫困人数占比的分省份统计来看，黑龙江、海南、云南、新疆四省份的比例较高，比例分别为16.52%、16.88%、16.51%、16.18%。

（4）从41~50岁的贫困人数占比的分省份统计来看，内蒙古、黑龙江、重庆、甘肃四省份的比例较高，比例分别为21.57%、21.49%、22.76%、20.68%。

（5）从51~60岁的贫困人数占比的分省份统计来看，山西、内蒙古、辽宁、吉林四省份的比例较高，比例分别为16.97%、21.02%、

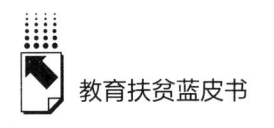

19.25%、20.20%。

（6）从60岁以上贫困人数占比的分省份统计来看，山东、安徽、辽宁四省的比例较高，比例分别为47.02%、44.44%、32.43%、32.30%。

3. 贫困家庭成员的劳动力现状

"建档立卡"数据统计结果显示，我国贫困人口普遍属于普通劳动力，技能劳动力很少，其中普通劳动力人数占贫困总人口数的59.97%，而技能劳动力人数仅占贫困总人口的0.45%。此外，无劳动的比例也较大，达到32.67%，近1/3的水平。

我国贫困人口的劳动力数量虽然大，但是具备专业资格或者专业技能的还是少数，对于潜在的16岁以下的无劳动力群体而言，需要适时适度地挖掘其劳动力的潜能，降低贫困地区、贫困家庭因为缺少劳动力而陷贫的概率，提升贫困家庭、贫困人口的整体的劳动力水平。

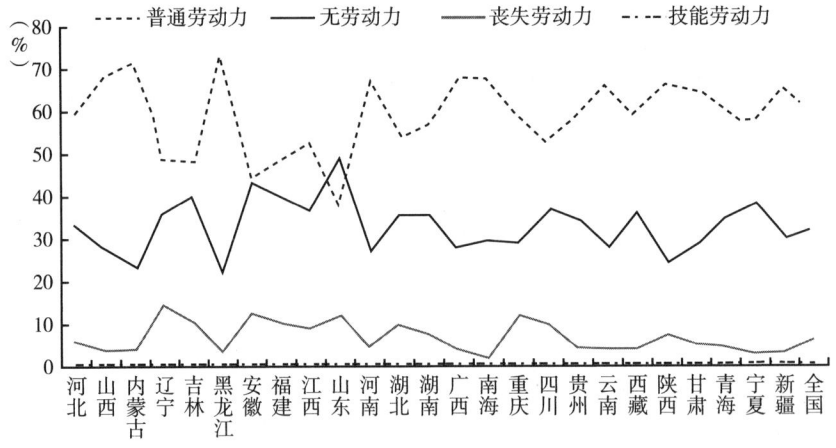

图5 各省份贫困人口的分类劳动力情况

注：按照《贫困户登记表》指标说明，普通劳动力指16周岁及以上具有劳动能力，但没有取得执业资格证书的人员；技能劳动力指经过技术等级考试合格后，获得人社部统一颁发的相应等级的职业资格证书的具有劳动能力的人，可划分为初级工、中级工、高级工、技师、高级技师；丧失劳动力是指有疾病、残疾而丧失劳动能力的人；无劳动力是指16岁以下未成年人和超过劳动年龄已经无劳动能力的人。

4. 贫困家庭成员的文化程度

贫困家庭成员的文化程度与教育扶贫直接相关，是教育扶贫的最直观表现。结合"建档立卡"数据，本部分将贫困人口按不同文化程度分为学龄前、文盲半文盲、小学、初中、高中、大专及以上等六类。图6显示了各省份不同文化程度贫困人口占比情况（部分省份数据缺失，导致总数不能等于100%，但并不影响整体分析）。

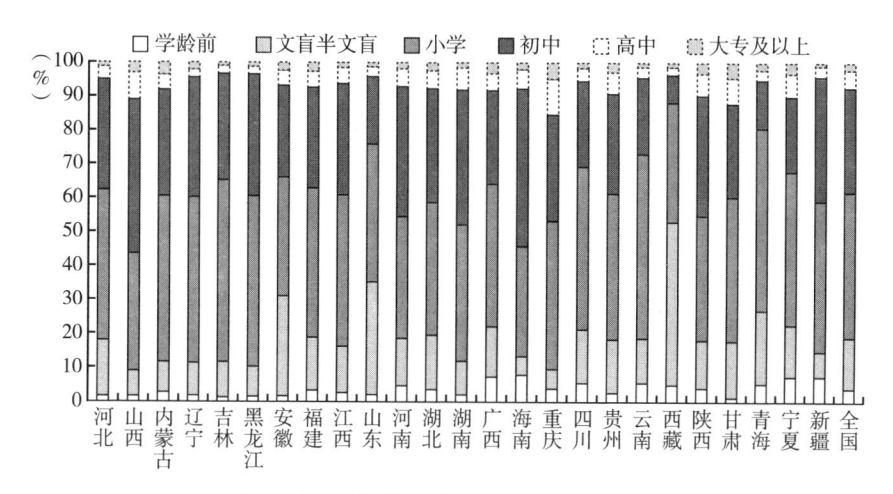

图6 各省份贫困人口的文化程度情况

从全国水平来看，小学和初中文化程度贫困人口占比最大，分别为41.84%和30.44%，占总贫困人口的72.28%；其次是文盲半文盲，占比为14.77%，这部分贫困人口大多是出生在新中国成立以前的老年人口，前文"贫困人口年龄分布情况"已经提到贫困人口中老年人口的比重较大，而这部分人普遍文化程度较低；具有高中文化程度的贫困人口仅占总人口的4.93%，具有大专及以上文化程度的贫困人口仅占总人口的2.24%，这说明贫困地区教育水平仍然落后。

不同文化程度的贫困人口分省份情况表现出如下特征。

（1）从学龄前儿童来看，海南、广西、新疆、宁夏的贫困人口占比最高，分别为7.26%、7.00%、6.96%和6.68%，反映出这部

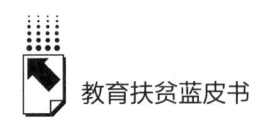

分地区儿童人口数较高。

（2）从文盲半文盲来看，西藏、山东、安徽、青海的贫困人口占比最高，分别为47.58%、32.49%、28.07%和21.34%，这部分地区贫困人口文化程度普遍较低，尤其是西藏，近半数的贫困人口处于文盲半文盲的水平。

（3）从小学文化程度来看，各省份贫困人口占比保持在31%~55%的区间内，差异不是很大，其中云南、青海、吉林、黑龙江等地区的小学文化程度的贫困人口占比在50%左右。

（4）从初中文化程度来看，海南、山西、湖南、河南等地区初中文化程度的贫困人口占比较高，分别为45.34%、43.22%、37.9%和36.76%，这部分地区贫困人口完成"普九"的教育扶贫工作成效比较明显。

（5）从高中文化程度来看，贫困人口占比最高的是重庆，其高中文化程度贫困人口比重达到了10.39%。

（6）从大专及以上文化程度来看，重庆和甘肃贫困人口占比较高，分别为4.76%和4.41%。这说明这些地区重视高等教育培养，提高了贫困人口的文化程度。

5. 贫困家庭成员的健康状况

健康问题作为一项重大的民生问题，对于贫困地区、贫困人口有着重要意义。我国贫困地区自然条件差、发展起步晚，经济社会发展滞后、生产生活方式单一、收入水平低。一旦家庭成员患上大病，治病不但要花费多年的积蓄，甚至负债累累。更有一些家庭因无钱治病，只能"小病扛，大病躺"，结果"小病拖大，大病拖炸"，深陷贫病交加之中不能自拔。

国务院扶贫办"建档立卡"数据显示，截至2015年，因病致贫、因残致贫的贫困户有781万户，占贫困户总数的32.54%。其中，患长期慢性病的占15.83%，患有大病的占3.98%，残疾贫困人口占3.54%（见图7）。

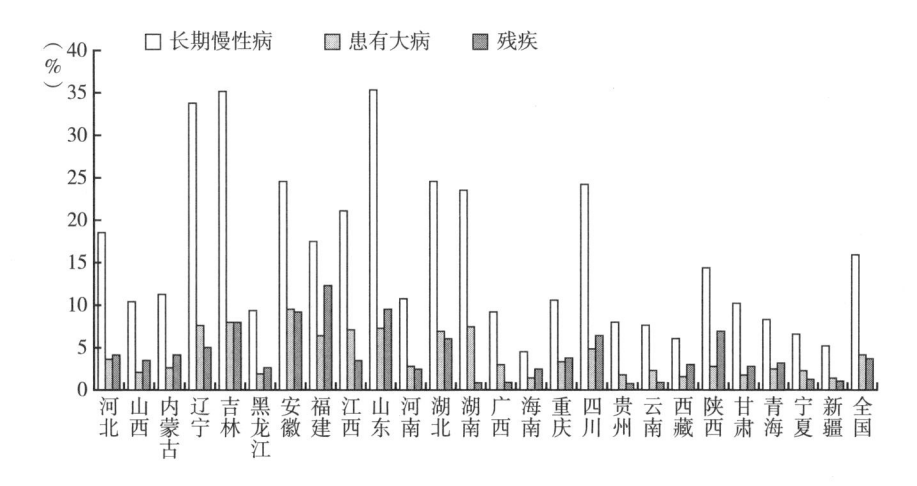

图7　各省份贫困人口的非健康状况

从患慢性病的贫困人口分省份统计数据来看，辽宁、吉林、山东三个省份患长期慢性病的贫困人口比例较高，具体比例分别为33.62%、35.13%、35.27%；从患大病的贫困人口分省份统计数据来看，辽宁、吉林、安徽、湖南、江西、山东、湖北七省的患大病的贫困人数较多，其比例分别为7.51%、7.74%、9.36%、7.38%、7.02%、7.08%、6.73%；从贫困残疾的人口分省份统计数据来看，吉林、安徽、福建、山东四省份的残疾人口占比较高，其具体的比例分别为7.86%、8.96%、12.22%、9.32%。

二　贫困家庭子女的生活环境

既有的文献指出在社区层面改善电力、水利等基建设施能提高入学机会。电气化的改善增加了教育成效。如在孟加拉国，通电的农村入学情况比未通电的农村更好一些。同样的，有效的水利设施也会改善入学情况。在也门和巴基斯坦，打水时间减少一小时可以使女孩的入学率分别提高8%~9%和18%~19%。类似地，在巴西的城市中，

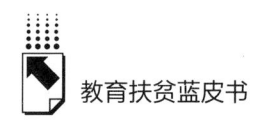

能够直接使用直管水与学生获得更好的学习成绩有一定的联系①。

鉴于此,摸清我国贫困在校生的家庭生活环境,如饮水现状、用电现状以及用广播电视现状,对学生的成长十分关键。然而原始的数据并不能直观反映义务教育阶段贫困在校生的家庭饮水、生活用电、使用广播和电视等方面的现状,为此需要以多个限制条件,如义务教育阶段学生、国标下贫困户等,对数据进行筛选(部分省份数据缺失),以反映义务教育阶段学生家庭的生活现状。此外,限于篇幅的原因以及由于贫困生活现状对义务教育阶段的学生成长十分关键,因此本研究聚焦于义务教育阶段贫困学生的生活现状分析。

(一)贫困学生的饮水现状

衡量日常义务教育阶段学生的饮水现状的指标主要包括:饮水是否安全和饮水是否困难。本部分通过这两个指标,结合建档立卡数据,研究义务教育阶段的贫困学生的饮水现状。

国务院扶贫办"建档立卡"数据显示,截至2015年,全国义务教育在校生饮水不安全比例为18.18%,饮水困难比例为11.34%(见图8)。分地区来看,饮水不安全和饮水困难贫困学生的分布基本一致,集中分布在湖北、四川、西藏、湖南、青海等地。这部分地区受地理环境影响,处于高原、山区,基础设施建设相对落后,义务教育阶段贫困学生的饮水存在隐患。国家需要着力加强和积极引导这部分地区义务教育阶段学校的基础设施建设,为贫困学生提供更便利、更安全的饮水条件。

(二)贫困学生的用电现状

随着农村经济的发展,贫困地区的电网与快速增长的用电需求不

---

① 联合国教育、科学及文化组织:《2015年全民教育全球检测报告》,教育科学出版社,2015,第92页。

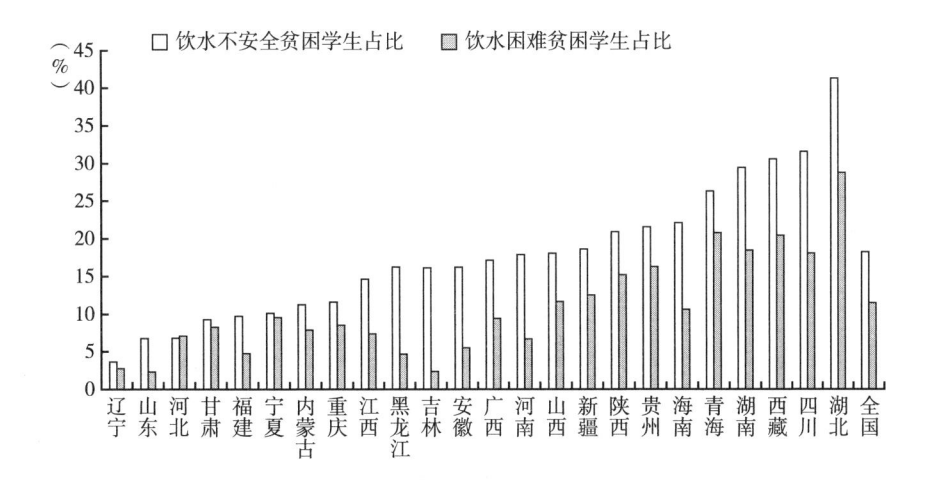

图8 各省份义务教育阶段贫困学生饮水情况

相适应。近年来国家开展了一系列针对贫困地区的农村电网改造项目，为开展精准扶贫和精准脱贫提供了电力保障。

国务院扶贫办"建档立卡"数据显示，截至2015年，义务教育阶段贫困学生用电状况得到了较大改善，全国贫困学生用电普及率已经达到96.27%，用电困难贫困学生比例缩小到3.73%。仍有超过23万的贫困学生用不上电或用电不稳定，集中分布在湖南、四川、河南等地。

各省份贫困学生基本用电困难情况差异较大，甘肃、广西、贵州、宁夏等地区用电困难贫困学生比重低于1%，而青海和西藏两个地区用电困难贫困学生比重却高于20%（见图9）。贫困地区自身自然条件较差，环境恶劣，基础设施滞后，贫困地区校舍同样会受到这些因素的影响，青海、西藏两地地处青藏高原，地势地貌特征明显，对用电基础设施建设提出较高要求，在一定程度上制约了用电设施的建设。当然，其他省份的贫困学生用电得到保障，得益于近年来我国精准扶贫各项事业的不断推进。

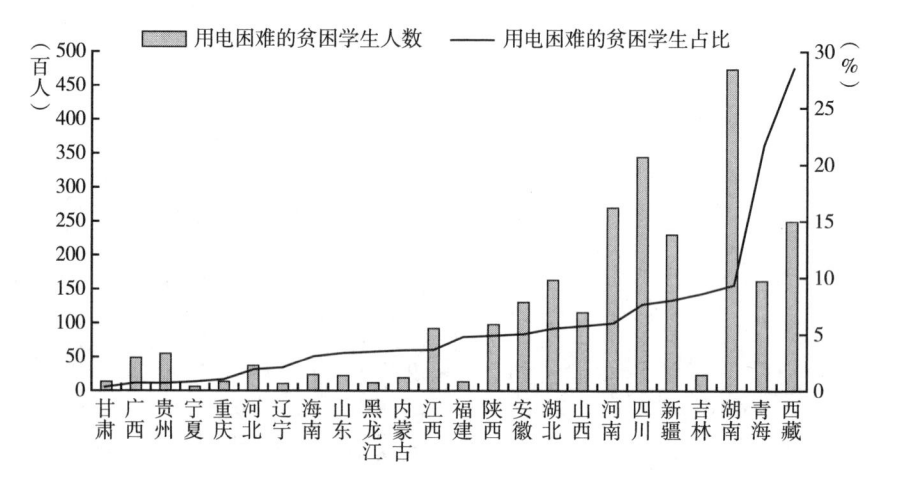

图9　各省份义务教育阶段用电困难贫困学生情况

（三）贫困学生使用广播电视现状

普及广播电视是各级政府为贫困地区、贫困人口提供的公共文化服务体系的重要组成部分，也是缩小信息鸿沟，解决广大贫困家庭收听、收看广播电视问题，全面建成小康社会的重要手段。

国务院扶贫办"建档立卡"数据显示，截至2015年，义务教育阶段贫困学生使用广播电视状况得到了较大改善，全国贫困学生广播电视普及率已经达到73.45%，不能使用广播电视的贫困学生比例为26.55%。

目前仍有超过122.84万（部分省份的数据缺失）义务教育阶段的贫困家庭没有通广播和电视，意味着涉及超过167.37万义务教育阶段的贫困学生不能正常通过广播电视接收信息。从统计的分省份数据来看，目前不能使用广播电视的学生集中在山西、安徽、湖北、湖南、广西、四川、贵州、宁夏、新疆，其中新疆、吉林、宁夏、内蒙古、河南占比较高（见图10）。

以上的统计分析表明，目前仍有许多有义务教育阶段的贫困家庭

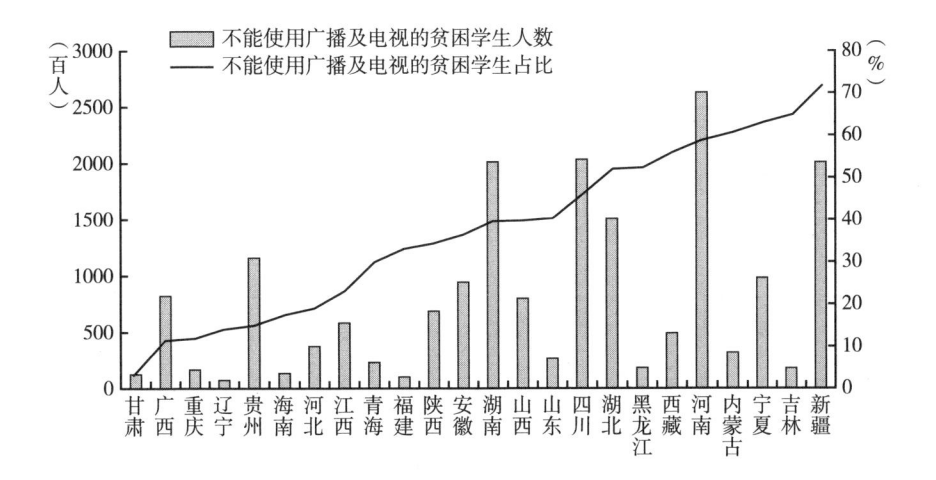

图10 各省义务教育阶段不能使用广播及电视贫困学生情况

存在饮水困难和饮水不安全、不通电、不通广播电视等问题，这对义务教育阶段的贫困学生学习和成长影响巨大。因为义务教育阶段的学生身心正处在发展的重要时期，这样的生活环境可能影响和威胁着儿童的健康和成长，影响其一生，值得各级政府、家长提高警惕。

三 贫困家庭子女的教育现状

（一）贫困在校生人数

2015年全国在校生人数约为23691万人，其中贫困在校生人数为963.40万人，占全国在校生人数的4.07%（详见表3和图11）。

首先，在学前教育方面，我国学前在校人数为2008.85万人，其中贫困学前人数为117.71万人，占全国学前人数的5.86%。

其次，在义务教育阶段，目前我国义务教育阶段在校学龄人数为1.4亿人，而义务教育阶段的贫困在校生人数为630.50万人，占全国在校生人数的4.50%。从小学阶段教育来看，小学在校生人数为9692.18万人，

表3　全国在校生统计

单位：万人

阶段	在校人数	阶段	在校人数
学前	2008.85	普通高中	2374.40
小学	9692.18	中等职业	1656.70
初中	4311.95	大专及以上	3647.00

注：数据来源于2015年《教育部公报》。

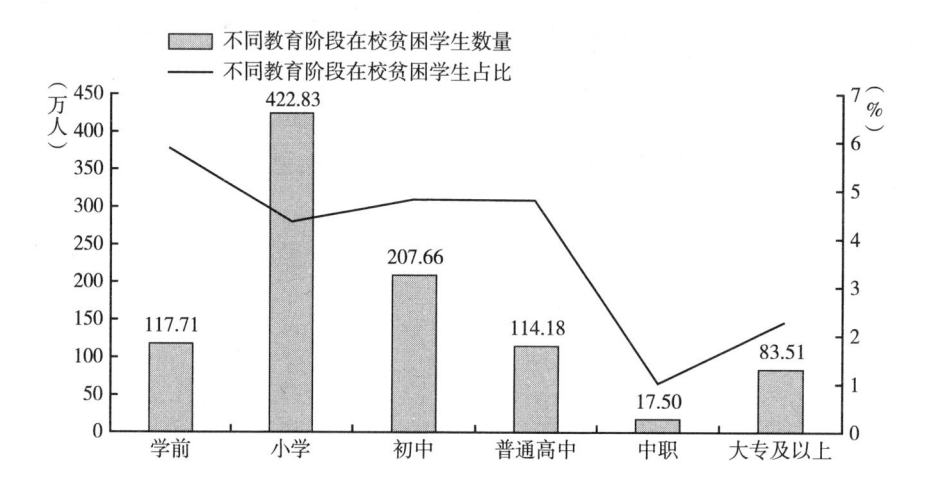

图11　不同教育阶段在校贫困学生情况

学前 117.71；小学 422.83；初中 207.66；普通高中 114.18；中职 17.50；大专及以上 83.51

注：数据来源于国务院扶贫办信息中心。

其中小学阶段贫困在校生为422.83万人，占全国小学在校人数的4.36%；从初中阶段的教育来看，初中在校生人数为4311.95万人，初中阶段的贫困在校生为207.66万人，占全国初中在校人数的4.82%。

再次，在高中教育阶段，目前我国高中阶段的在校生人数为4031.10万人，高中阶段贫困的在校生人数约为131.67万人（广西壮族自治区部分数据缺失），占全国高中阶段在校生人数的3.27%。其中普通高中贫困在校生人数为114.18万人，占全国普通高中教育在校生的4.81%；中等职业教育贫困在校生人数为17.50万人，占全国中等职业教育在校生人数的1.06%。

最后，在高等教育方面，目前我国高等教育的在校生人数约为3647万人，接受高等教育的贫困在校生人数为83.51万人，占全国接受高等教育的在校生人数的2.29%。

（二）贫困家庭子女受教育现状与问题

教育的发展不仅意味着公民受教育机会的增多，也表明公民有了更多改变自己命运的机会。但作为社会转型和贫富差距的代价之一，贫困家庭子女受教育面临着一系列问题。这些问题既存在义务教育阶段，也存在非义务教育阶段。

1. 延迟入学

《义务教育法》明确规定：凡年满六周岁的儿童不分性别、民族、种族应当入学接受规定年限的义务教育，条件不具备的地区，可以推迟到七周岁入学。本部分以此为依据对合理的入学年龄进行推算详见表4。结合建档立卡数据，本部分整理计算了贫困地区子女入学年龄情况，如表5所示，七年级、八年级、九年级、高一、高二、高三的贫困在校生的平均年龄分别为15.57岁、16.20岁、17.49岁、17.93岁、18.53岁、19.69岁，均大于相应阶段的合理就学年龄范围。以上分析反映了贫困家庭子女普遍存在延迟入学的现象。

表4　各年级就学的学生合理年龄分布

单位：岁

年级	一年级	二年级	三年级	四年级	五年级	六年级
年龄	6~7	7~8	8~9	9~10	10~11	11~12
年级	七年级	八年级	九年级	高一	高二	高三
年龄	12~13	13~14	14~15	15~16	16~17	17~18

注：数据来源于我国的《义务教育法》对小学入学年龄的推论。

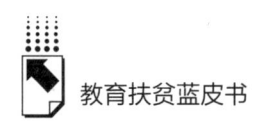

表5 贫困在校生的实际就学年龄统计

单位：岁

年级	七年级	八年级	九年级	高一	高二	高三
平均年龄	15.57	16.20	17.49	17.93	18.53	19.69

注：数据来源于国务院扶贫办信息中心。

2. 失学情况

2010年《全球检测报告》指出，失学青少年要么尚未上完小学，要么不能升入中学。从这里可以看出失学是一种未完成规定教育年限和未满足教育质量要求又不在学校的状态。贫困家庭子女的失学问题一直是我国教育发展面临的重要问题。尽管国家通过一系列政策保障贫困家庭子女的受教育机会，并取得了巨大成就，但是贫困家庭子女的辍学问题依然在许多地方存在。据表6可知，目前14岁的贫困学生的人数为7.65万人；15岁的贫困非在校生的人数为10.32万人；16岁的贫困非在校生人数为13.22万人；17岁贫困非在校生的人数为26.97万人。以上数据说明，目前仍然有一定数量的贫困家庭的子女处于失学的状态。

表6 不同年龄贫困学生的失学人数情况

单位：万人

年龄	14岁	15岁	16岁	17岁
失学人数	7.65	10.32	13.22	26.97

注：①数据来源于国务院扶贫办信息中心；②受收集数据的局限性，本文只展现14~17岁非在校生群体的数据，并对学生辍学情况进行说明。

3. 因学致贫

从"建档立卡"数据来看，因病致贫、因残致贫、因学致贫比例依次为36.04%、7.78%、5.27%，它们都是导致贫困的主要因素。从因学致贫的分省份数据来看，因学致贫率较高的省份有贵州、海南、甘肃、广西、重庆，其比例分别为：10.09%、10.28%、11.04%、13.31%、36.3%，表明因学致贫率较高的地区在西部。

由于因学致贫的相关统计数据，难以直接揭示哪个阶段教育致贫率更高。因此，本研究结合既有研究对各阶段教育的因学致贫程度进行分析。在各阶段教育中，家庭对教育投资多少呈现不同特征。义务教育阶段，家庭可选择的空间较少，此阶段属于免费性的教育，因此家庭对教育的投资较少，政府承担了大部分的责任，家庭只需支付其适龄生源的日常费用，如校服费、学生的早点费等，其致贫程度有限。学前阶段为非免费性教育阶段，加之目前学前教育费用相比小学较高，政府承担责任比例较低，家庭需要支付高额的费用，因此其有一定的致贫程度。而高中阶段教育一直以来为非免费性且这类教育本身总成本较高，家庭需要为其投入不小的成本。当然，对这一部分教育，学生和家庭都有自由选择的权利，由于子女尚未成年，一般而言，只要经济条件不是太差，成绩比较好的学生家庭都会选择让子女

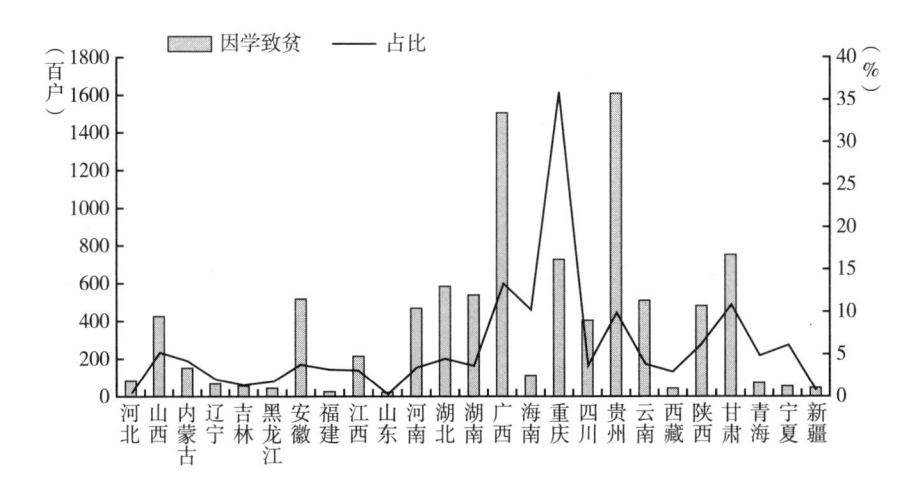

图12　各省份因学致贫户数和占比情况

注：数据来源于国务院扶贫办信息中心扶贫"建档立卡"数据库。

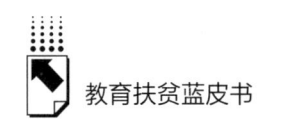

继续接受高中阶段教育。通常进入普通大学被认为是人生的重要的机遇，是绝大多数贫困子弟实现阶层跃迁的唯一途径，因此只要有可能进入大学，家庭都会对高等教育进行投资。然而高等教育为非免费性教育且总成本也相应较高。除此之外，目前在劳动力市场中即便贫困学生从普通高等院校毕业，仍然会面临难以找到工作的尴尬局面，教育的收益作用下降。在成本较高和收益降低的双重作用下，高等教育的致贫程度较其他阶段的教育高。

四 "因学致贫"现象解析

"因学致贫"是指因为供子女上学而投入较高的经济成本，致使家庭经济负担过重而导致贫穷的现象。"因学致贫"现象是近些年引起社会广泛关注的问题，也是贫困地区家庭子女接受教育过程中客观存在的问题，应当引起教育界乃至全社会的积极关注。

（一）贫困家庭"因学致贫"现象

我国义务教育的普及，基本解决了贫困家庭子女"上不起学"的难题，但是，在学生实际求学过程中，由于当地财政拨款不足、办学经费紧张等，学校仍然会收取一定的费用，有的家庭为了给子女提供更好的学习条件也会主动投入一定的费用。如此一来，家庭就要额外承担一些相关的教育费用。这些费用有的是必要的支出，有的是附带的支出，也有的是不必要的支出。承担这些费用，对富裕的家庭来说不会带来较大的负担，而对于贫困家庭来说则负担非常沉重，有的普通家庭往往因此致贫，而原本贫困的家庭就会变得更加贫穷。

1. 发生在学校内部的教育支出——"两免一补"之外的教育费用

义务教育和"两免一补"措施的实施，使得我国基础教育阶段学生的学杂费、书本费由国家和地方财政负担，寄宿生在生活费方面可获得补助，但学生在校学习还要缴纳一些必要的学习用品费、交通费、住宿费、生活费等基本费用以及辅导资料费、保险费、补课费、校服费、班费等弹性教育支出，如果再加上一些不必要的乱收费，就会为低收入家庭和贫困家庭带来沉重的经济负担。调查发现，城市、小城镇、农村的贫困人群中均有40%~50%的人提到家里穷是因为"家里有孩子要读书"，特别是农村家庭，教育花费是他们的头号家庭开支。调查还发现，2004年10月至2005年10月，在拥有就学阶段孩子的农村家庭中，子女教育花费占家庭收入的比重达到了32.6%；在城市和小城镇家庭中，子女教育花费占家庭收入的比重也分别达到了25.9%和23.3%[①]。就一般情况来说，在"两免一补"之外，一个学生小学六年大概需要花费1万~3万元不等，中学六年需花费3万~6万元不等，大学四年需花费4万~10万元不等。这笔开支对于一个低收入家庭尤其是贫困家庭而言，足以令其倾家荡产。据对甘肃省会宁县的调查，该县有80%的农村家庭供过或正在供孩子上大学，有孩子上大学的农村家庭中，约有80%的家庭人均收入不足1000元，有的甚至只有300~500元，因供孩子上大学而负债5万~8万元的家庭占到大学生家庭总数的80%，很大一部分家庭因供孩子上大学而借的债，需要整个家庭不吃不喝十多年才能还清[②]。虽然国家减免学费和实施"两免一补"政策，在很大程度上减轻了贫困家庭供养孩子上学的经济压力，但是一些学校仍然存在一些说不清楚的收费项目和活动安排，如资料费、试卷费、学习用具费、课外阅读书本费等，有时连孩子们也说不清楚具体的收费缘由。

家长在子女受教育过程中除了金钱方面的支出，还要有大量的时间和精力上的付出，加上子女因接受教育而放弃的就业或劳动收入，

---

① 周凯：《教育花费成为城乡居民致贫首因》，《当代广西》2006年第5期。
② 叶伟民、何谦：《从"读书改变命运"到"求学负债累累"》，《教师博览》2010年第5期。

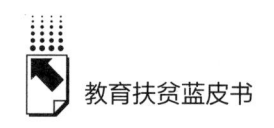

也在很大程度上影响着家长是否要子女接受教育的决策。调查发现，贫困家庭的学生从小就会帮父母做一些劳动强度不大、力所能及的活，待到他们初中毕业时，往往不会选择继续读书，而是外出打工。这一方面是因为他们承担不起沉重的教育费用，另一方面他们还能通过打工增加家庭收入。

2. 发生在学校外部的教育支出——"撤点并校"后的教育成本增加

2001年正式开始的大规模的"撤点并校"是根据《国务院关于基础教育改革与发展的决定》中要求地方政府"因地制宜调整农村义务教育学校布局"而开展的一场对全国农村中小学重新布局的教育改革，就是大量撤销农村原有的中小学，使学生集中到小部分城镇学校。邬志辉在《教育扶贫的"最后一公里"》一文中指出，随着农村学校布局调整进程加快，县城内小学数量大幅度减少，由2001年的46.5万所减少到2015年的16.4万所，15年间减少了64.7%；农村教学点数量由2001年的11.4万个减少到2015年的9.2万个，15年间减少了19.3%[1]。

"撤点并校"是为了调整和优化学校布局，但过度的学校撤并导致学生上学远、上学贵、上学难，其对学生及其家庭而言，意味着教育成本的增加，尤其是加重了贫困家庭的经济负担。华中师范大学课题组对全国6个省区177个乡镇的调查发现，小学校均服务范围为2.8公里、初中为12.2公里、高中为81.8公里[2]。"撤点并校"后增加的教育成本主要包括学生住宿费、生活费、交通费、陪读费等直接成本，以及家长每天接送孩子所增加的人力成本和生产劳动损失等间接成本。据贺朝阳对山西省阳城县演礼乡中心小学寄宿生的调查，孩子们每个星期一早上吃饭后到校，在校5天时间，星期五下午由家长

---

[1] 邬志辉：《教育扶贫的"最后一公里"》，《光明日报》2016年7月5日。
[2] 汪卫平、秦方慧：《后撤点并校时代农村义务教育的困境及其治理》，《现代中小学教育》2016年第5期。

接回，总共在学校吃13顿饭。以2013年9月为例，演礼乡中心小学一年级学生生活费为106元，二年级学生生活费为112元，三年级以上则为134元。孩子们不仅交了这部分生活费，还要从家里带一部分零食，这部分零食的成本大致与生活费持平，此外，还要带每星期的零用钱。可以看出，一年下来每一名小学生的在校生活成本在2500～3000元，这对广大农村家庭来说无疑是一笔不小的经济负担，有的甚至直接造成了教育致贫[1]。

此外，过早实行寄宿制的教育模式让家长无法和孩子经常接触，孩子们无法享受父母在身边的天伦之乐，这部分亲情成本不可估量。学者指出，撤点并校后学生承受道德风险的成本也在增加，例如，加重儿童的心理危机和身体健康问题、孩子生活自理问题，而且寄宿制将儿童与乡村社会文化隔离，导致其自我认同感丧失等[2]。

3.教育收益降低所导致的"因学致贫"

"因学致贫"现象不仅表现为教育费用支出方面的沉重负担，也表现为教育收益的入不敷出。对贫困家庭而言，供养学生读书求学，一个非常实际的目的就是希望子女能够通过求学取得较好的社会地位，以便摆脱贫穷。然而，随着就业市场竞争强度不断增大，就业难度越来越大，这对社会资源稀缺的贫困家庭子女所带来的压力更加明显，他们往往找不到更高收入的工作，有的甚至"毕业即失业"。学生接受教育后预期收益无法实现，往往会因此致使贫困家庭更加贫困。

早在2006年刘奇便在《中国发展观察》发表《中国农民生存与发展的九大悖论》，鲜明地提出如下观点："不上学等着穷，上大学立刻穷——一张大学录取通知书就等于一个贫困家庭的'判决书'。"

---

[1] 贺朝阳：《"撤点并校"后我国农村儿童受教育权现状研究》，陕西师范大学硕士学位论文，2014。

[2] 汪卫平、秦方慧：《后撤点并校时代农村义务教育的困境及其治理》，《现代中小学教育》2016年第5期。

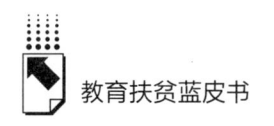

至今读来仍令人深思。文章认为"上学的费用实在高得很难让人承受","据有关专家保守估算,10年来教育乱收费超过2000亿元人民币。过去农村小学的学杂费不超过10元,现在已达100多元,高中三年花费现在要15000元左右,大学花费四年至少要四五万元,可2005年全国农民人均收入才3200多元,一个农民不吃不喝要干上十多年才够一个本科大学生四年的花费,干五年才够孩子上高中的花费。有的村子家家重视教育,千方百计供孩子读书,结果几年下来,'状元村'变成了'贫困村',家家背上了沉重的债务。孩子大学毕业找工作又十分困难。好不容易找到一份工作,又马上面临成家立业、买房子,要想积攒点钱还债不知又要多少年。债务像一块巨石一直压在父母亲身上。农民无奈地说,现在一张大学录取通知书就是一个贫困家庭的'判决书'。农村因此常常出现这样令人心酸的图景:孩子学习好,家长是又喜又愁,既盼孩子考上大学,又怕孩子考上,心里矛盾重重。近些年,我国农民人均纯收入年增幅都在5%左右,而人均教育支出却每年增长15%以上,据国务院发展研究中心对全国2000个农户的访谈,每个家庭的教育开支平均值为5975元,占总收入的30%,成为农村家庭的最大支出。"[①] 在贫困地区也流行着这样的话:"不上学等着穷,上学立马穷。"这虽然不是贫困地区教育现状的全部写照,但也从一个侧面反映了当下贫困家庭供养子女求学读书的窘境。

(二)因学致贫影响因素分析

综合来看,因学致贫的原因主要有如下几个方面。

1. 家庭贫困

家庭贫困,无力承担相应的教育费用,是贫困家庭子女上不起学

[①] 刘奇:《中国农民生存与发展的九大悖论》,《中国发展观察》2006年第8期。

或者上学后"因学致贫"的重要原因。总体来看，我国民族地区也是贫困家庭较为集中的地区，这些地区的农村家庭人均纯收入占全国农村居民人均纯收入的3/4左右，与全国农村居民人均纯收入相差较多，且绝对差值还在以年均11.21%的增长率不断扩大（见表7）。而这些地区贫困家庭的人均纯收入则更低，能够维持基本的生活已较为勉强，不可能有更多的钱投入教育、医疗等方面。具体到贫困家庭，大都存在家人重病不能劳动、父母一方或双方去世、父母失业无法再就业等多种情况。正是以上原因造成家庭劳动力缺失，没有稳定的经济来源，而且由于家庭人口多，成员身体状况不佳，家庭开支过大，负担过重，最终导致家庭贫困，难以满足孩子的学习需要。

表7 各民族地区农村家庭人均纯收入

年份	2010	2011	2012	2013
全　国(元)	5919.0	6977.3	7916.6	8895.9
内蒙古(元)	5529.6	6641.6	7611.3	8595.7
广　西(元)	4543.4	5231.3	6007.5	6790.9
贵　州(元)	3471.9	4145.4	4753.0	5434.0
云　南(元)	3952.0	4722.0	5416.5	6141.3
西　藏(元)	4138.7	4904.3	5719.4	6578.2
青　海(元)	3862.7	4608.5	5364.4	6196.4
宁　夏(元)	4674.9	5410.0	6180.3	6931.0
新　疆(元)	4642.7	5442.2	6393.7	7296.5
民族地区平均(元)	4351.99	5138.16	5930.76	6745.50
民族地区与全国差距(元)	1567.01	1839.14	1985.84	2150.40
民族地区占全国比重(%)	73.53	73.64	74.92	75.83

资料来源：根据历年中国统计年鉴整理所得。

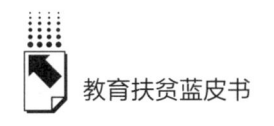

总之，在贫困家庭，往往父母工作性质简单，多是自谋职业，没有技能或技能单一，家庭的收入来源不稳定，且多数贫困家庭尤其是农村家庭就业观念陈旧，习惯传统的工作方式，害怕竞争，再加上贫困人群本身文化素质偏低，缺乏优势，难以找到适合的工作，再就业困难，子女一般处于"生活贫困"和"教育贫困"的双重重压之下，难以挣脱贫困的索链。

2.上学成本不断增加

上学成本的不断增加是"因学致贫"的推手。义务教育阶段的"两免一补"基本解决了贫困家庭子女"上学难"的问题，但"撤点并校"增加的教育成本以及学生必要的日常开支，也占据了贫困家庭日常支出的很大部分而成为他们沉重的负担；非义务教育阶段的高昂学费和必要的维持学习的费用，对绝大多数贫困家庭而言是无力承担的，勉强送子女读高中和大学的贫困家庭，往往都要举债度日。如果孩子完成学业而不能就业，或者就业质量较差，而不能回报家庭，便无法在短时期内偿还因教育而欠下的诸多债务，则这种贫困就会变成长期状态而很难得到改善。

此外，办学成本过高，也是导致学生负担过重的重要原因。办学成本过高主要反映在几个方面：一是学校办成了小社会，设置了诸如医院、食堂、车队等很多不必要的单位，使学校的办学成本增加。二是学校设施利用率低，资源浪费现象严重，导致教育成本过高，比如图书资料、体育场馆等完全可以和社区共享。三是校际资源共享程度低，无论是教学设备还是教学人员，基本是学校各自为政，极少有校际共享的，这种状况导致了学校间的重复建设和资源利用效率不高的状况。四是学校的用人机制不够灵活，导致机构臃肿，人员冗杂，教育成本偏高。过高的教育成本会直接反映在学生的负担上，并最终导致"因学致贫"。

3. 精准教育扶贫力度不够

总体而言，政府和社会对贫困地区、贫困家庭的教育扶持力度在不断增强，对推动贫困地区教育发展和脱贫发挥了积极作用。但是，我国现有的教育扶贫政策、规划或实际行动，往往存在着一刀切、一个标准或"大水漫灌"现象，过于注重整齐划一和统一标准，不能充分顾及个别地区、个别人群等的特殊需求和个性化特点，容易造成扶贫过程中的遗漏和扶贫资源的浪费。

由于我国的教育助困体系不完善，现行的教育救助精准程度较低，效果并不理想。我国多年来在政府的引导下建立了"希望工程"以及包括提供奖学金、助学金及勤工俭学等在内的助学形式，但由于这些助学形式效果都是十分有限的，而且社会捐助的基金总量与需求之间差距太大，根本不能惠及广大贫困学生，加之商业银行对学生贷款的态度冷淡，以及学生信用体系不完备，教育助困体系还十分脆弱，学生很难得到及时的救助。

（三）因学致贫应对策略与建议

1. 扶持和帮助贫困家庭增强经济收入能力

"因学致贫"的关键在于"贫"，解决了"贫"的问题，也就解决了"上不起学"或"上得起学"而又被拖累致贫的经济基础问题。解决"贫"的问题，关键是让贫困家庭富裕起来。在这方面，我国的扶贫开发做了大量的工作，也取得了巨大的成就。相比较传统的经济援助、物质援助等扶贫措施，扶持和帮助贫困家庭增强其致富能力则更为持久有效。创造财富的能力增强，就意味着经济来源和经济收入的增多，也就标志着贫困家庭摆脱了贫困，走向富裕的生活。而生活富裕并且具备较好的经济条件，供养子女上学就不会成为家庭负担，更不会造成家庭贫困。

然而，扶持和帮助贫困家庭增强其致富能力并不是一件容易的事

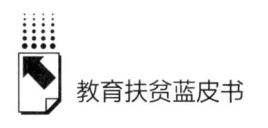

情,因为贫困家庭的基本状况都比较差,贫困家庭的成员要么有疾病缠身,要么知识技能贫乏,要么自然环境恶劣,要么受落后的风俗习惯禁锢等。要想改变这种状况,需要政府、社会及相关方面做出积极而又艰辛的努力。其中最为关键的一环,就是要帮助和促进贫困家庭成员切实有效地就业,提高他们的就业能力,不断提升其就业的水平和质量。

第一,在"建档立卡"的基础上建立贫困人员就业信息网,一方面向他们提供大量的就业信息,供他们自主选择;另一方面也把他们的相关信息和就职意向提供给相应的用人单位,从而实现供需双方的有效选择,有针对性地帮助贫困人员获得收入更高或更稳定的工作,取得较好的经济收入。

第二,为贫困就业人口免费开展实用技术和技能培训,提升他们的就业能力和经济收益。贫困就业人口往往因为文化水平低,没有技术专长,很难找到工作岗位,很难获得更好的经济收入。鉴于他们无力支付必要的培训和学习技术的费用,政府和社会各界可以建立免费实用技术培训基地,向他们提供免费实用技术培训,使他们能够掌握一两门实用技术,为外出务工或提高农产品价值创造条件。

2. 实行贫困家庭子女全免费教育政策

义务教育阶段"两免一补"政策的实施,对贫困家庭子女接受教育提供了积极的帮助,在较大程度上解决了绝大多数贫困家庭子女"上不起学"的问题,也极大程度地提高了我国义务教育的入学率。然而,"两免一补"政策并没有免除贫困家庭子女其他必要的求学费用,贫困家庭为子女求学所付出的必要费用仍然占家庭收入相当大的比例,为了避免"因学致贫"现象发生,建议国家对符合一定条件的贫困家庭(或最贫困家庭)子女免除各求学阶段全部费用,并为他们提供一切必要的学习用品,直到他们离开学校走向工作岗位。

3. 建立健全充足而又精准的教育救助机制

国家和社会各界对贫困家庭的教育救助是帮助贫困家庭子女接受教育且不至于使家庭"因学致贫"的有效途径。我国现行的教育救助机制和途径对帮助贫困家庭子女接受教育做出了巨大的贡献，然而，在具体的实施过程中，仍然存在着数量不足和不够精准的弊端，需要进一步改进和完善。一方面要加大财政投入，并积极动员社会力量提供更多、更加充足的教育救助经费和物资，让更多贫困家庭子女享受到更加充足的帮助；另一方面要提高教育救助的精准性，让教育救助惠及那些最需要帮助的贫困家庭子女。

五 贫困家庭子女就业状况对就学的影响

就业是衡量教育投入产出比的重要维度。随着我国中等职业学校和高等院校毕业生的就业制度从计划经济时期的"统包统配"向社会主义市场经济的"双向选择"模式转变，由于劳动供给总量不断增大和供需之间的结构性矛盾日益突出等，毕业生就业形势日趋严峻。大学生"毕业即失业"不再是新鲜事。与普通毕业生相比，贫困家庭学生承载着全家脱贫致富的希望，面临的资金和社会资源更加匮乏，对其就业状况尤其是工资收入水平做一个整体观察是了解贫困家庭子女通过接受教育能否有效改善自身与自己所在家庭生活状况的重要切入点。

（一）贫困家庭子女就业与收入状况

由于经济原因，大部分贫困家庭难以承受逐步增加的教育投资，特别是高等教育阶段的投资。但是，从就业的基本情况看，接受教育尤其是较高程度的教育仍然是改变贫困家庭经济状况的重要途径。"教育改变命运"对于大多数贫困家庭子女来说仍然是成立的。

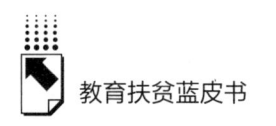

1. 高中阶段以下贫困家庭子女：辍学非法打工

辍学打工是在高中阶段以下贫困家庭子女中屡见不鲜的现象。其中，机会成本不断提高，投入产出比低是许多高中阶段以下贫困学生尤其是农村家庭贫困子女放弃学业的主要原因。中科院农业政策研究中心农村教育行动计划项目组（REAP）在2009年和2010年，对西部贫困地区46所学校进行的一项跟踪调查发现，初中阶段一届学生的辍学率高达25%以上。按2009年农村初中学生2000万名、国家级贫困县学生数占全国学生总数的1/7来计算，则每年贫困地区都有70万名左右的初中生辍学[1]。同时，由于大多数初中生辍学时只有十三四岁，未达到法定用工年龄，也没有一技之长，几乎没有用人单位予以接收，只能在社会上闲荡，无法为家庭的经济改善做出贡献；少数加入非法打工大军的辍学就业学生即便有用人单位以熟人帮工的名义录用，待遇和工作条件也很差，几乎没有任何保障。简单说，高中阶段以下贫困家庭子女通过辍学打工在短期内给家庭带来的改变是非常有限的。教育投入的效益与回报在他们身上并没得到彰显。

2. 中等职业学校贫困家庭子女：进入次要劳动力市场

中等职业学校贫困家庭子女主要来自农村地区。教育部的统计数据显示，2012年，全国农村户籍学生占到中等职业学校在校生人数的82%，其中近七成来自西部。[2] 2015年，全国中等职业学校毕业生逾515万人。超过70%的中等职业学校毕业生入学时为农村户籍，贫困学子居多。他们毕业后的就业率高达96.30%，连续三年居于96%以上，持续高于同年大学毕业生的就业率（见表8）。另外，这些中等职业学校毕业生中超过90%的人在城镇就业。这表明，与高

---

[1] 禾刀：《别只顾着谴责不供女儿上学的父母》，《中国青年报》2013年8月28日第2版。
[2] 《2012年中国中等职业学校学生发展与就业报告》，外语教学与研究出版社，2013。

中阶段以下的教育相比,中等职业教育在帮助农村青年学子尤其是贫困家庭子女获得就业技能和稳定工作方面更有优势。

表8　2013~2015届全国中等职业学校毕业生和大学生就业率对比

单位:%

	2015届	2014届	2013届
中等职业学校毕业生就业率	96.3	96.7	96.8
大学生就业率	91.7	92.1	91.4

注:①数据来源于教育部网站;②数据来源于麦可思2014~2016年《中国大学生就业报告》。

虽然中等职业学校毕业生的就业率非常高,但按照劳动力市场分割理论的观点,他们进入的主要是次要劳动力市场。这一点可以从他们就业后的待遇状况反映出来。例如,2014届和2015届全国中等职业学校毕业生的月起薪统计数据显示(见表9),大多中等职业学校毕业生以2000元月薪为起点。薪资涨幅多在500~1000元,大多数毕业生的月起薪在1500~2000元。这在当下劳动力市场中并没有显著优势。

表9　2014届、2015届全国中等职业学校毕业生月起薪分段占比

单位:%

月薪	2000~3000元	>3000元
2015届	29.56	12.02
2014届	33.93	12.74

注:数据来源于教育部网站。

无论如何,相比初中辍学即就业的学生,接受中等职业教育的学生在就业中有明显的优势。主要原因是中等职业学校的技能培养让学生习得一技之长,毕业后可根据自身条件寻求合适的工作岗位。这对于迫切需要改善经济状况的贫困家庭来讲,让子女接受中等职业教育

是取得成效的最快途径。另外，相关的调查数据还显示，中等职业学校毕业生对自身就业情况也感到较为满意。例如，在一项以河南省周口市沈丘县某中等职业学校的连续三届毕业生为对象的就业情况反馈调查显示，在校期间为贫困生（校内贫困生档案中有记载、享受过国家助学贷款的学生）的毕业生对自己就业状况持有较高的满意度（见图13）。

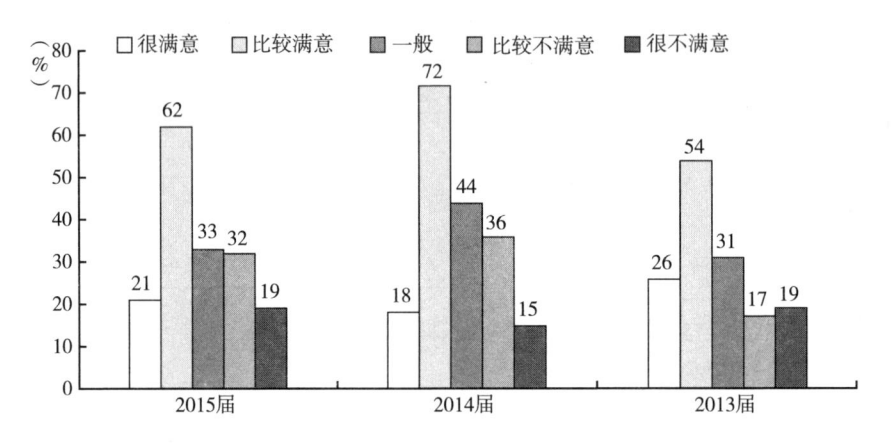

图13　三届贫困毕业生就业满意情况

在对"学校的教育能够帮我找到合适的工作"这一问题的反馈上，有60%以上的学生表示了认同，说明通过中等职业教育，贫困家庭学生感受到了受教育的优势，如图14所示。

3. 高等学校贫困家庭子女：教育投资的收益缓慢显现

目前我国高校在校生中的贫困生比例约为20%，特困生比例为8%，其中农、林、师范类学校贫困生比例超过30%，特困生比例超过15%。照此计算，在2013届大学毕业生（699万人）中贫困生规模为140万~210万人，2014届大学毕业生（727万人）中贫困生规模为145万~218万人[①]。麦可思研究院发布的《中国大学生就业报

---

① 段美枝：《内蒙古地区贫困大学生就业状况调查研究——以内蒙古地区3所普通本科院校为例》，《中国青年研究》2015年第4期。

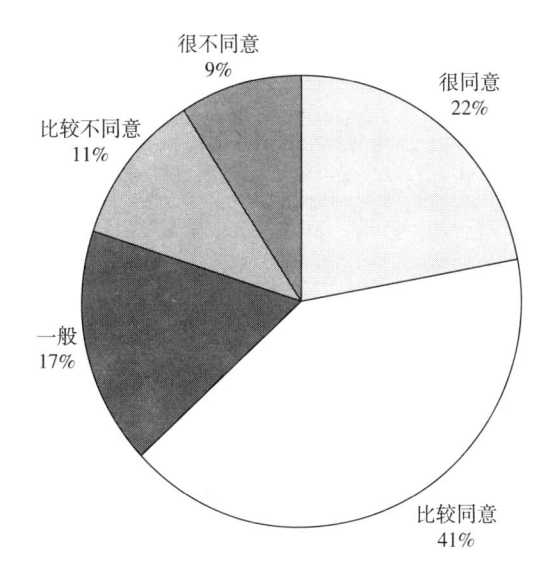

图 14　学校教育能够帮助毕业生找到合适的工作调查情况

告》调查数据显示，2013～2015年，大学毕业生就业率总体稳定，本科毕业生就业率略高于高职学生，如表10所示。

表 10　2013～2015 届全国大学生就业率

单位：%

	2015 届	2014 届	2013 届
高职	91.2	91.5	90.9
本科	92.2	92.6	91.8
平均	91.7	92.1	91.4

资料来源：麦可思研究院，2014～2016 年《中国大学生就业报告》。

表11是2013～2015届三届大学生半年后平均月收入统计情况。可以看到，近3年高校毕业生半年后月收入在持续小幅度增长，对比中职毕业生起薪及薪资涨幅，大学毕业生还葆有一定的优势，收入上略高一些。

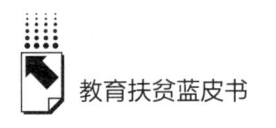

表 11 2013~2015 届全国大学毕业生半年后月收入

	2015 届	2014 届	2013 届
半年后平均月收入(元)	3726	3487	3250

资料来源：麦可思研究院，2014~2016 年《中国大学生就业报告》。

通过表 12 的数据可以看到，通过三年的工作积累，2012 届毕业生的薪资水平明显提高，并且学历层次越高，增长越多。

表 12 2012 届全国大学毕业生三年后收入

	高职	本科	平均
半年后平均月收入(元)	5020	6371	5696

资料来源：麦可思研究院，2014~2016 年《中国大学生就业报告》。

从总体情况上看，大学毕业生在就业起薪、薪资上涨空间上都高于中职及高中以下阶段毕业生。

一项针对内蒙古地区 3 所高校普通本科院校 2013 年贫困大学毕业生的调查发现，贫困大学生的就业率为 91.6%（包括读研），与麦可思研究院调查的全国本科院校 2013 届毕业生半年后的就业率 91.8% 基本持平。但是，大部分贫困大学毕业生的月薪在 2000~2500 元（见图 15），比全国中等职业学校毕业生月起薪高 500 元左右，与社会消费水平相比，贫困大学毕业生薪资情况并不理想。另外，该调查研究还显示，贫困大学毕业生读研率仅为 3.6%，选择出国读研或工作的几乎为零，而麦可思研究院调查的 2013 届全国本科毕业生在国内、国外读研的比例为 12.2%。在就业去向方面，将近 80% 的贫困大学毕业生选择在私营企业就业，选择自主创业的为零。而麦可思研究院调查的 2013 届全国本科大学毕业生在民营企业就业的比例为 45%，自主创业比率为 2.3%。就业地点方面，除了"家乡情结"外，异地求职成本高与异地招聘信息难以获取等因素，使得贫困大学毕业生的就业地点主要选择在地级市和基层。

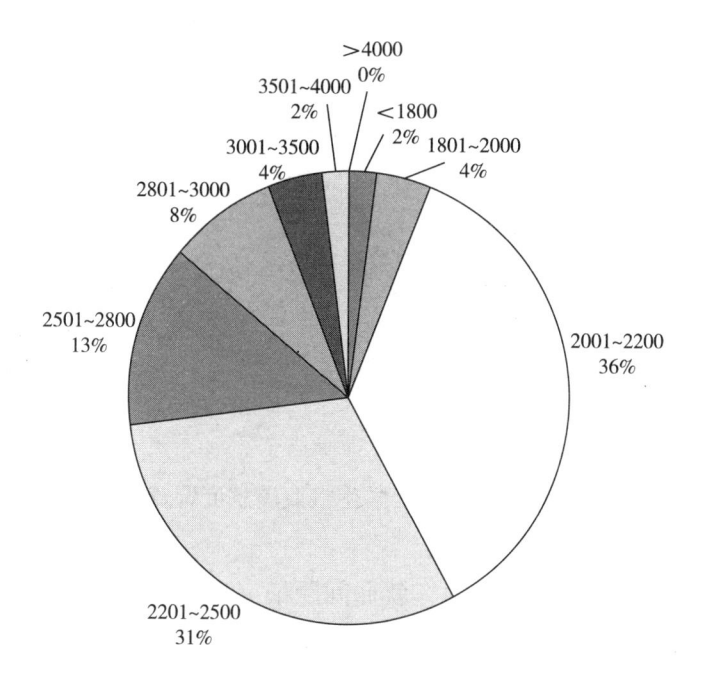

图15　贫困毕业生月工资额情况

饼图数据：
- >4000：0%
- 3501~4000：2%
- 3001~3500：4%
- 2801~3000：8%
- 2501~2800：13%
- 2201~2500：31%
- 2001~2200：36%
- 1801~2000：4%
- <1800：2%

就业满意度方面的调查结果同时显示，近一半的贫困毕业生对就业现状不满意（见图16），这与中等职业学校毕业生的工作满意度反馈结果形成对比。

在就业不满意的原因反馈中，"工资福利待遇低"是排首位的因素，其次是"不喜欢当前的工作"，排第三位的是"所学非所用，自己的专业优势发挥不出来"，第四位是"工作辛苦，经常加班加点，但得不到国家劳动法规定的加班加点费"。另外，贫困大学生在校或就业过程中，对政府提供的就业援助政策利用率也很低，76%的贫困毕业生从来没听说过当地政府有为贫困生提供求职津贴和临时生活补贴的政策，更不了解求职津贴和临时生活补贴的申领程序。

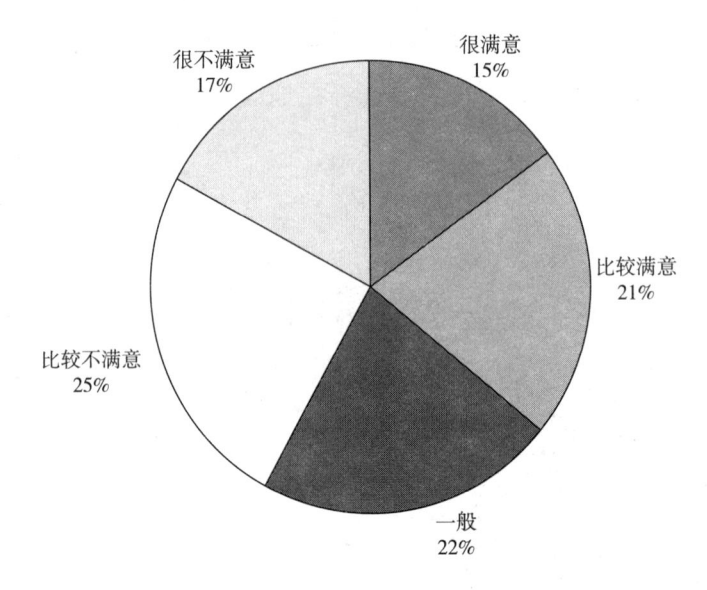

图 16　贫困大学生就业满意度调查

总之，在大学毕业生中，就业问题最突出的是来自贫困家庭的大学毕业生。他们背负着整个家庭甚至是家族的厚望，沉重的经济负担和激烈的人才竞争不允许他们在劳动力市场上花费太多的时间和较高的搜寻成本去寻找自己心仪的工作，结果往往是一方面找到的工作不满意，另一方面又要承受经济和心理的双重压力，极易陷入对未来失望的状态。这一点对于原本竞争资本就不是很雄厚的贫困高职生和大专生来说尤为如此。总之，与高中阶段以下贫困家庭子女和中等职业学校家庭贫困子女相比，高等学校贫困家庭子女的教育投入更大，就业机会更多，但由于各种因素的制约，包括心理预期的水涨船高，教育投资的收益增长率从整体上看较为缓慢。要改善贫困大学生的就业状况，还有很多工作要做。

（二）就业与收入状况欠佳导致"读书无用论"卷土重来

由于读书已不能马上带来经济上直接的、明显的收益，在就业压力与日俱增的形势下,"读书无用论"在贫困家庭子女相关利益群体中重新抬头,表现在以下几个方面。

1. 家长教育信心下降,减少或停止教育投资

子女的就业质量好坏与家长对子女教育的投资认知与行为有直接关系。一方面,一定数量贫困家庭子女就业不佳的客观事实,导致家长对教育作用产生怀疑,进而产生放弃对子女教育进行投资的行为;另一方面,与其他领域的投资相比,教育投资时间长、见效也慢,与许多贫困家庭想尽快脱贫的想法背道而驰。因此,尽管读书所花费的成本很高,但子女毕业之后在短期内却并不能带来合理的收益,以致许多贫困家庭的家长不愿意进行教育投资。另外,有些贫困家庭子女毕业后迟迟无法实现就业,或成为职场上的失意者。而后,这些因上学尤其是上大学背负着庞大债务的贫困家庭家长通常会面临更大的困境,动摇他们给子女进行教育投入再追加的信心。总之,贫困家庭子女就业起薪低、就业稳定性不足、薪资增长速度过慢等现实可能会冷了无数投资教育者的心,尤其是寄希望于靠教育来改变现实的贫困家庭家长,子女收入与自身期望带来的巨大预期落差,会令他们深感失望,产生"读书无用"的悲叹,进而减少或者放弃对子女教育的投资,影响子女的教育和就业。

2. 贫困学生期望落空,陷入贫困恶性循环

由于就业质量不佳引发自我怀疑进而认为"读书无用"的现象在压力重重却又期望落空的贫困家庭子女身上体现得较为明显。当前大学生就业形势严峻,有大量的大学生毕业后沦入失业大军。大学生毕业即失业的现象屡见不鲜,甚至有媒体报道农民工找工作胜过大学生的类似新闻,这一严峻甚至残酷的客观事实与贫困家庭希望通过子女接受一定教育尤其是高等教育后就能顺利出人头地的就业期望形成巨大落差,导致"读书无用"的思想在贫困家庭成为思维定式,并反过来蔓延到贫困家庭子女特别是毕业于高职和专科学校的大学生群

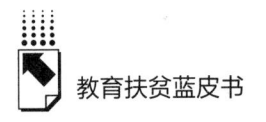

体。另外，由于经济原因，贫困家庭子女通常没有良好的学习环境，无力负担教育费用，常因需要帮助维持家庭生计而影响就学和升学的机会。较低的教育水平导致较差的职业前景，而职业前景的低迷往往意味着经济收入较低。因此，贫困家庭子女就业状况差便很容易对教育失去信心，之后又回归贫困，陷入"贫困—读书无用—受教育程度低—就业状况差—贫困"的恶性循环。

3. 学校教育难度加大，资源流失严重

"读书无用"和就业无门等现象的负面影响在贫困家庭的教育投资过程中被反复渲染后，加剧了贫困学生的辍学现象。在基础教育资源薄弱的地区，每学期开学学校都会组织辍学学生劝返工作。事实上，若没有配套的支持政策，单靠学校强制劝返，执行难度将很大，实际的工作成效也甚微。近年来，在国家的扶持和学校的努力下，贫困学生的流失已经比过去大为减少。但由于学校资源质量没有随着学生人数的增加有所提高、干部教师参与劝返的积极性下降、劝返任务费时费力等问题也随之凸显，而且，由于辍学学生的劝返工作是个长期持续的过程，加之大多数学生辍学的根源在于家庭贫困，如果外界在短期内又没有有针对性的帮扶对策的话，被劝返学生可能还会选择再次辍学。而学校为劝返工作所累，教学正常秩序也会受到干扰。另外，在广大的农村地区，撤点并校已进行十余年。大部分地区通过并校实现了教育资源的整合，但有一定数量的村镇学校需要保留，以招收居住在偏远村落地区的学生。由于条件艰苦，教师资源缺少，学校的生存也难以为继。所在地区的家庭尤其是贫困家庭也没有能力让子女花钱到市区或者更好的学校就读，只剩下辍学这一条路。如此"贫困没有资本供子女外出就学——政府保留部分学校——学生因贫穷而辍学——学生人数减少——保留的学校难以存续——撤点并校——想读书的没有学上——入学积极性下降——贫困"的循环，显然不利于贫困家庭的脱贫，也不利于当地教育事业的发展。

（三）改进贫困家庭子女就业状况的对策

从根本上说，贫困家庭子女就业状况不佳的根源并不在于教育对就业没有帮助，而是相当部分的贫困家庭子女素质不够高，在劳动力市场上的竞争力不够导致的。易言之，社会对高素质、高技能、高层次的人才需求量仍然极大。政府、社会和学校应该通力合作，创造一个有利于改善贫困家庭子女就业处境的教育环境，让贫困家庭子女安下心来认认真真地把书读好，避免"书到用时方恨少"的尴尬。同时，以适当的政策倾斜为基础，通过多方积极引导，对贫困家庭子女进行就业方面的精准帮扶。

1. 进行适度政策倾斜，增加贫困家庭子女就业机会

贫困毕业生在就业市场上举步维艰，在激烈的就业竞争中势单力薄、孤立无援，很容易被社会忽视。在就业的问题上，国家已经出台了很多法律以及规章制度来促进大学生等群体的就业，但是几乎还没有专门针对贫困学生就业的法律法规。为此，政府可在政策许可范围内，进行适度的政策倾斜，减少贫困家庭子女就业的阻力。学校亦可在学生就业政策上适度帮助贫困学生，为促进贫困学生就业提供政策条件。例如，做好贫困家庭子女信息的收集与认定工作，打捆贫困学生各类帮扶政策，收集汇总地区人力社保、工商、民政、教育等职能部门在贫困学生就业创业帮扶及资金援助上的各类政策，制作本区域贫困学生就业创业帮扶手册，帮助贫困家庭学生快速、全面了解相应就业政策。对于贫困家庭子女普遍选择就读的中等职业学校及高职院校，要做好贫困户子女的就业帮扶和援助工作，建立贫困学生动态帮扶档案，在各类就业招聘洽谈活动中给予重点推荐。各校可指定辅导员、班主任开展"一对一"帮扶，并至少落实"一次个体咨询、一次优先推荐、一次技能培训、一项就业补贴"等帮扶措施，力争毕业的贫困户子女都实现就业。

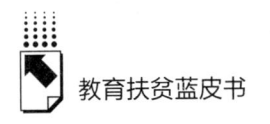

2. 多方积极引导，促进贫困家庭子女就业质量提升

提升贫困家庭子女的就业质量是一个系统工程，需要多方力量的协同与配合。在政府方面，要高度重视贫困学生教育和升学工作，用多种方式开展教育扶贫宣传，让贫困学生就业帮扶宣传单、画报等进校园和社区（乡镇），并通过媒体广泛宣传，让贫困群众、教师、学生等群体了解资助政策内容、申请程序、补助标准，让各项扶贫惠民政策家喻户晓，缓解贫困家庭家长教育经费筹措困难，让扶贫惠民政策落到实处。在学校教育方面，教师要树立劳动力供需矛盾突出，不同层次和类型毕业生就业难的问题将会长期存在的意识，积极开展理性就业教育，引导学生树立正确的职业观、就业观和竞争观等，使学生克服自卑心理，正确看待期望与现实之间的差距，综合考虑经济发达地区与贫困地区的优劣，脚踏实地、一切从实际出发，避免急功近利、逃避现实甚至听天由命的消极观念。在贫困家庭方面，父母要改变通过送孩子求学来快速改变家族贫穷命运的"赌博"心理。而子女也要正确认识评价自己，客观分析当前严峻的就业形势，结合自身实际做好充分的职业生涯规划，有为了美好的未来，努力将苦难转为行动的积极意愿与强大执行力。在社会方面，要实施教育救助，多渠道保障贫困家庭子女教育权利；积极开展就业培训，开发就业岗位，帮助建立或完善学生失业保险制度等。

3. 支持自主创业，拓展创业孵化渠道

结合自身特长与优势进行创业是解决贫困家庭子女就业问题的一个方向。虽然目前国家对大学生创业已经出台了一些倾斜优惠政策，但在创业指导、创业培训、资金扶持等方面还有待真正落实提高。加之贫困家庭子女在视野、资金、人脉等资源上的劣势，社会上还没形成贫困家庭子女创业的浓厚气氛。建议相关部门对于有条件利用自有场地自主创业的贫困学生予以支持。例如对符合有关规定的，给予相关税收减免、代账补贴、金融优惠等财政扶持，符合产业引导股权投

资基金支持范围的，优先予以扶持，支持其做大做强。同时，以青年创业导师团为依托，为有创业意愿的贫困毕业生提供"一对一"导师扶持，内容涵盖理念培育、技能提升、业务合作、权益维护等方面，定期开展"导师巡诊"活动。让贫困学生创新创业对接社会资本，推荐优秀创业项目入驻市"众创先锋网"，助推其加速孵化。有条件的学校特别是以职业教育为重点的学校也要在创业培训课程的开设与改进方面下力气，帮助贫困家庭子女积累有关创业的知识、经验与能力。不仅要对毕业即创业的学生进行指导，也要对刚入学的学生进行创业教育，把创业教育的精神与理念渗透在学生的学习过程中，使学生一步一个脚印地走好创业之路。

B.5
贫困县教育发展现状与问题研究

李 维 曾文婧 秦玉友 周 月 史志乐*

摘 要： 贫困县教育发展现状与问题一直是公共政策领域与教育领域关注的主题。为掌握贫困县发展状况与教育发展状况的全景，本研究基于2015年国务院扶贫办对全国贫困县的调查数据，以贫困县发展状况、贫困县教育发展现状及问题为研究思路对贫困县教育发展现状与问题进行梳理与分析，并据此提出有针对性的对策建议。

关键词： 贫困县 发展现状 教育发展

受自然条件与区位条件、历史发展基础、城市化程度等方面影响，不同区域的经济社会发展状况存在显著差异，这使得教育问题的复杂性凸显。在经济社会较发达地区，各个阶段教育都得到了较大发展，其各阶段教育的主要矛盾从关注规模和数量，转向关注质量提升和结构调整方面；而贫困地区由于底子薄、欠账多、需要解决的矛盾纷繁复杂，一直以来处于追赶者的地位，巩固和提高各阶段教育的受

---

* 李维，东北师范大学中国农村教育发展研究院博士研究生，主要研究方向为农村教育；曾文婧，东北师范大学中国农村教育发展研究院博士研究生，主要研究方向为农村教育；秦玉友，东北师范大学中国农村教育发展研究院副院长，教授，博士生导师，主要研究方向为农村教育、教育政策；周月，国务院扶贫办信息中心处长，主要从事建档立卡和信息化建设等精准扶贫工作；史志乐，北京师范大学经济与资源管理研究院、中国扶贫研究中心博士研究生，主要研究方向为农村发展与减贫脱贫。

教育人数仍然是其今后教育工作的主要任务；为了使得全国的教育事业获得全面发展，通常贫困地区教育发展需要面临压缩时间发展的困境，换言之，贫困地区在更短的时间内不仅需要提高各阶段受教育人数，而且还需要提升各阶段教育的质量和调整各阶段教育结构。因此，有必要对贫困地区的教育发展现状进行全面的调查和深入的研究，梳理贫困地区各阶段教育发展中面临的矛盾，从而使得国家教育的政策制定、教育资源的供给更有针对性。

一 贫困县的分类

为防止扶贫资金扩散，各级政府以不同标准对贫困县进行分类以确定扶贫开发工作的重点单元。目前贫困县类型大致有三类，即国家级贫困县、集中连片特困地区贫困县、省级贫困县。

（一）国家级贫困县

国家级贫困县，又称国家扶贫工作重点县，是国家为帮助贫困地区设立的一种标准。目前有665个国家级贫困县（包括县级行政单位区、旗、县级市）。国家为扶持贫困地区，设立国家级贫困县标准，资格经国务院扶贫开发领导小组办公室认定，审批工作共进行过三次。少数民族自治地区有不同评定标准，被评定的贫困县又称民族自治地方国家扶贫工作重点县。

（二）集中连片特困地区贫困县（简称片区贫困县）

2011年《中国农村扶贫开发纲要（2011～2020年)》第十条明确指出：国家将六盘山区、秦巴山区、武陵山区、乌蒙山区、滇桂黔石漠化区、滇西边境山区、大兴安岭南麓山区、燕山-太行山区、吕梁山区、大别山区、罗霄山区等区域作为集中连片特困地区。将集中连片特困地区所涉及的县作为扶贫攻坚主战场是新阶段扶贫开发工作的重大战略举措。

（三）省级贫困县

除国家级贫困县、集中连片特困地区贫困县外，各省还依据省内实际，划分省内扶贫开发重点单元，即省级贫困县。

为摸清全国贫困县的发展现状，构建贫困县、贫困村、贫困户三位一体的扶贫数据库，为精准扶贫提供数据支持，2015年各级扶贫办，按照《关于创新机制扎实推进农村扶贫开发工作的意见》（中办发〔2013〕25号）精神，对全国的1392个国家级贫困县、片区贫困县、省级贫困县（其中包括829个国家级和片区贫困县、563个省级贫困县）按照《贫困县登记表》中的指标信息进行采集，并将采集后的数据分省整理录入国务院扶贫办信息中心创办的建档立卡数据库。829个国家级贫困县与片区贫困县分布于22个省份，占22个省份的2097个县的40%。其中甘肃、云南、贵州、青海、西藏的贫困县占比较高，具体比例分别为67%、68%、75%、91%、100%；829个贫困县涉及18.04万个行政村，121.87万个自然村（见表1）。

表1　全国贫困县情况

地区	县总数（个）	贫困县数（个）	占比（%）	行政村数（个）	自然村数（个）
河北	170	45	26	14878	33929
山西	96	36	38	9464	16987
内蒙古	101	31	31	5525	24776
吉林	60	8	13	1168	3280
黑龙江	130	20	15	2396	11365
安徽	105	20	19	4971	78172
江西	99	24	24	5629	74868
河南	108	38	35	16046	115974
湖北	102	28	27	9057	71374
湖南	122	40	33	17437	151996
广西	109	33	30	4767	62310
海南	20	5	25	465	2450
重庆	40	14	35	4226	31251
四川	181	66	36	16766	93960

续表

地区	县总数(个)	贫困县数(个)	占比(%)	行政村数(个)	自然村数(个)
贵州	88	66	75	14744	126316
云南	129	88	68	10016	117100
西藏	74	74	100	5415	19044
陕西	107	56	52	14736	70420
甘肃	86	58	67	12963	71685
青海	43	39	91	4056	14410
宁夏	22	8	36	1252	7117
新疆	105	32	30	4445	19912
全国	2097	829	40	180422	1218696

注：①数据来源于国务院扶贫办信息中心；②县总数（包括市辖区、县级数）。

二 贫困县的基本状况

伴随新一轮脱贫攻坚的展开，贫困县的社会经济面貌发生了重大变化。需要认识到，贫困县的基本发展状况为教育扶贫提供了基础和条件，教育扶贫与产业发展、公共服务、民生改善、环境保护等息息相关。本部分结合"建档立卡"有关贫困县的基本信息，从财政收支现状、信息化建设、文化建设、饮水安全等四个方面对贫困县的发展现状进行考察。

（一）财政收支情况

国务院扶贫办"建档立卡"数据显示，截至2015年，829个贫困县的地区生产总值之和为65152亿元，占全国GDP（636463亿元）的10.23%。可见贫困县作为我国经济社会的重要组成部分，虽然自身经济发展落后，但也为全国做出了一定的经济贡献。

从产业结构来看，829个贫困县的第一产业产值、第二产业产值、第三产业产值之和分别占829个县GDP之和的25.08%、42.23%、32.69%（详见表2）。传统的第一产业仍然占据1/4的份额，

表2 全国贫困县财政收支状况

地区	总县数（个）	地区生产总值（亿元）	第一产业（亿元）	占比（%）	第二产业（亿元）	占比（%）	第三产业（亿元）	占比（%）	地方公共财政预算收入（亿元）	农村居民人均收入（元）	农村居民人均收入增长率（%）
河北	45	3450.73	803.36	23.28	1625.06	47.09	1022.31	29.63	223.27	5759.86	7.21
山西	36	5544.92	1324.66	23.89	2547.76	45.95	1672.51	30.16	232.35	7671.14	11.66
内蒙古	31	2572.38	625.06	24.30	1186.63	46.13	760.69	29.57	87.58	7345.30	8.61
吉林	8	673.65	104.41	15.50	328.86	48.82	240.38	35.68	48.38	5818.81	9.06
黑龙江	20	1286.25	600.99	46.72	361.62	28.11	323.65	25.16	53.68	6449.30	16.04
安徽	20	3724.96	1127.39	30.27	1461.21	39.23	1136.36	30.51	166.81	6919.39	-5.66
江西	24	2111.27	413.96	19.61	1015.50	48.10	681.81	32.29	206.62	5688.93	10.96
河南	38	5544.92	1324.66	23.89	2547.76	45.95	1672.51	30.16	232.35	7671.14	11.66
湖北	28	2643.73	670.65	25.37	1008.91	38.16	964.18	36.47	182.92	6396.03	13.92
湖南	40	3624.45	742.03	20.47	1518.91	41.91	1363.52	37.62	203.96	5763.21	4.24
广西	33	1669.19	455.46	27.29	710.98	42.59	502.75	30.12	121.50	5980.64	9.66
海南	5	244.96	149.20	60.91	22.52	9.19	73.24	29.90	19.88	7735.71	12.68

续表

地区	总县数（个）	地区生产总值（亿元）	第一产业（亿元）	占比（%）	第二产业（亿元）	占比（%）	第三产业（亿元）	占比（%）	地方公共财政预算收入（亿元）	农村居民人均收入（元）	农村居民人均收入增长率（%）
重庆	14	2439.98	349.80	14.34	1144.00	46.89	946.17	38.78	216.27	7818.57	13.00
四川	66	3138.08	697.08	22.21	1539.77	49.07	901.24	28.72	208.43	7008.54	11.93
贵州	66	4753.57	879.97	18.51	1900.48	39.98	1973.12	41.51	417.53	6192.57	13.82
云南	88	5205.29	1395.14	26.80	2123.45	40.79	1686.71	32.40	530.35	6580.77	20.86
西藏	74	7408.15	2891.32	39.03	2149.35	29.01	2367.48	31.96	77.13	6645.35	4.69
陕西	56	3840.49	690.70	17.98	2006.05	52.23	1143.74	29.78	170.78	7700.41	9.22
甘肃	58	2476.75	521.66	21.06	1011.21	40.83	943.89	38.11	136.43	4571.96	10.20
青海	39	1389.70	185.77	13.37	871.89	62.74	332.04	23.89	107.13	7070.53	9.84
宁夏	8	298.01	63.96	21.46	102.50	34.39	131.55	44.14	17.79	5829.00	15.34
新疆	32	1111.01	323.61	29.13	331.59	29.85	455.81	41.03	120.11	6204.84	12.99
全国	829	65152.48	16340.84	25.08	27516.01	42.23	21295.66	32.69	3781.25	6582.82	10.54

注：数据来源于国务院扶贫办信息中心。

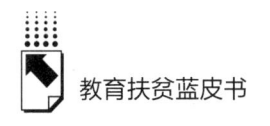

但是已不是最主要的经济增长源泉;第二产业作为工业化阶段拉动经济增长的关键领域,也成为贫困地区经济发展的重要驱动力,产值占比达到42.23%;随着我国经济结构的不断转型和调整,贫困地区经济结构也发生了变化,第三产业已经初露锋芒,产值占据贫困县地区生产总值的1/3左右。

从贫困地区的公共财政预算收入来看,截至2015年,全国829个贫困县地方公共财政预算总收入为3781.25亿元;其中云南、贵州、河南、山西等地区的公共财政预算收入较高,分别为530.35亿元、417.53亿元、232.35亿元和232.35亿元。地方经济的快速发展提高了公共财政收入,同时也为政府开展各项公共服务活动提供了基础。

从贫困县农村居民人均年收入来看,截至2015年,829个贫困县的农村居民人均年收入为6582.82元,农村居民人均收入增长率为10.54%。从分省数据来看,甘肃、江西、湖南、河北等地区的贫困县农村居民人均收入较低,其人均收入分别为4571.96元、5688.93元、5763.21元和5759.86元。从收入的增长比例来看,安徽、湖南、西藏、河北等地区的贫困县农村居民人均收入增长率较其他省低,分别为-5.66%、4.24%、4.69%、7.21%。这部分地区在经济转型、产业结构调整方面仍然存在一定的难度,发展相对滞后。

(二)信息化建设情况

从宽带的覆盖情况来看,目前829个贫困县的18.04万个行政村中,通宽带网络行政村数占总体行政村的比例为62.39%,其中四川、青海、海南、西藏四省份贫困县行政村中通宽带的比例较低,具体比例分别为49.65%、42.06%、31.18%、19.26%。

从手机能上网的行政村的数量来看,手机能上网的行政村占总体行政村的比例为78.94%,其中山西、四川、青海、西藏四省的贫困县手机能上网行政村数占比较低，其具体比例为68.42%、68.95%、59.39%、46.87%。

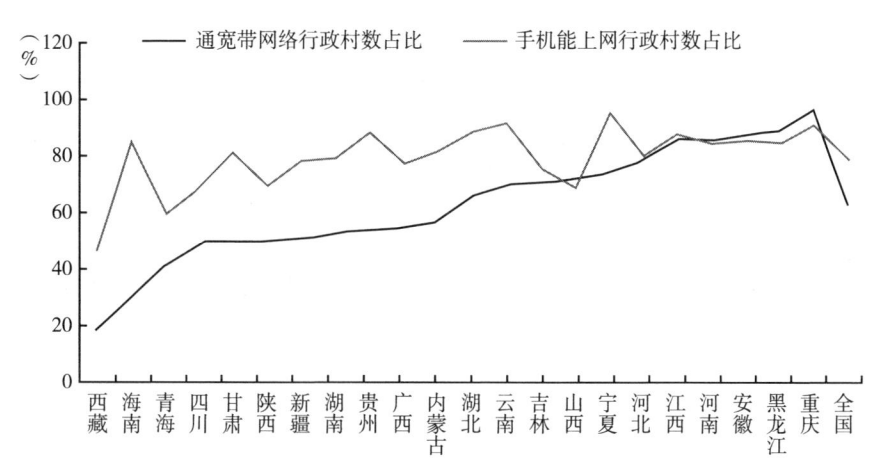

图1　贫困县信息化情况

注：①数据来源于国务院扶贫办信息中心；②未通宽带的学校的统计包括义务教育阶段的学校、高中阶段的学校。

从上述数据可以看出，我国贫困县信息化建设已经达到了较高水平，但是在局部地区受地理环境影响，信息化建设的基础设施尚未完善，导致其信息化程度较低。但是，随着精准扶贫、精准脱贫的各项工作的逐步推进，贫困县信息化建设将取得较大发展，为贫困地区、贫困人口提供更多便利。

单独就贫困地区学校信息化建设而言，目前未通宽带的学校（包括义务教育阶段的学校、普通高中、中等职业中学）有1.78万所，其中云南、贵州、甘肃三省的数量最多（见图2），达到2000~3000所。这部分地区的贫困学校一方面受财政资金的限制；另一方面缺乏专业信息化技术人员，导致学校的信息化程度比较滞后。

（三）文化建设情况

图书馆、文化馆数量在一定程度上反映贫困县的文化需要及文化

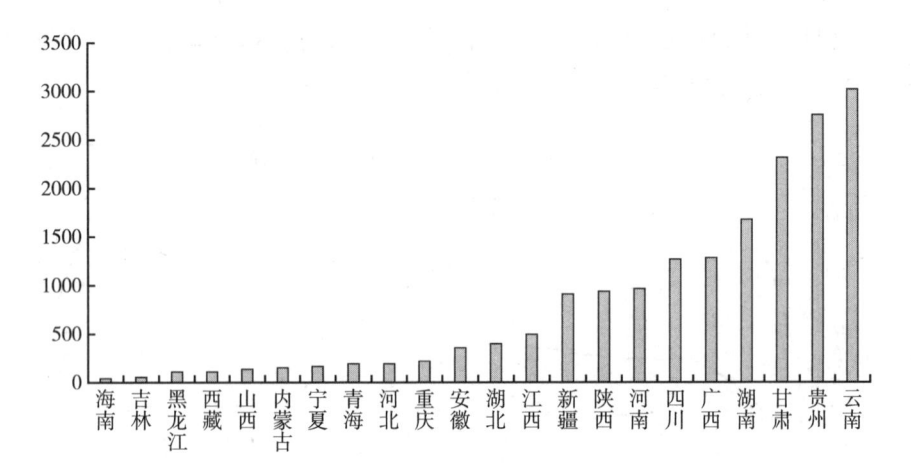

图 2　各省份贫困县未通宽带的学校数量

建设的情况。从县级层面的文化设施来看，目前829个国家级与片区贫困县共有县级公共图书馆856个，文化馆991个（见图3），基本上每个贫困县拥有一个公共图书馆或者文化馆，这为改善贫困地区文化生活、提高贫困人口素质提供了基础。

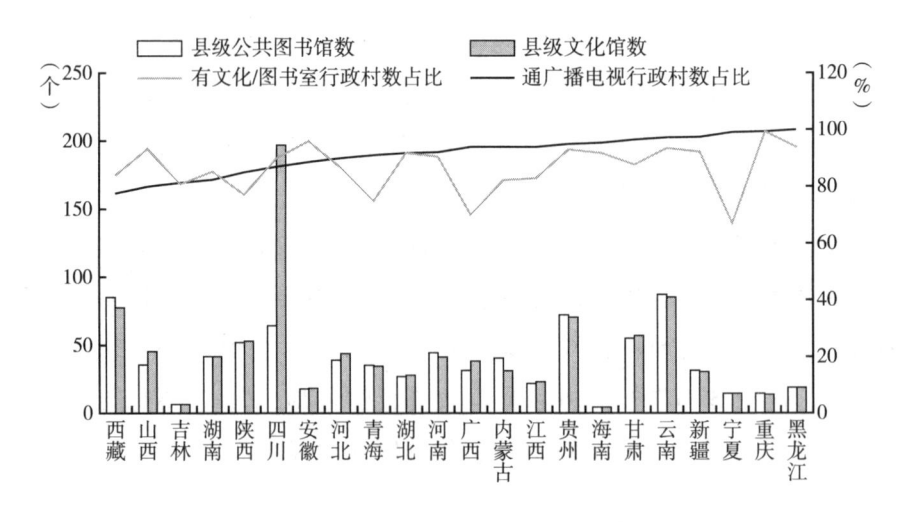

图 3　各省份贫困县文化建设情况

注：数据来源于国务院扶贫办信息中心。

从村级单位来看，目前有文化/图书室的行政村占总体行政村数量的87.64%，其中广西、青海、陕西、宁夏的贫困县中有文化/图书室的行政村的比例较其他省份低，具体比例为70.61%、75.35%、77.05%、67.57%；通广播电视的行政村占总行政村数量的90.25%，其中西藏、山西、吉林的贫困县中通广播电视的行政村比例低于其他省份，其比例分别为77.6%、79.99%、81.68%（详见图3）。贫困村的文化建设也初见成效，基本实现了广播电视"村村通"，构建了一个良好的文化基础和文化氛围。

（四）饮水安全情况

目前829个贫困县已实现安全饮水的人数占829个贫困县总人口的47.07%。其中，吉林、湖北、湖南、四川四省的贫困县已实现安全饮水人数占其贫困人口数的比例较低，具体比例分别为33.23%、34.49%、38.02%、35.46%（见图4）。

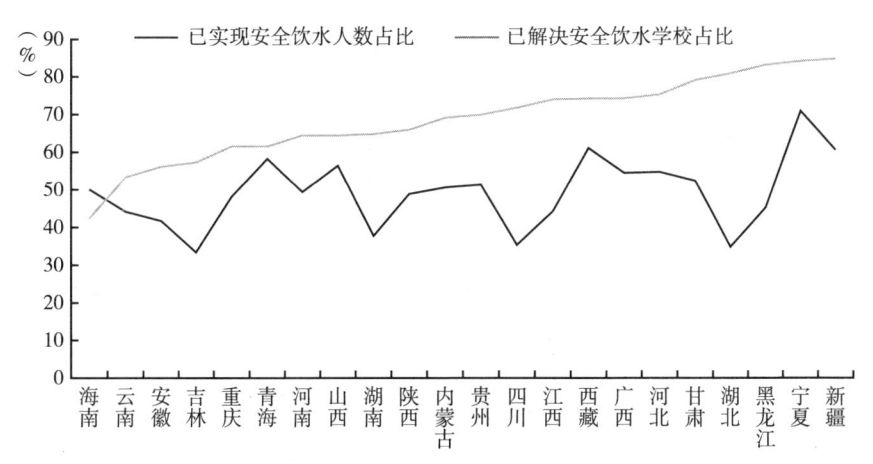

图4　各省份贫困县解决饮水安全学校情况

注：数据来源于国务院扶贫办信息中心。

学校饮水问题一直深受各级政府的重视，各级政府针对学校饮水环境采取了一系列的措施，取得了一定的成绩。据2014年829个贫

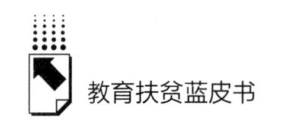

困县的饮水统计数据显示，已经实现安全饮水的农村学校数为6.97万个，已经实现安全饮水学校比例为68.68%。其中新疆、宁夏、黑龙江、湖北等地区已实现安全饮水学校比例在80%以上。学校饮水安全问题的解决，为贫困学生在校期间获得基本的生活、学习条件提供了基础，为贫困学生的身心发展提供了保障，将有助于贫困学生长远发展。

三 贫困县教育发展现状及问题

为了更加深入了解我国贫困发生率较高且贫困人口较为集中的贫困县教育发展的现状，本研究在借鉴以往的国内外的研究成果的基础上，利用2015年国务院扶贫办信息中心关于829个国家级和片区贫困县的相关教育统计信息为分析单位，如教育经费投入、各阶段的教育入学率等，对贫困县的教育发展状况进行分析。

（一）贫困县的教育经费

贫困县教育经费来源现状反映了国家教育体系目前的真实情况和特点。从图5可以发现，各级政府对全国829个贫困县的教育部门资金总投入为1660.57亿元，其中，中央资金投入为650.18亿元，各省级资金投入为241.92亿元，各地级市、贫困县级资金投入为593.57亿元。目前贫困县的教育经费来源主要以中央资金投入和市县级资金投入为主，省级资金投入的比例远低于中央和市县级政府的资金投入。

（二）贫困县的教育发展

贫困县的教育包括学校教育和学校外培训。学校教育包括学前教育、义务教育、高中阶段的教育。而培训主要指各级政府针对待就业的青年创办的各种教育活动。通常学前三年教育平均入园率、义务教

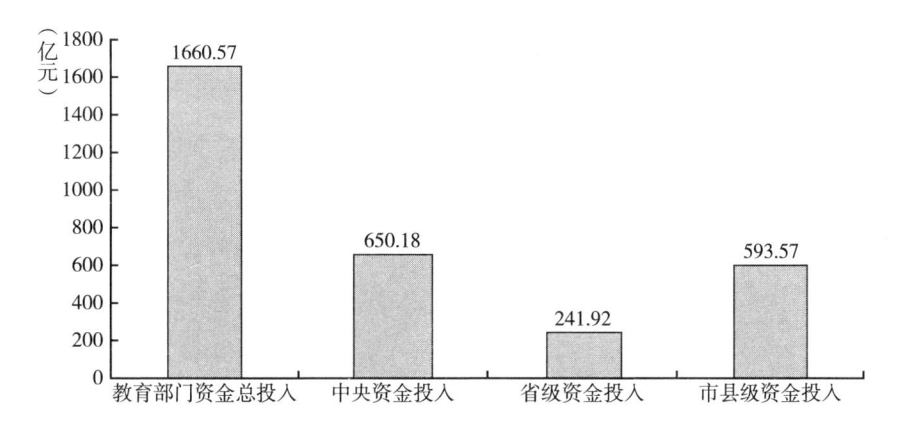

图5 贫困县教育经费的来源构成

教育部门资金总投入：1660.57（亿元）
中央资金投入：650.18
省级资金投入：241.92
市县级资金投入：593.57

注：①数据来源于国务院扶贫办信息中心数据库；②贫困县教育经费的来源除了中央、省、市县的投入外，还有企业和社会捐助，因此部分省份贫困县的教育经费的总投入可能大于中央投入与省级投入、市县级投入之和。

育巩固率、高中阶段的毛入学率、参与培训的人数，分别是监测学前教育、义务教育、高中阶段的教育、贫困县举办培训活动的关键指标，是反映区域教育发展状况的晴雨表，因此本报告选择这些指标对贫困县的教育发展现状进行考察。

1. 学前教育三年平均入园率

学前教育对个体发展意义重大。鉴于此，《国家中长期教育改革和发展规划纲要》（以下简称《规划纲要》）中提出到2020年基本普及学前教育的发展规划目标，这极大地促进了我国学前教育事业的发展，进而使我国的学前入园率不断得到提高，2015年我国学前三年教育平均入园率为75%。然而受困于自然条件与区位条件、历史发展基础、城市化、观念等方面的影响，我国各地学前教育的发展极其不平衡，有些地区尤其是经济条件比较好的地区已经达到甚至超过了我国学前三年教育平均入园率，而有些地区尤其是西部贫困县还远远落后于这一比例（见表3）。

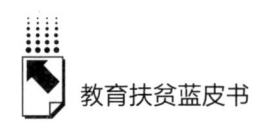

表3 各省份贫困县学前三年教育平均入园率情况

地区	总县数（个）	学前三年教育平均入园率(%)	地区	总县数（个）	学前三年教育平均入园率(%)
河北省	45	86.94	重庆市	14	79.86
山西省	36	82.24	四川省	66	73.19
内蒙古自治区	31	80.21	贵州省	66	73.44
吉林省	8	76.31	云南省	88	65.87
黑龙江省	20	70.48	西藏自治区	74	65.92
安徽省	20	77.75	陕西省	56	86.51
江西省	24	81.16	甘肃省	58	62.50
河南省	38	80.30	青海省	39	63.28
湖北省	28	78.11	宁夏回族自治区	8	69.76
湖南省	40	82.34	新疆维吾尔自治区	32	86.82
广西壮族自治区	33	74.09	全国	829	74.73
海南省	5	68.78			

注：数据来源于国务院扶贫办信息中心数据库。

表3显示，829个贫困县（包括国家级贫困县和片区贫困县）学前三年教育平均入园率为74.73%，较2015年全国学前三年的平均入园率低0.27个百分点。

从各省的贫困县的学前三年教育平均入园率来看，各省份之间贫困县学前三年教育平均入园率存在较大差异。具体表现为河北省、陕西省、山西省、江西省、内蒙古自治区、新疆维吾尔自治区、河南省、湖南省、湖北省、吉林省、重庆市内的贫困县总的学前三年教育平均入园率高于75%，表明这些省份的贫困县学前教育发展速度高于全国水平；四川省、贵州省、广西壮族自治区、黑龙江省、宁夏回族自治区、海南省、西藏自治区、云南省、青海省、甘肃省的贫困县总的学前三年教育入园率低于75%，表明这些省份贫困县学前教育发展速度低于全国水平。其中宁夏回族自治区、海南省、西藏自治区、云南省、青海省、甘肃省贫困县学前三年教育平均入园率低于70%，它们的贫困县学前教育三年平均入园率分别为69.76%、68.78%、65.92%、65.87%、63.28%、62.50%，这在一定程度上表明大面积提高学前教育发展程度的区域难点在西部的贫困县（具体参见表3）。

2. 义务教育巩固率

近年来，我国通过免除学费、现金转移、提供学校营养餐项目、加大卫生和基础设施投入等多种措施提高义务教育平均巩固率。《2015年全国教育事业发展统计公报》的数据表明，我国义务教育巩固率为93%，取得可喜的成绩。但是2015年各省贫困县义务教育平均巩固率统计数据显示，部分省份贫困县义务教育平均巩固率水平较低值得我们警惕。

国务院扶贫办"建档立卡"数据显示，截至2015年，全国829个贫困县的义务教育平均巩固率为91.4%，较全国义务教育巩固率低1.6个百分点，相差不大。

表4 各省份贫困县义务教育平均巩固率情况

地区	总县数	义务教育巩固率(%)	地区	总县数	义务教育巩固率(%)
河北省	45	96.07	重庆市	14	98.29
山西省	36	94.52	四川省	66	89.17
内蒙古自治区	31	92.88	贵州省	66	90.61
吉林省	8	96.19	云南省	88	90.80
黑龙江省	20	93.85	西藏自治区	74	90.63
安徽省	20	86.63	陕西省	56	92.09
江西省	24	97.79	甘肃省	58	87.86
河南省	38	94.76	青海省	39	78.51
湖北省	28	97.54	宁夏回族自治区	8	90.99
湖南省	40	94.91	新疆维吾尔自治区	32	96.95
广西壮族自治区	33	83.24	全国	829	91.40
海南省	5	96.98			

注：数据来源于国务院扶贫办信息中心数据库。

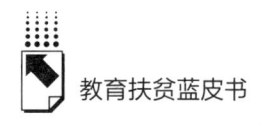

从各省份贫困县的义务教育平均巩固率来看，各省份之间义务教育平均巩固率存在巨大差异。具体表现为，河北省、山西省、吉林省、黑龙江省、江西省、河南省、湖北省、湖南省、海南省、重庆市、新疆维吾尔自治区的贫困县义务教育平均巩固率均高于93%，表明这些地区的义务教育发展较稳健。而其余各省份的贫困县义务教育平均巩固率均低于93%，其中四川、甘肃、安徽、广西、青海的贫困县义务教育平均巩固率比例分别为89.17%、87.86%、86.63%、83.24%、78.51%，表明中西部贫困县义务教育阶段教育发展水平仍然需要进一步巩固和提高（具体参见表4）。

3. 高中阶段的毛入学率

根据《2015年全国教育事业发展统计公报》数据表明，中国高中阶段在校学生数量为4037.69万人，毛入学率为87.0%，已经超过2014年全球高中阶段教育（Upper Secondary Education）毛入学率（44.05%）（UNESCO）。表5显示，全国829个贫困县高中阶段教育的平均毛入学率为74.37%，较2015年全国高中阶段教育毛入学率低12.63个百分点。

尽管高中阶段教育已得到充分的发展，我国区域之间高中阶段教育的发展差异仍然较大。从各省域之间的贫困县（不包括省级贫困县）的高中阶段教育的平均毛入学率来看，各省份之间存在巨大差异。具体来说，内蒙古自治区、湖北省、重庆市、宁夏回族自治区内贫困县的高中阶段教育的毛入学率大于87%，表明这些地区高中阶段教育发展速度高于全国的平均水平。而其余的省份贫困县高中阶段教育的平均毛入学率均低于87%，其中四川、新疆维吾尔自治区、云南、青海、西藏五省贫困县高中阶段教育的平均入学率分别为67.72%、67.34%、64.37%、60.77%、54.63%，这揭示了推进普及高中阶段教育的难点在西部贫困县。

表5 各省贫困县高中阶段教育的入学率的情况

地区	总县数	高中阶段教育的入学率(%)	地区	总县数	高中阶段教育的入学率(%)
河北省	45	83.17	重庆市	14	88.12
山西省	36	81.10	四川省	66	67.72
内蒙古自治区	31	87.99	贵州省	66	76.78
吉林省	8	84.47	云南省	88	64.37
黑龙江省	20	84.63	西藏自治区	74	54.63
安徽省	20	84.83	陕西省	56	83.27
江西省	24	72.39	甘肃省	58	77.31
河南省	38	79.02	青海省	39	60.77
湖北省	28	88.65	宁夏回族自治区	8	87.21
湖南省	40	80.28	新疆维吾尔自治区	32	67.34
广西壮族自治区	33	75.37	全国	829	74.37
海南省	5	85.10			

注：数据来源于国务院扶贫办信息中心的数据库。

4. 贫困县劳动力的培训情况

目前国内外扶贫实践经验均表明，对贫困人口进行一定的引导和培训，能增强其就业和创业的能力，是加快改变贫困县贫困面貌的有效途径。为此各级政府与社会组织等其他力量进行多方合作，为贫困县的贫困人口提供有针对性的培训活动，如创业培训、农业技术培训等，培训的形式也多种多样，既有课堂教育知识，也有示范知识。尽管目前关于全国贫困县培训的统计信息较少，难以呈现我国全面的培训状况，但是仍然有一些针对扶贫的培训计划信息被统计出来。

"雨露计划"就是众多培训活动中的一种，目前取得了显著的成绩。"雨露计划"是国务院扶贫开发领导小组办公室在"十一五"期间针对全国贫困地区制订的培训计划。它主要以地方政府为主导、其他社会力量共同协作，将（主要以贫困县为主）在扶贫工作中"建档立卡"的青壮年农民（16~45岁）、贫困户中的复员退伍士兵（含技术军士）、扶贫开发工作重点村的村干部和能帮助带动贫困户脱贫的致富骨干，这三类人群作为培训对象，通过整合社会资源，认定培训基地，采取因地制宜、区别对待的方法组织落实。在"十一五"期间，通过"雨露计划"，帮助全国贫困县500万左右的青年农民和20万左右的贫困地区复员退伍士兵成功就业，帮助15万左右的扶贫开发工作重点村的村干部及致富骨干真正成为贫困地区脱贫的带头人。2015年829个贫困县的460167名贫困青年参与了"雨露计划"。其中初中毕业没升入普通高中的283661人，高中毕业未升入大学、专科学校的176506人[①]。

（三）存在问题

国务院扶贫办的调查涉及全国829个贫困县宏观层面的教育数据如入园率、入学率等，而涉及微观教育如贫困县学校层面调查的数据关注较少，因此难以直观全面地反映829个贫困县教育发展所面临的困境。在此本研究结合既有研究成果、其他教育相关统计数据分析结果，发现造成部分贫困县的入园率、入学率、义务教育巩固率达不到国家目标的根源有教育经费不足、对贫困县处境不利的群体关注不够、贫困县提供的教育资源对贫困人口吸引力不足。具体分析如下。

（1）贫困县教育经费不足。我国教育经费的投入模式从人民自己教育自己办的模式转向经费各级政府共同承担、管理以县为主模式，数次的改革促进了贫困地区教育的巨大发展，但贫困县教育经费投入不足的问题依然是其教育发展中存在的主要问题。

（2）对贫困县处境不利的群体关注不够。从非义务教育阶段学校的学龄人口群体看，家庭经济困难生源在教育过程中面临着不利处

---

① 数据来源于国务院扶贫办信息中心数据库。

境。长期以来，非义务教育阶段的教育是非免费的，家庭需要分担教育经费比例较高。尽管国家先后颁布了一系列政策文件去构建援助处境不利的生源的体系，但是，政策实施效果的显现无疑需要一个过程，非义务教育阶段家庭困难学生面临着接受教育难的问题。

（3）贫困县的教育资源供给不足。虽然，我国社会的发展使我国各个阶段的教育都得到了全面发展，贫困地区各个阶段的教育资源紧张状况得到缓解，但部分贫困县的教育资源尤其是非义务教育阶段教育资源仍处于相对紧张的状态，因此造成相应的入园率和入学率并不高。

（4）贫困县非义务教育阶段的学校教育对贫困人口吸引力有待提高。我国经济社会的发展使我国各个阶段的教育得到了全面发展，贫困地区各个阶段的教育资源紧张状况得到缓解，生源逐渐走出了教育资源紧张时期受教育机会难求的现状，在选择上拥有了更大空间。但在一些贫困地区无论是非义务教育阶段的学校教育，还是校外教育都面临着对贫困人口吸引力不足的问题。

四 贫困的发生

（一）贫困发生率

本部分以贫困发生率[①]为指标，从国务院扶贫办信息中心"建档立卡"数据库中获得相关信息，分析贫困县的贫困发生现状（见表6）。829个贫困县的平均贫困发生率为25.60%。其中山西贫困县的平均贫困发生率较高，为37.74%，而河南、内蒙古贫困县的平均贫困发生率较低，其分别为14.13%、13.84%。

---

① 贫困发生率指低于贫困线标准的人数占区域内总人口的比重。

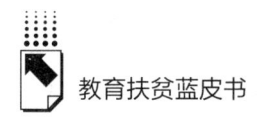

表6 贫困县的贫困发生率统计

地区	贫困县数(个)	乡村人口(人)	贫困人口(人)	贫困发生率(%)
河北	45	14805866	4152343	29.42
山西	36	5684468	1992167	37.74
内蒙古	31	7122075	952910	13.84
吉林	8	1132483	313559	27.22
黑龙江	20	5237080	693171	17.01
安徽	20	18944166	2680652	16.15
江西	24	11990799	1973890	19.12
河南	38	27072779	3691949	14.13
湖北	28	12154660	3234128	29.22
湖南	40	19355811	4169956	22.51
广西	33	10394899	3206355	31.49
海南	5	756343	219498	33.01
重庆	14	8523800	1161388	14.98
四川	66	16816642	2656692	17.64
贵州	66	27802470	6156525	23.22
云南	88	26258639	6275519	24.93
西藏	74	2564517	796852	31.25
陕西	56	14056562	3098311	23.57
甘肃	58	16205235	5557668	33.56
青海	39	3594543	891461	25.68
宁夏	8	2079956	406919	19.10
新疆	32	6078128	2124890	35.59
全国	829	258631921	56406803	25.60

注：数据来源于国务院扶贫办信息中心。

（二）致贫原因

贫困的发生既有区域性致贫原因，也有个人致贫原因。从全国来看，区域性的致贫原因通常包括因灾致贫、缺失土地、缺水、交通条件落后等。如表7所示，因灾、缺土地、缺水、交通条件落后四个因素的致贫比例分别为4.52%、3.65%、0.77%、1.76%。

表7 区域性致贫原因占比情况

单位：%

地 区	因灾致贫	因缺土地致贫	因缺水致贫	因交通条件落后致贫
河 北	1.54	1.52	0.95	0.98
山 西	2.97	4.02	1.43	1.75
内 蒙 古	15.89	7.55	1.35	0.66
吉 林	12.59	4.66	0.53	0.51
黑 龙 江	27.88	11.27	0.52	1.31
安 徽	1.27	0.86	0.04	0.23
江 西	1.72	0.65	0.13	0.53
河 南	2.04	1.19	0.44	2.72
湖 北	1.72	1.05	0.57	2.26
湖 南	2.02	1.15	0.46	2.36
广 西	1.89	4.12	0.50	2.04
海 南	1.22	8.81	1.36	1.47
重 庆	4.16	0.19	0.05	1.07
四 川	1.55	0.53	0.40	2.88
贵 州	1.74	0.72	0.04	1.14
云 南	4.78	3.91	1.45	5.07
西 藏	1.05	4.44	0.64	3.04
陕 西	2.19	1.10	0.57	2.22
甘 肃	1.76	1.68	0.33	1.19
青 海	1.84	3.83	0.47	2.16
宁 夏	6.88	6.09	1.45	1.52
新 疆	0.93	11.02	3.29	1.75
全国平均	4.52	3.65	0.77	1.76

注：数据来源于国务院扶贫办信息中心。

从因灾致贫比例的分省份统计数据来看，黑龙江的因灾致贫比例最高，为27.88%。而新疆的因灾致贫比例最低，为0.93%；

从因缺土地致贫比例的分省份统计数据来看，黑龙江因缺土地致贫

比例最高，为11.27%。而重庆市的因缺土地致贫比例最低，为0.19%。

从因缺水致贫比例的分省份统计数据来看，新疆维吾尔自治区因缺水致贫率最高，其比例为3.29%。而安徽省、贵州省因缺水致贫比例最低，其比例为0.04%。

从因交通条件落后致贫比例的分省份统计数据来看，云南因交通条件落后致贫比例最高，为5.07%。而安徽省因交通条件落后致贫比例最低，为0.23%。

个人致贫的原因通常有疾病、残疾、教育、自身发展不足等。图6统计了各省份不同致贫原因的贫困户占比情况。从全国水平来看，致贫原因最高的是疾病，占比为36.04%；因残疾致贫的比例为7.78%；因学致贫的比例为5.27%；因自身发展力不足导致贫困的比例为3.2%。

值得强调与说明的是，数据的提取是通过调查贫困人口直接获得的，因此与个人相关的致贫原因容易被察觉，而区域性的致贫原因容易被忽略，这导致个人性的贫困发生比例高于区域性的发生比例。尽管如此，图6仍然在一定程度上揭示出贫困的区域发生和个人发生机

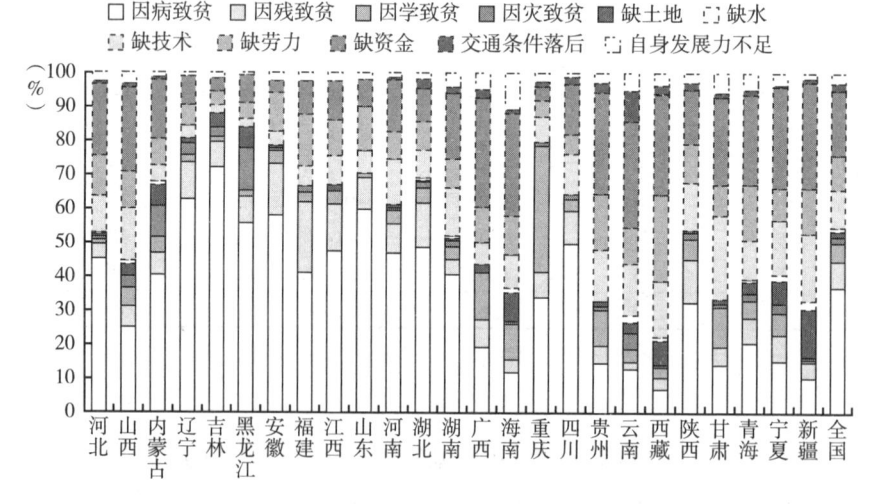

图6 贫困户主要致贫原因构成情况

注：数据来源于扶贫办信息中心。

制。从贫困的个人发生机制来看，大多数人缺乏多样化的谋生技能，部分人口还存在健康的问题，无法胜任持久紧张的劳动；从贫困的区域性发生机制来看，贫困县的自然条件以及基础设施条件仍然是贫困发生的重要原因之一。

五 对策建议

通过对829个贫困县的教育发展现状与问题进行研究与分析，我们对贫困县教育发展现状与问题有了更全面的认识，解决贫困县教育发展面临的问题需从以下几个方面着手。

（一）统筹规划贫困县发展路径

为实现2020年现有贫困人口全面脱贫的目标，需要从国家、省级、县级政府层面统筹设计贫困县教育发展路径。国家层面重点关注连片特困区所涉及的贫困县、关注国家级贫困县发展规划，通过制定支持性政策和加大扶贫投入，改善贫困县基础设施短缺的问题。省级层面则要侧重于关注非连片的老、少、边、穷、岛地区，分类指导和分类设计有针对性的支持措施，提高非连片特困区贫困县的发展水平。与此同时省级政府还需要出台一些激励政策为贫困县分配、吸引和留住一批优秀干部。贫困县层面，不仅需要找准发展着力点，发展贫困县经济，而且需要协调县域内各个部门的合作，精准识别贫困村、贫困户。

（二）建立贫困县扶贫资金监控体系

建立贫困县扶贫资金分配与使用监控体系，不断提高贫困县扶贫资金使用效益。贫困县扶贫资金的监控工作内容包括贫困县扶贫经费的分配监督和使用监督两个方面。具体来说，第一，扶贫经费的分配

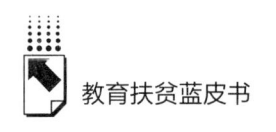

监督。为确保扶贫经费真正用于贫困户，需要对相关部门的扶贫经费分配进行监督，对于各种截留经费等违法行为要按照有关规定进行严肃处理。第二，扶贫经费的使用监督。引导和规范资金用途，扶贫资金要优先满足生活需求、生产需求、发展需求，坚决避免用于不良嗜好，如赌博、抽烟、喝酒等。

（三）提高贫困县学校教育质量

与发达地区相比，贫困县综合发展水平相对落后，给贫困县的教育发展带来一定的负面影响。现阶段，一系列扶贫开发政策给贫困县全面提高教育质量带来了机遇。贫困县应该把握机遇，全面提高学校教育质量。第一，充分挖掘贫困县的教育优势。一些贫困县拥有丰富的教育资源，贫困县相关部门要研究如何利用这些优势提高教育质量。第二，招聘、吸引和留住优秀教师。相关部门应该结合实际，出台包括工资待遇倾斜、生活条件改进、发展机会补偿等在内的行之有效的措施，招聘、吸引和留住优秀教师。第三，改变贫困县教育评价观。相关部门需要改变传统的质量达标评价观，建立基于学生相对进步的评价观，对贫困县学校教育努力给予更加辨证的评价，为贫困县教育发展构建更加健康、客观的价值生态环境与舆论环境。

（四）加强贫困县成人培训多样性与实效性

国家级贫困县应充分利用现有的学校教育资源开办多形式、多层次的培训，为即将进入劳动力市场的贫困青年进行必要的知识与能力补充。补充教育培训主要是为了提升贫困县的青壮年人口（包括初中毕业未升学的人口、高中毕业未升学的人口）素质。教育培训可以灵活安排，时间上，可以在集中时间段内进入，也可以在劳动空闲季节进行；方式上应该多样化，可以集中授课，也可以相对分散教学，可以现场教学、开展学徒式培训，也可以通过视频资源引导自学；内容上，要突出实用性，要根据受教育者自身素质与兴趣特点、要进入行业的实际、将面临生活环境的特点，进行有针对性的培训。为增强培训效果，相关部门还需要配备数量充足优长互补的有质量教师，提供必需的实训基地。

（五）进一步完善贫困县贫困人口信息数据库建设

要想精准扶贫，一个前提性的工作是建设贫困县贫困人口信息数据库。在目前建档立卡工作的基础上，还需要进一步推进和完善贫困县贫困人口信息数据库建设工作。贫困县贫困人口信息数据库建设与完善应该从三个方面展开。第一，调查对象不仅包括贫困人口，也要涵盖处于贫困线附近的贫困人口，并能把因突发事件致贫的家庭与贫困人口及时纳入贫困县贫困人口数据库。从长远看，要努力建设涵盖贫困县乃至全国所有人口信息的数据库，在此基础上建立及时发现和筛查贫困户、贫困人口的子库。第二，数据库要对贫困县贫困人口信息进行动态管理与动态监测，加大对脱贫人口的后续跟踪与动态监测，准确掌握脱贫后人口的生活状况。第三，实现贫困县贫困户与贫困人口信息不动产登记部门、公安系统、医疗系统、教育系统等信息共享，加强多部门间的扶贫协调合作。

专题研究

Special Focus

B.6
职业教育扶贫：发展与创新

李中国　黎兴成　肖　册[*]

摘　要： 本报告首先明确了职业教育在扶贫工作中的重要性，相对于普通教育，职业教育精准扶贫更具优势，具有促就业、助发展、保权利、扶精神等功能。其次，重点从东西部职业院校合作扶贫、劳动力转移培训、帮扶贫困家庭子女接受职业教育、帮扶农民工接受职业教育等行动层面呈现了职业教育扶贫行动的实施与现状。研究发现，我国在职业教育扶贫方面存在扶贫对象观念滞后、教育认同不足，贫困地区职业学校基础薄弱、扶贫功能微弱，扶贫资金配置短缺、行动绩效

---

[*] 李中国，临沂大学教育学院院长、教授，北京师范大学博士后，主要研究方向为教师教育、教育政策与管理、职业教育；黎兴成，山东师范大学教育学院硕士研究生，主要研究方向为职业教育、教学论、高等教育管理；肖册，四川交通职业技术学院助教，主要研究方向为职业学校教师与教学。

不高，扶贫机制建设缺位、部门协同不力等四大问题。最后，提出创建扶贫政策协调优化机制、扶贫对象精准识别机制、扶贫资金长效保障机制、扶贫学校能力提升机制、扶贫多方联动助力机制等改善我国职业教育扶贫问题的对策建议。

关键词： 职业教育扶贫　职业学校　扶贫政策

职业教育与经济社会发展联系最为紧密，是国民教育体系和人力资源开发的重要组成部分，肩负着促进就业创业的重要职责[①]。大力发展职业教育，提升贫困人口的文化素质和职业技能，是增强贫困人口脱贫致富能力，实现精准扶贫战略目标的必由之路[②]。

一 教育扶贫的功能

职业教育旨在培养具有一定专业知识和职业技能的初级、中级或高级专门人才，是经济社会发展的重要动力，具有大众性、技术性和生产性等特征[③]；相对于普通教育，职业教育精准扶贫更具优势，具有促就业、助发展、保权利、扶精神等功能。

（一）促就业：学得一技之长，获取谋生本领

职业教育是使受教育者掌握特定职业岗位知识与技能，获得从业

---

① 《习近平：加快发展职业教育让每个人都有人生出彩机会》，新华网，http://news.xinhuanet.com/2014-06/23/c_1111276223.htm，最后访问日期：2015年6月23日。
② 朱爱国、李宁：《职业教育精准扶贫策略探究》，《职教论坛》2016年第1期，第16页。
③ 黎兴成、李中国：《我国职业教育未来发展的着力点解析》，《职教论坛》2014年第34期，第78页。

资格认定做准备的教育。它能够精准对接就业，对消除因就业胜任力薄弱所致的生存贫困具有重要作用。随着第三次工业革命的深入发展和传统产业的转型升级，现代企业与社会组织对其职员的要求更加全面，不仅要求职员具备较为全面的实际操作技能，而且要求其具备综合理论知识、创新能力和较高的人文素养。同时，通过人力与人才市场等中间机构建立起的现代劳资关系，促进了人才准备、认定、选拔与招聘等各环节的专业化发展；接受专业化的职业教育，成为当下劳动者发展的必然选择。现代职业教育将为每一位走向工作岗位的社会个体尤其是贫困家庭成员提供职业培养机会，为其成功就业助力提能。广西百色市抓住职业教育的促进就业功能，开设了"百川励志班""广西扶贫巾帼励志班""506职业教育扶贫班""广西扶贫男儿自强班""百色东盟班""北部湾港口集团班"等16个扶贫助学班，截止到2015年4月，已帮助6000多名贫困学生实现了稳定就业[1]。

（二）助发展：提升发展能力，拓展发展空间

能力贫困是一种结构性的能力缺失，是指因个人的能力缺失所产生的贫困状态，是形成绝对贫困和相对贫困的重要原因，是职业教育扶贫开发的关键[2]。能力贫困主要包括三种状况：基本生存能力贫困、自主发展能力贫困、人的权利能力贫困，其中，自主发展能力贫困主要指因就业竞争能力、创新思维能力、社会交往能力、职业转换能力等结构性能力缺失导致的个人发展障碍。

职业教育扶贫是"造血式"的扶贫策略，不仅仅是物质的输入，更多的是对人的发展能力的扶持。职业教育通过为有志青年和成人发

---

[1] 黄建宁：《促进扶贫攻坚精准发力的重要举措》，《广西日报》2015年4月28日。
[2] 侯长林、游明伦：《职业教育的多元化扶贫功能及其定位探讨》，《教育与职业》2013年第36期，第27页。

展提供与地方经济社会发展密切相关的，特别是以主导产业和支柱产业为依托的专业技术教育及培训服务，提升他们的"综合职业能力"，帮助他们解决发展中的结构性能力缺失问题，增强他们的自主发展能力①。

（三）保权利：保障受教育权，阻断贫困代际传递

反贫困战略实施的重点在于保障个人发展的权利，特别是受教育的权利。相关调查显示，在义务教育阶段之后接受过职业教育和高中教育的比没有接受过的人员接受继续教育和培训的机会多11个百分点②。显而易见，职业教育对受教育者以后的职业发展有积极推动作用。义务教育和高中教育阶段之后往往是辍学的高峰阶段，很多毕业生不能继续接受高中教育、中等职业教育或高等教育③。阻碍受教育者继续接受教育的原因很多，其中家庭贫困和教育规模局限性可谓根本原因。

接受职业教育，包括中等职业教育和高等职业教育，是保障因家庭贫困不能继续接受教育的适龄人群受教育权的重要路径。党和国家出台了一系列政策，加大对职业教育的扶持。例如，《现代职业教育体系建设规划（2014~2020年）》中明确提出：加快贫困地区职业教育发展，有计划地支持集中连片特殊困难地区内限制开发和禁止开发区初中毕业生到省（区、市）内外经济较发达地区接受职业教育；完善职业教育资助政策体系；完善东中西部对口支援机制等④。

---

① 侯长林、游明伦：《职业教育的多元化扶贫功能及其定位探讨》，《教育与职业》2013年第36期，第27页。
② 郝克明：《终身教育国际论坛报告集萃》，高等教育出版社，2005。
③ 余祖光：《终身教育背景下职业教育的扶贫助困功能》，《北京大学教育评论》2007年第3期，第24页。
④ 《现代职业教育体系建设规划（2014~2020年）》，中华人民共和国民政部，http://jnjd.mca.gov.cn/article/zyjd/zcwj/201406/20140600660060.shtml，最后访问日期：2015年7月9日。

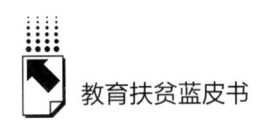

（四）扶精神：促进观念转变，消除文化贫困

文化贫困是一种精神性贫困，它主要是因为人们文化认知观念落后，如听天由命、重农轻商、奢侈浪费、懒散怠惰等落后的人生价值观念，或持消极的文化生活态度，而对未来生活悲观、埋怨。文化贫困是贫困产生的思想根源，如不消除文化贫困，所有的扶贫措施都会成为"无源之水，无本之木"，最终夭折。

消除文化贫困，关键在于加强教育扶贫，传播先进文化，改造贫困文化，提升文化素质，消除文化认知偏见，即扶"精神"[1]。但在现实中，贫困家庭的子女往往因为经济困难，在义务教育完成后就辍学，不能继续接受高中教育，更无法接受高等教育。面对这样的困境，职业教育展现出了独特的扶贫优势，在经济上补助贫困学生，减免学费，提供生活补助。职业教育的补助措施，使贫困家庭的子女能够继续接受教育，在学习先进的职业文化的同时，提升相应的文化认知能力，产生文化自信，促使他们改变消极的文化态度，摆脱贫困文化的束缚，改变甘于贫困、不思进取的生活观念，追求积极向上的生活方式，实现贫困者的可持续发展。案例1充分说明了职业教育在提高帮扶对象技能的同时，也培养了他们的文化自信，使其怀着积极的进取精神走向社会，走向未来。

案例1 授人以鱼更授人以渔[2]

2015年6月10日，参加"职业教育精准扶贫：挑战与对策"研讨会的全国政协委员与正在北京市商业学校学习的首批40多名从云

---

[1] 侯长林、游明伦：《职业教育的多元化扶贫功能及其定位探讨》，《教育与职业》2013年第36期，第28页。
[2] 《职业教育精准扶贫：扶贫更扶智授人以鱼更授人以渔》，中国青年网，http://news.youth.cn/gn/201506/t20150611_6742324.htm，最后访问日期：2015年7月3日。

南滇西边境地区对口招收的学生进行了交流。"第一次看到叉车,我就喜欢上了,今后想当仓库管理员";"我的普通话提高了,更愿意和别人交流了";"我的性格更开朗了,我要积累资金,将来开一家自己的物流公司"……这些来自保山贫困地区的学生讲述着自己来北京市商业学校学习半年来的变化,还透露了自己的"职业规划"目标。"看到孩子们的学习成果和精神状态,真是高兴",云南省保山市副市长杨雄华看到来自保山地区的贫困学生的学习生活情况,欣慰地说,"保山与北京的直线距离3000公里,山高路远。一年的学习时光虽然不能改变一个孩子的命运,但却打开了他们了解世界的窗口,对他们今后的成长意义深远"。

二 职业教育扶贫行动的实施与现状

党和国家十分重视职业教育扶贫工作,特别是"十五"规划以来,相继出台了系列政策文件,着力推动职业教育扶贫工作。该项工作主要集中在四个方面:一是东西部职业院校合作扶贫;二是劳动力转移培训;三是帮扶贫困家庭子女接受职业教育;四是帮扶农民工接受职业教育培训。具体的职业教育扶贫行动有中等职业学校联合招生合作办学工作、"雨露计划"、农村劳动力转移培训计划、农民工培训规划、特别培训计划、农民工学历与能力提升行动计划等。针对这些行动计划,相关省份制定了详细的工作计划,取得了一定成果。在此,本文将重点介绍中等职业学校联合招生合作办学工作和农民工培训工作的开展情况。

(一)中等职业学校联合招生合作办学工作开展情况

1. 基本概况

2003年11月10日,教育部、财政部、劳动保障部联合发布

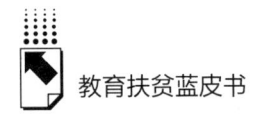

《关于开展东部对西部、城市对农村中等职业学校联合招生合作办学工作的意见》[①]（以下简称《联合招生工作意见》），积极推进职业教育的对口帮扶工作。《联合招生工作意见》明确采取多种形式开展联合招生合作办学工作：①支持东部地区特色骨干示范性中等职业学校按照订单培养模式面向西部和农村跨地区单独招生；②鼓励东部地区特色骨干示范性中等职业学校到西部贫困地区开展合作办学、联合招生、分段培养；③东部地区特色骨干示范性中等职业学校，以定向招生、定向培养方式，为西部大开发和西部地区国家重点建设工程培养急需的实用技术人才。同时，《联合招生工作意见》也提出了相应的扶持措施，对招生收费制度、教学与学籍管理、毕业生就业等做了特殊规定。

2. 发展历程

为贯彻全国农村教育工作会议精神，落实教育部、财政部、劳动保障部《关于开展东部对西部、城市对农村中等职业学校联合招生合作办学工作的意见》，2004年2月19日，教育部职业教育与成人教育司下达《关于报送2004年东部对西部、城市对农村中等职业学校联合招生合作办学招生任务的函》[②]，拟安排东部对西部、城市对农村中等职业学校联合招生合作办学跨省招生4万人，并根据各地经济和社会发展对劳动力需求和劳动力输出的情况及中等职业教育优质资源分布情况，初步提出2004年东部对西部、城市对农村中等职业学校联合招生合作办学跨省招生指导性生源安排。

[①]《教育部财政部劳动保障部关于开展东部对西部、城市对农村中等职业学校联合招生合作办学工作的意见》，《中华人民共和国国务院公报》2004年第25期。

[②]《关于报送2004年东部对西部、城市对农村中等职业学校联合招生合作办学招生任务的函》，中华人民共和国教育部，http：//www.moe.gov.cn/s78/A07/zcs_left/moe_950/201001/t20100129_9889.html，最后访问日期：2015年9月12日。

中等职业学校联合招生合作办学工作是党和国家持续性的职业教育扶贫行动，2004年以后又相继出台了一系列政策文件，如《教育部关于加快发展中等职业教育的意见》（教职成〔2005〕1号）、《关于进一步做好2005年东部对西部联合招生合作办学工作的通知》（教职成司函〔2005〕31号）、《教育部关于做好2006年中等职业学校招生工作的通知》（教职成〔2006〕1号）、《教育部关于做好2008年中等职业学校招生工作的通知》（教职成〔2008〕3号）、《教育部关于做好2009年中等职业学校招生工作的通知》（教办〔2009〕9号）、《教育部关于推进新疆中等职业教育发展的意见》（教职成〔2012〕4号）、《教育部办公厅关于做好2015年高中阶段学校招生工作的通知》（教职成厅〔2015〕1号）等。

3. 取得的成效

根据教育部规划要求，2006年东部对西部城市联合招生合作办学跨省招生总量40万人[①]，2007年东西部联合招生合作办学的招生规模要达到50万人以上[②]，2008年东部对西部、城市对农村联合招生合作办学规模达到60万人[③]。截止到2016年2月，东西部中等职业学校开展联合招生、合作办学规模保持在30万人左右。继续办好内地新疆、西藏中职班，累计招生近2万人[④]。东部各省积极推进东西部联合招生合作办学，在国家政策支持下，纷纷制定了更精准的帮扶计划，如2011年以天津、辽宁、上海、山东、江苏、浙江、广东、青岛等为代表的东部地区和以重庆、贵州、云南、陕西、宁夏、甘肃

[①] 教育部职业教育与成人教育司：《关于印发2006年中等职业学校招生指导性计划的函教职成司函》，中华人民共和国教育部，http://www.moe.gov.cn/srcsite/A07/moe_950/200603/t20060317_78943.html，最后访问日期：2015年9月12日。

[②] 张玉文：《中职东西部联合招生将达50万人》，《中国教育报》2007年5月20日。

[③] 《教育部关于做好2008年中等职业学校招生工作的通知》，中华人民共和国教育部，http://www.moe.gov.cn/srcsite/A07/moe_950/200804/t20080423_78934.html，最后访问日期：2015年9月12日。

[④] 王比学：《中职毕业生初次就业率连续9年超95%》，《人民日报》2016年2月25日。

等为代表的西部地区教育部门之间签订了包括联合招生、专业建设、教学研究、干部教师培训、学生实习就业等内容的合作办学协议。协议计划东西部招生、送生各7.35万人，其中接收学生数量比较多的省份是山东（1.7万人）、天津（1.3万人）、重庆（1.2万人）、江苏（0.7万人）等，送出学生数量比较多的省份是贵州（5万人）、云南（1.5万人）、甘肃（1.1万人）、宁夏（1万人）、陕西（0.7万人）等①。同时，各省份也积极实践多种联合招生合作办学方式如上海市以国家级重点学校为主体的45所中等职业学校进行跨省市招生工作，招收全国26个省市初、高中毕业生，进行"双赢型"、"援助型"和"委培型"的合作办学，采用招收本市外来务工人员等多种合作办学模式和招生途径②。

（二）农民工培训工作的开展情况

1. 基本概况

让更多农民工迈进中等收入门槛，事关全面建成小康社会目标的实现，职业教育培训是拓展农民工中短程社会流动空间，提升他们的生活质量和满意度的重大战略举措③。历年来，农民工培训工作是党和国家高度重视的扶贫工作之一。近年来，人力资源和社会保障部、教育部、科技部、住房城乡建设部、农业部和国务院扶贫办等部门实施的"特别职业培训计划""农村劳动力转移培训计划""星火计划""建筑业农民工技能培训示范工程""阳光工程""雨露计划"等扶贫工程均把农民工培训工作作为重要内容。此外，工青妇组织也

---

① 葛维威：《搭建平台推进职业教育省级合作办学——东西部职业教育合作办学签约仪式在天津举行》，《中国职业技术教育》2011年第22期。
② 《东西部携手为西部培养高素质劳动者和技能型人才》，中华人民共和国教育部，http://www.moe.gov.cn/s78/A07/moe_731/tnull_15977.html，最后访问日期：2015年9月12日。
③ 熊易寒：《让更多农民工迈进中等收入门槛》，《人民日报》2016年8月9日。

开展了各类农民工职业技能培训①。

2. 开展历程

2003年9月9日，农业部、教育部、财政部、劳动保障部、科技部、建设部等六部门联合制定了《2003~2010年全国农民工培训规划》，指出要开展引导性培训、职业技能培训等多种形式的培训项目，并逐步扩大培训规模。2003~2005年，对拟向非农产业和城镇转移的1000万农村劳动力开展转移就业前的引导性培训，对其中的500万人开展职业技能培训，对已进入非农产业就业的5000万农民工进行岗位培训；2006~2010年，对拟向非农产业和城镇转移的5000万农村劳动力开展引导性培训，并对其中的3000万人开展职业技能培训；对已进入非农产业就业的2亿多农民工开展岗位培训②。此后，相关部门又出台了20多项农民工教育与培训政策，如《教育部关于印发〈农村劳动力转移培训计划〉的通知》（教职成〔2004〕1号）、《教育部关于实施农村实用技术培训计划的意见》（教职成〔2005〕2号）、《贫困青壮年劳动力转移培训工作实施指导意见》（国开办发〔2007〕15号）、《教育部关于切实做好返乡农民工职业教育和培训等工作的通知》（教职成〔2009〕5号）等。

一直以来，农民工培训工作以提高农民工职业技能和就业能力为重心。2016年3月1日，教育部、中华全国总工会印发《农民工学历与能力提升行动计划——"求学圆梦行动"实施方案的通知》，计划建立学历与非学历教育并重，产教融合、校企合作、工学结合

---

① 《为2.42亿农民工福祉：我国农民工工作取得新进展》，中华人民共和国中央人民政府网，http://www.gov.cn/jrzg/2011-02/12/content_1802490.htm，最后访问日期：2015年9月15日。

② 《国务院办公厅转发农业部等部门〈2003~2010年全国农民工培训规划〉》，http://www.gov.cn/zwgk/2005-08/14/content_22484，最后访问日期：2015年9月20日。

的农民工继续教育新模式,同时提升农民工学历层次和技术技能水平,争取到2020年,在有学历提升需求且符合入学条件的农民工中,选择资助150万名农民工接受学历继续教育,使他们能得到相应的技术技能培训,能够通过学习免费开放课程提升自身素质与从业能力[①]。

3. 取得的成效

如图1所示,2008~2015年农民工数量一直呈增长趋势,由22542万人增至27747万人,增加了5205万人,平均每年增加743.57万人。国家统计局统计资料显示,2011~2014年接受过职业技能培训的农民工分别有7886.736万人、8350.998万人、8794.338万人、9533.460万人,增长了1646.724万人,平均每年增长548.908万人,这说明每年大约有500多万的新增农民工接受过相应的职业技能培训,且培训规模不断扩大。

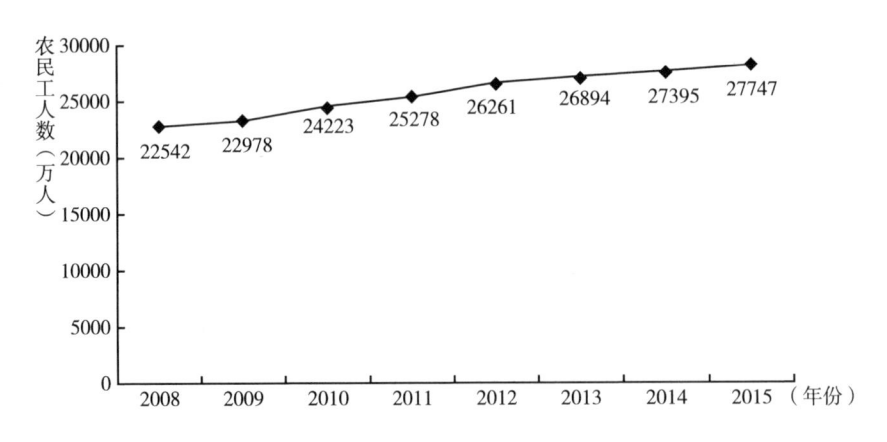

图1 2008~2015年农民工数量变化趋势

资料来源:国家统计局统计数据。

---

① 教育部、中华全国总工会:《农民工学历与能力提升行动计划——"求学圆梦行动"实施方案》,http://www.edu.cn/edu/zheng_ce_gs_gui/zheng_ce_wen_jian/zong_he/201603/t20160325_1380279.shtml,最后访问日期:2015年9月25日。

"十二五"时期,培训职业体系日益完善,5年中累计有9700万人次接受政府补贴职业培训,比"十一五"时期增加2300万人次;2015年外出农民工人均月收入3072元,比2010年提高1382元,年均增长12.7%;同时随着城镇化加速推进,"十三五"时期每年还会有近300万的农业富余劳动力需要转移就业,但供给不减,需求下降,我国劳动力就业压力依然很大,职业培训是化解结构性就业矛盾的根本举措,"十三五"期间应继续重点实施对贫困家庭子女、失业人员和转岗职工等群体的免费职业培训行动,实施新生代农民工职业技能提升计划,推进企业新型学徒制试点工作,帮助广大劳动者更好适应市场变化和就业创业条件变化[①]。

三 职业教育扶贫存在的主要问题

职业教育是扶贫开发工作的重要路径。当前,职业教育精准扶贫工作已取得一定成绩,但仍然面临诸多困境。这些困境不仅有职业教育扶贫工作机制不成熟的困境,也有职业教育自身的发展困境。

(一)扶贫对象观念滞后,教育认同不足

思想观念落后,是贫困者难以彻底摆脱贫困的思想根源。当前,我国的绝对贫困者一般位于边远地区、少数民族地区和农村,这些地区经济不发达,多以传统农业经济为主,家庭收入少,家庭负担重,无力承担教育消费,往往更看重眼前利益,对教育(包括职业教育)未来收益期望值较低,往往不支持子女接受职业教育。此外,整个社会对职业教育都存在偏见。受这种观念的影响,贫困地区的家庭更加

---

① 《人力资源社会保障部部长:在推动经济发展中促进就业稳定增加》,中华人民共和国中央人民政府网,http://www.gov.cn/xinwen/2016-08/02/content_5096820.htm,最后访问日期:2015年10月13日。

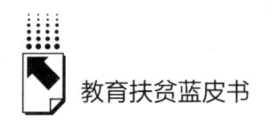

不重视职业教育所带来的长远利益,多数贫困家庭的子女在初中毕业后就辍学,甚至更早,辍学后在家从事农业生产,或外出打工,往往从事简单的体力劳动,以此补贴家用。

扶贫对象思想观念落后,对职业教育的价值认识不足,是职业教育扶贫工作开展面临的巨大思想障碍,这些落后思想观念根深蒂固,比物质贫困更加难以消除。这些思想障碍会给职业教育扶贫工作带来两大困境:一是贫困家庭子女无意愿进入职业院校学习,职业教育扶贫工作无从施展;二是即使贫困子女进入职业院校学习,因减免学费、补助政策远不能消解其贫困状态,其也不能安心学习,学习效果不佳,所学技能无法满足脱贫需求。

(二)贫困地区职业学校基础薄弱,扶贫功能微弱

从整个教育发展现状来看,职业学校在经费投入、硬件设施、师资条件、专业建设、学校文化等方面一直处于弱势,特别是贫困地区的职业学校基础更加薄弱。主要体现在:办学条件不足,办公和教学硬件设施不够;师资水平低,优秀教师少,"双师型"教师少;实习实训场地环境差,车间、仪器设备少;专业与产业契合度低,特色专业设置偏少;校园文化不浓,信息化、网络化程度低等方面①。

贫困地区职业学校基础薄弱,严重影响到学生的培养质量,也影响到职业教育扶贫工作的开展。具体来说,职业学校办学基础薄弱,会影响学校的声誉,降低贫困家庭对职业教育的认可度,使他们认为去职业院校就读,并不能促进就业,进而使他们不愿进入职业院校学习;贫困者即使进入职业院校学习,也很难学到过硬的技术和职业能力,无法实现高质量就业,扶贫功能微弱。

---

① 房凤文:《加快发展现代职业教育亟需保障农村和贫困地区职业教育》,《中国职业技术教育》2014年第30期,第67~69页。

(三）扶贫资金配置短缺，行动绩效不高[①]

近年来，我国扶贫力度不断加大，但由于职业教育扶贫方面的监督和责任追究机制不健全，政策规定的职业教育扶贫投入目标和增长要求没有完全落实到位。

职业教育扶贫投入不足，加之职业教育经费投入不足，特别是基层职业教育投入严重不足，使得职业教育整体办学设施落后，教学和实训设备落后与学生增长的矛盾仍然十分突出。如 2008 年中国中等职业教育的人均教育经费为 2324.2 美元，仅仅为 OECD 成员国中同层次职业教育人均教育经费最高国家卢森堡的 11.2%，是 OECD 成员国同层次职业教育人均经费的 25.3%；2011 年中国中等职业教育的人均教育经费为 2878.7 美元，仅仅为 OECD 成员国中同层次职业教育人均教育经费最高国家瑞士的 17.2%，是 OECD 成员国同层次职业教育人均经费的 30.9%，比 2008 年提高了 5.6 个百分点，但仍然远远低于 OECD 成员国平均水平[②]。各地普遍存在重普教、轻职教的现象，由于经费紧张，普遍面临校舍紧缺、实训设备匮乏，实习、实训基地建设基础薄弱等发展困境。职业教育扶贫投入不足，致使教学质量差、专业设置落后于市场需求，影响到学生的就业能力和职业选择能力，大大降低了"一人学技，全家脱贫"的职业教育扶贫功能。

（四）扶贫机制建设缺位，部门协同不力

近年来，我国的扶贫开发工作在国务院扶贫办的统一领导下，取得了巨大突破，扶贫机制不断完善。但在职业教育扶贫机制上，仍然存在一定的问题，如职业教育扶贫协调机制缺失。当前，职业教育隶

---

① 豆小文、叶秀芬：《职业教育扶贫的几点思考》，《成人教育》2014 年第 7 期，第 58~59 页。
② 王凤羽：《农村职业教育经费投入国际比较》，《会计之友》2016 年第 3 期，第 2~7 页。

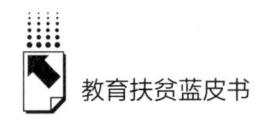

属教育行政部门管理,扶贫资金由各级扶贫办公室管理,两个部门之间协调性较差,往往各自为政。此外,中等职业学校范畴内的普通中专学校、职业高中、成人中专学校由教育部门管理,技工学校则由劳动部门管理。管理部门不同,造成很多政策不同,尤其是学校发展规划和资金投入的矛盾仍然存在[①]。

四 职业教育扶贫的机制创新[②]

职业教育扶贫是教育扶贫和社会扶贫的重要类型。职业教育扶贫不是仅靠一系列的政策就能完成的,它包括职业教育扶贫系统内部与外部之间的制约关系和运行机理。

(一)扶贫政策协调优化机制

我国扶贫工作是在政府主导下,社会各界共同参与,统筹发展的战略工程,职业教育扶贫也不例外,政策支持是职业教育扶贫工作顺利开展的保障。职业教育以及扶贫政策体系具体包括学费减免政策、学生助学金政策、职业教育规划政策、专项支持政策等,体现在国务院、教育部、人社部等相关部门的一系列政策文件之中。如《国务院关于大力推进职业教育改革与发展的决定》(国发〔2002〕16号)、《国务院关于大力发展职业教育的决定》(国发〔2005〕35号)、《中国农村扶贫开发纲要(2011~2020年)》(中发〔2011〕10号)、《教育部等九个部门关于加快发展面向农村的职业教育的意见》(教职成〔2011〕13号)等。各级各类政策纷繁交叉,为保证政策

---

① 《贵州省雨露计划实施成效明显》,广西扶贫信息网,http://www.gxfpw.com/html/c13/2011-09/132297.htm,最后访问日期:2015年10月23日。
② 游明伦、侯长林:《职业教育扶贫机制:设计框架与发展思考》,《职教论坛》2013年第30期,第19页。

的有效实施，要健全扶贫政策协调优化机制：一是健全各级政策协调统一机制，保证政策"落地"；二是健全各类政策组合优化机制，积极探索政策最优组合，及时出台配套措施；三是健全政策监督响应机制，及时对政策实施情况进行监督，并对未有效实施的地区启动限时整改机制。

（二）扶贫对象精准识别机制

顺利开展扶贫工作，首先要解决扶谁的问题。就目前而言，扶贫的重点对象依然是现实贫困者。在职业教育资源有限的前提下，如何准确识别扶贫对象，让贫困者得到精准救助，是职业教育扶贫的首要任务。2011年，我国出台的《中国农村扶贫开发纲要（2011～2020年）》规定，在扶贫标准以下具备劳动能力的农村人口为扶贫工作主要对象。基于此，各级政府、扶贫办及职业院校应该建立健全职业教育扶贫对象精准识别机制：一是完善"建档立卡"信息系统，细化信息采集指标，掌握扶贫对象真实所需，对症下药，并及时更新；二是建立各级扶贫部门走访机制，及时了解、核实扶贫对象信息，并告知相关职业院校做好扶贫对接工作；三是建立职业院校层面的扶贫对象识别机制，不仅识别谁需要职业教育，还要精准识别扶贫对象需要什么样的职业教育，量体裁衣，根据扶贫对象具体情况制定合适的培训项目，并做好相应的配套保障措施。

（三）扶贫资金长效保障机制

教育经费是职业教育培养高素质技能型人才的基础保障和前提条件，必要的资金投入是发展职业教育、开展职业教育扶贫工作的基本保障。采用"法定标、中央资助、省统筹"的原则，建立以改革和绩效为导向的人均拨款制度，完善经费稳定投入机制，让更多的人有机会接受职业教育；同时中央财政要不断加大对贫困地区职业教育的投入，提高对农林矿专业、艰苦行业的帮扶力度①。其中，各级人民政府经费投入是主体，包括公共财政性经费投入、职业教育专项经费投入、城市教育费附加投入；企业职业教育经费投入是辅助，即各类企业要按《中华人民共和国职业教育法》的规定实施职业教育和职工培训，按照职工工资总额的1.5%或2.5%足额提取教育培训经费；学生学费投入是补充，职业院校可按照省级政府制订的本地区专业收费标准收取学生学费，全额用于学校发展。同时，利用税收优惠政策鼓励企事业单位、社会团体和公民个人捐资助学。

（四）学校扶贫能力提升机制

职业学校扶贫能力提升主要依托于职业学校人才培养质量的提升。培养符合社会经济发展所需要的高素质的技术、技能型人才是职业教育的最终目的；让贫困者所学技术符合社会经济发展的需求，也是职业教育扶贫的关键。为此，应健全扶贫学校能力提升机制，坚持育人为本，以职业道德教育为先，以专业建设为立足点，突出"工学结合，校企合作"，推行产、教、研融合，把教学活动与生产实践、社会服务、技术推广及技术开发紧密结合起来，让贫困者学到真正的一技之长，成长为生产、管理、服务等基层一线岗位就业的高素质技能型专门人才，获得终身受益的谋生本领。

（五）扶贫多方联动助力机制

职业教育的发展及其扶贫开发工作是一个庞大的组织管理系统。树立生态系统概念，建立组织保障体系，确保其有序协调运行，是职业教育发展及其扶贫开发工作的重要环节。目前，职业教育扶贫工作

---

① 李中国等：《西部高职教育对经济增长贡献率的实证分析与政策建议》，《职教论坛》2015年第25期，第75页。

是在国务院扶贫开发领导小组统一领导下，协调教育部、人社部、民委、民政部等国务院行政部门，实行分级管理、地方为主、政府统筹、社会参与的协调运作机制。今后应加强多方联动助力机制建设：一是，建立多方合作的经费筹措机制，充分动员职业院校、政府、行业协会、社会团体、企业家、致力于扶贫事业的个人等多方力量，保证扶贫经费稳定增长；二是，继续健全合作办学机制，使扶贫对象更容易精准对接行业标准，学习企业的先进技术，熟悉企业工作流程，提升职业能力，尤其要继续发展订单班，让扶贫对象在学校的学习就等于其上岗前接受的职业培训，毕业即就业。

五 "雨露计划"

"雨露计划"是以提高扶贫对象自我发展能力、促进就业为核心，以政府财政扶贫资金扶持为主、动员社会力量参与，通过资助、引导农村贫困家庭劳动力接受职业教育和各类技能培训、培养贫困村产业发展带头人等途径，扶持和帮助贫困人口增加就业发展机会和提高劳动收入的专项扶贫措施。

（一）发展历程

前期准备阶段（1986~2005年）。1986年5月16日，国务院贫困地区经济开发领导小组正式成立（1993年12月28日改名为国务院扶贫开发领导小组），标志着扶贫工作由"输血式"救济扶贫向"造血式"经济开发转变。国务院贫困地区经济开发领导小组第一次全体会议提出要加强智力开发，提高贫困地区劳动者的素质[①]。1987

[①] 《国务院贫困地区经济开发领导小组第一次全体会议纪要（摘要）》，《中华人民共和国国务院公报》1986年第16期。

年10月30日,国务院在《关于加强贫困地区经济开发工作的通知》中明确提出有计划地开展对农民的实用技术培训。1991年3月20日,国务院贫困地区经济开发领导小组在《关于"八五"期间扶贫开发工作部署的报告》中进一步提出要扩大农民实用技术培训规模。进入21世纪后,加强贫困地区劳动力转移技能培训成为扶贫开发的重要任务。2001年以后,有关部门在全国启动贫困地区劳动力转移培训工作("雨露计划"的前身),将财政扶贫资金的10%用于对贫困地区劳动力转移培训的补贴,在全国贫困地区形成了包括国家、省、地、县四级800多个机构在内的培训网络,2001~2005年共完成318万劳动力的技能培训,其中90%以上实现非农就业[①]。2004年6月7日至8日,国务院扶贫办召开全国贫困地区劳动力转移就业培训工作座谈会,标志着国务院扶贫办主导推进的贫困地区劳动力转移就业培训工程正式启动。2005年6月25日至26日,国务院扶贫办在全国贫困地区劳动力转移就业培训工作现场经验交流会上首次明确提出了对贫困地区劳动力转移就业培训实施"雨露计划"的战略构想,贫困地区劳动力转移就业培训工程正式更名为"雨露计划"。

全面实施阶段(2006~2009年)。2006年5月24日,组织部、人事部联合颁发《关于贯彻落实"十一五"规划纲要,加强人才队伍建设的实施意见》,要求进一步扩大贫困地区劳动力转移就业培训"雨露计划"的实施规模。2006年10月24日,"雨露计划"启动仪式在北京举行。2007年3月22日,国务院扶贫办制定了《关于在贫困地区实施"雨露计划"的意见》和《贫困青壮年劳动力转移培训工作实施指导意见》,进一步明确实施对象为:①扶贫工作

---

① 《大力开展贫困地区劳动力职业技能培训和转移就业》,中华人民共和国中央人民政府网,http://www.gov.cn/ztzl/fupin/content_396655.htm,最后访问日期:2015年10月27日。

建档立卡的青壮年农民（16~45岁）；②贫困户中的复员退伍士兵（含技术军士）；③扶贫开发重点村的村干部和能帮助带动贫困户脱贫的致富骨干①。至此，"雨露计划"在全国贫困地区开始全面实施。

改革发展阶段（2010年至今）。2010年6月17日发布的《国务院扶贫办财政部关于开展"雨露计划"实施方式改革试点工作的通知》，将扶贫内容改为：通过对贫困家庭劳动力接受教育与培训进行补助，引导和鼓励贫困家庭子女在完成九年义务教育和普通高中教育后，继续接受高中等职业教育和一年以上技能培训，以进一步提高贫困家庭新生劳动力的整体素质，增强其稳定就业和持续增收能力。补助对象为试点县建档立卡贫困家庭中2010~2011年接受高等职业（一、二、三年级）教育、中等职业（一、二年级）教育和一年以上技能培训（进入顶岗实习阶段的学生例外）的学生。补助标准为在享受国家规定的其他补助政策的基础上，每人每年再补助1000元。2011年4月26日《国务院扶贫办财政部关于完善雨露计划实施方式改革试点工作的通知》将扶贫对象的补助标准由原先的1000元/人上涨为1500元/人。2015年6月2日《国务院扶贫办教育部人力资源和社会保障部关于加强雨露计划支持农村贫困家庭新成长劳动力接受职业教育的意见》将"雨露计划"的扶持对象逐步扩大到子女接受中等职业教育（含普通中专、成人中专、职业高中、技工院校）、高等职业教育的农村建档立卡贫困家庭。扶持方式为符合条件的贫困学生无论在何地就读，其家庭均可在户籍所在地申请扶贫助学补助，补助资金通过一卡通（一折通）直接补给贫困家庭。

---

① 《关于印发〈关于在贫困地区实施"雨露计划"的意见〉和〈贫困青壮年劳动力转移培训工作实施指导意见〉的通知》，中华人民共和国中央人民政府网，http://www.gov.cn/zwgk/2007-03/30/content_566578.htm，最后访问日期：2015年10月24日。

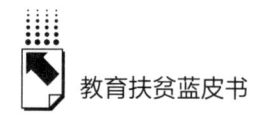

（二）主要举措

"雨露计划"是直接面向扶贫对象"直补到户、作用到人"的专项扶贫措施，实施初期主要以中短期培训为主。随着"雨露计划"的深入实施，扶助对象范围不断扩大，逐渐形成四大培训工程。

1. 贫困家庭新生劳动力职业教育培训助学工程[①]

贫困家庭新生劳动力职业教育培训助学工程，是引导和支持农村贫困家庭新成长劳动力接受职业教育的有效途径，是培养技能型人才、促进稳定就业、实现脱贫致富的治本之举。扶助对象：子女接受中等职业教育（含普通中专、成人中专、职业高中、技工院校，以下同）、高等职业教育的农村建档立卡贫困家庭。扶助方式：符合条件的贫困学生无论在何地就读，其家庭均可在户籍所在地申请扶贫助学补助。补助资金通过一卡通（一折通）直接补给贫困家庭。扶助政策：贫困家庭子女参加中高等职业教育，给予家庭扶贫助学补助。学生在校期间，其家庭每年均可申请补助资金。各地根据贫困家庭新成长劳动力职业教育工作开展的实际需要，统筹安排中央到省财政专项扶贫资金和地方财政扶贫资金，确定补助标准，可按每人每年3000元左右的标准补助建档立卡贫困家庭。

2. 贫困家庭青壮年劳动力转移就业培训工程[②]

为加快实施"雨露计划"，进一步提高贫困青壮年劳动力转移培训工作的质量，2007年3月22日，国开办制定《贫困青壮年劳动力转移培训工作实施指导意见》，进一步开展有计划、多形式、大规模

---

① 《国务院扶贫办教育部人力资源和社会保障部关于加强雨露计划支持农村贫困家庭新成长劳动力接受职业教育的意见》，中华人民共和国教育部，http://www.moe.gov.cn/jyb_xxgk/moe_1777/moe_1779/201507/t20150701_192084.html，最后访问日期：2015年9月12日。
② 《关于印发〈关于在贫困地区实施"雨露计划"的意见〉和〈贫困青壮年劳动力转移培训工作实施指导意见〉的通知》，中华人民共和国中央人民政府网，http://www.gov.cn/zwgk/2007-03/30/content_566578.htm，最后访问日期：2015年10月23日。

的贫困青壮年劳动力职业技能培训。扶助对象：建档立卡的贫困农户，重点选择中、高考落榜生中的贫困家庭学生和30岁以下有一定文化基础的青年劳动力接受培训。扶助方式和内容：培训要以"订单培训"为主，培训内容要适应就业市场和用人单位的实际需要。重点培训家政、餐饮、保安、酒店、建筑、园林绿化、制造、电子装配等用工量大行业的职业技能。同时，要适当安排法律知识、行为规范、权益保障等方面的培训内容。要根据培训内容确定培训时间，一般在3个月至6个月，最长不应超过1年（部分贫困地区开展特困学生接受学历培训补助试点的时间可适当延长）。

3. 贫困家庭劳动力扶贫产业发展技能提升工程[①]

培训对象是各省（区、市）贫困村种养业及其产品加工的技术人员，服务当地产业发展的企业经营管理人员、农民专业合作组织负责人，农村经纪人、物流人员等各类实用人才。培训采取省、市、县各级共同参与的方式组织实施。省级扶贫部门根据当地扶贫产业发展需求编制年度培训计划，市、县两级扶贫部门以贫困村为单位选送培训对象，参加集中培训。按照产业发展需要或创业发展方向的差别，把培训划分为种养殖技术、乡镇企业经营管理、农民专业合作组织、农村经纪人等类型，采取与高等院校、科研院所联合办学等方式，分类组织开展各专业培训。全国各省（区、市）每年培训贫困村各类实用人才总计在10万人次左右。通过培训，提高贫困地区各类实用人才的科技素质、职业技能和经营本领。

4. 贫困村产业发展带头人培养工程

2014年10月31日，国务院扶贫办启动全国贫困村创业致富带头人培训工程，培训对象是各省（区、市）贫困村党支部、村委会负责人，以及贫困村社会责任心较强、产业发展具有一定规模、能够

---

① 王金艳：《雨露计划扶贫培训探析》，《理论学刊》2015年第8期，第82页。

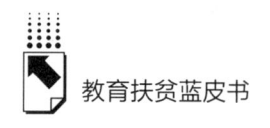

带动扶贫对象脱贫的致富带头人。培训采取中央示范、省级组织、市县配合的方式组织实施。扶贫部门采取联合办学、委托培训等方式，面向各级党校、行政学院、职业院校选定具体的培训机构。国家每年培训贫困村党支部、村委会负责人和致富带头人300人次以上，各省（区、市）每年组织该类培训人数不少于1000人次①。

（三）实施成效

"十五"期间（2001~2005年），"雨露计划"培训总人数为318万人；"十一五"期间（2006~2010年），"雨露计划"培训总人数为700.42万人，是"十五"期间培训总人数的2.2倍，仅前三年就完成培训436.04万人，比"十五"期间培训总数还要多118万多人；"十三五"期间（2011~2015年），仅前四年就完成培训1423.34万人，是"十五"期间培训总人数的4.5倍。如图2所示，"十五"期间（2006~2010年），培训规模一直保持在120万~155万人，2011年增加了更多的培训项目，培训人数猛然增至387.63万人，增长了2.2倍，2012年培训人数持续增加，2013年稍有回落，2014年数据统计不全，暂不分析。

"雨露计划"培训资金投入整体呈上升趋势，如图3所示，2006~2013年，从55194.39万元增长至129662万元，增长了1.3倍；"十一五"期间（2006~2010年），"雨露计划"培训资金投入增长缓慢，五年间仅增加了27099.92万元；2011年由于培训人数的大量增加，培训资金投入也迅速攀升，相比2010年增加了33314.532万元，突破10亿元大关；2013年培训资金投入继续增加，突破12亿元大关，2014年培训资金投入稍有回落但仍保持在11亿元以上。结合图2和图3计算人均培训经费，发现2010年培训资助

---

① 王金艳：《雨露计划扶贫培训探析》，《理论学刊》2015年第8期，第82页。

标准最高，人均培训经费为682.36元，2011年、2012年培训资助标准较低，人均培训经费分别为298.24元和276.25元。"十一五"期间（2006~2010年），每年人均培训经费均超过400元，2013年人均培训经费为352.21元，2014年人均培训经费为467.31元，相比2011~2013年的资助标准大幅度提高。

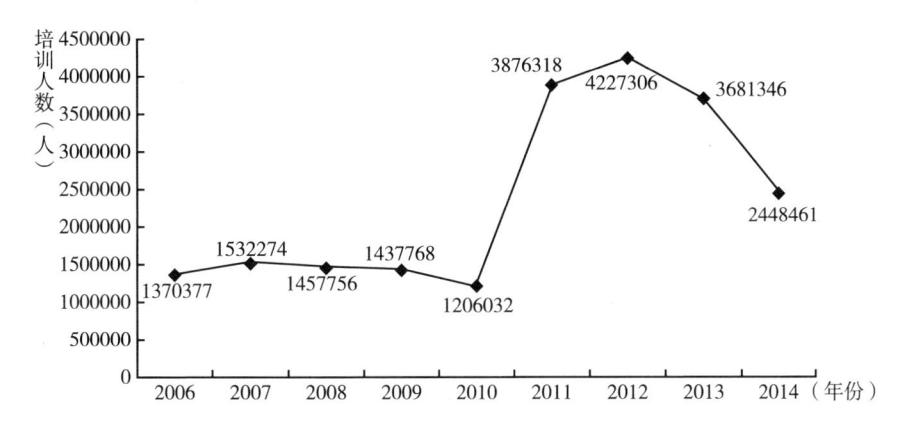

图2　2006~2014年雨露计划培训人数变化趋势

注：其中2014年数据不包括雨露计划实施方式改革试点补助人数。
资料来源：国务院扶贫办统计数据。

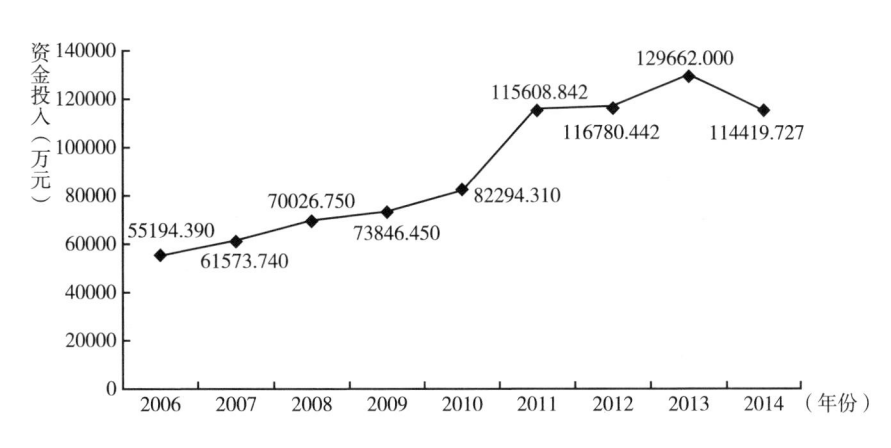

图3　2006~2014年雨露计划资金投入变化趋势

资料来源：国务院扶贫办统计数据。

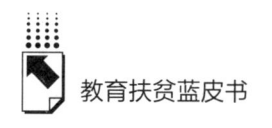

（四）发展重点

"雨露计划"自实施以来取得巨大成效，帮助贫困地区劳动力实现就业和增加收入。随着贫困地区的发展，扶贫工作不断产生新要求，为此，应采取多种措施，全面提升"雨露计划"扶贫质量。

1. 发掘社会资源，扩大培训规模

"雨露计划"主要采取政府主导、社会参与的扶贫方式。政府组织动员并进行政策引导，制定相应规划、提供资金支持、选定培训机构及进行监督管理。在政府的主导下，社会各种力量通过多种方式积极参与"雨露计划"。继续深入发掘社会资源，是保证"雨露计划"顺利进行的物质基础，没有社会力量的参与，仅靠政府难以为继。民办职业教育是多种社会力量参与的典范。当前，民办职业教育迎来发展机遇期，支持民办职业教育发展，引导更多的民办职业教育学校参与"雨露计划"扶贫培训，是集合多种社会资源的有效路径，也有利于实现培训规模的稳步扩大。

2. 紧扣地区特色，聚焦产业布局

紧扣地区特色是实现精准扶贫的重要路径，产业发展需要什么人才，就应培养什么人才。当前，"雨露计划"培训规模不断扩大，提升培训质量成为"雨露计划"未来发展的重点。要想提升培训质量，必须因地制宜，深入了解扶贫对象所需和当地产业发展布局，只有把二者紧密结合，才能真正实现贫困对象脱贫和推动贫困地区经济发展。如宁夏泾源县在景区附近传授编织手艺，在旅游长廊培训中式餐饮，妇女剩余劳力多的村子为妇女辅导月嫂常识，聚焦产业布局送技能，紧扣增收项目传技艺，精准培训为扶贫攻坚奠定坚实基础[1]。

---

[1] 冯涛：《泾源县技能培训无缝对接精准扶贫》，《宁夏日报》2016年3月19日。

3.创新协作机制,深化东西合作

充分利用东部资源,深化东西合作扶贫,是"雨露计划"扶贫培训的重要途径。目前,东西协作扶贫已形成了政府援助、企业合作、社会帮扶、人才支持等合作方式,亟须加强对"雨露计划"协作扶贫培训机制的建设,通过多种途径和方式帮助西部贫困地区培训各类人才。如贵州省毕节市扶贫办与深圳市对口支援办共同开展的"黔深雨露直通车"试点项目,就建立了有效的协作机制:国务院扶贫办负责指导、协调、检查和监督;省扶贫办负责协调参与市、县拟定实施方案;市扶贫办负责调度试点县做好相关工作;参与县扶贫办负责生源组织工作,并将试点工作纳入深圳市对口帮扶工作内容;深圳市对口支援办负责协调深圳相关扶持政策和专项资金落实,督促检查培训和推荐就业工作;深圳市携创技工学校负责招生、培训和推荐就业工作。

4.探索民族方式,保持民族特色

少数民族地区"雨露计划"扶贫培训,要尊重少数民族风俗,探索适合少数民族地区发展的方式,注意保持少数民族地区特色与传统风貌。将少数民族偏远地区优先纳入"雨露计划"。对有转移就业需求的少数民族贫困对象,提供汉语培训;没有转移就业需求的,结合民族特色产业需求,探索合适的培训方式。例如,贵州省在2013年依托职业学校和企业在集中连片特殊困难地区中的23个少数民族聚居县开展了苗族刺绣、苗族银饰制作、蜡染、枫香染、苗族歌舞表演、侗族歌舞表演、箫笛制作、面具制作等民族民间技艺培训①。

---

① 杨小友:《丝丝"雨露"润心田贵州省实施"雨露计划"成效观察》,西部开发网,http://www.gzfp.gov.cn/web85/New/20140122/10665.htm,最后访问日期:2015年10月23日。

B.7
大学生资助：政策演进与经费投入

曲绍卫　范晓婷　纪效珲*

摘　要： 大学生资助政策设计的出发点旨在保障家庭经济困难学生享受高等教育的基本权利。本文回顾了我国大学生资助政策的演变历程，将其划分为免费上学、奖助并存、奖贷共行及多元混合四个阶段，并对每一阶段的时代背景与政策内容进行了简要介绍。为深入分析我国对高校大学生资助的基本情况，本文从资助管理的体制与机制、经费投入与分配、资助对象的规模与结构三个层面进行剖析，以期进一步提高大学生资助政策的实际效益。

关键词： 大学生　资助政策　资助管理体制

我国大学生资助政策体系在经历了近70年的演变过程后，政策内容逐步多元化，并且高校大学生资助政策也形成了相应的管理体系。本报告主要对大学生资助政策的演变过程、管理机制、经费投入与受助学生规模等情况进行系统分析，以期进一步提高大学生资助政策的实际效益。

---

* 曲绍卫，北京科技大学教育经济与管理研究所所长、教授、博士生导师，主要研究方向为教育经济学、教育财政学、高等教育管理；范晓婷，山东师范大学经济学院讲师，管理学博士，主要研究方向为教育经济与管理研究；纪效珲，北京科技大学教育经济与管理研究所博士研究生，主要研究方向为教育经济学、教育管理学。

一　中国大学生资助政策的历史演进

自1949年新中国成立以来，我国大学生资助政策已先后经历了四个不同的历史发展阶段，各阶段的资助政策与当时的时代背景紧密相连。尽管各阶段资助政策项目各不相同，但其制度设计的出发点均在于保障家庭经济困难学生享受高等教育的基本权利。

（一）免费上学阶段（1949~1982年）：实行人民助学金制度

由于历史的变迁，受当时社会的政治经济条件的影响，1949年成立的新中国实行了向当时的苏联"一边倒"的政策。当时苏联高等教育"免学费加助学金"模式自然也成为我国大学生资助政策所效仿的对象。"十月革命"后的苏联是"人类历史上第一个在整个国家范围内向全体大学生普遍提供资助"的国家[①]。

1. 人民助学金的产生（1949~1952年）

1949~1952年是我国高校助学金制度的产生阶段。中国大学生资助政策一方面受到老根据地和老解放区、新解放区和大城市以及一些私立大学制度的影响，另一方面开始建立新的政策体系[②]。

（1）临时性的人民奖学金制度（1949年至1952年6月）

1949年5月发布的《学生人民助学金暂行条例》第一次提出人民助学金的概念。随着人民经济状况的改善，学生生活的逐渐稳定，公费制及供给制已无法适应社会的发展。为减轻人民负担并促进公费

[①] 张民选：《理想与抉择——大学生资助政策的国际比较》，人民教育出版社，1998，第35页。
[②] 徐丽红：《社会权利视域下的中国现行高校帮困资助政策研究》，华东师范大学硕士学位毕业论文，2014。

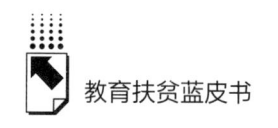

发放的合理性与公平性，文化管理委员会于 1949 年 5 月将公费改称为"人民助学金"，并发布了《学生人民助学金暂行条例》，成为我国第一项关于学生助学金的基本条例，条例包含了基本思想、申请方法及选定助学对象的方法。随后，全国各地相继开始实施人民助学金制度。由于各地区条件各不相同，人民助学金制度的实施时间与实施方法均存在差异，当时的人民助学金制度在较大程度上属于地域性措施，临时性较强，因此并未在全国范围内形成共识。所以，在新中国成立后的三年内，我国各大高校均具备自身特色的学生资助规定或准则，尚未形成全国统一的人民助学金制度。

（2）人民助学金制度的出台（1952 年 7 月）

1952 年 7 月，《关于调整全国高等学校及中等学校学生人民助学金的通知》出台，其主要内容体现为以下五点：第一，废除学费并将公费统一改为人民助学金，于当年 9 月起开始执行；第二，人民助学金政策实施的主要目的在于解决学生的生活困难问题，集中以解决伙食等实际物质困难为主；第三，对于革命烈属、工农干部、少数民族子女等群体予以照顾；第四，统一同一地区内同类学校学生的助学金标准；第五，将助学金列入学校经常费用内，专款专用[①]。

依据此精神，教育部随后发布《关于调整全国各级各类学校教职工工资及人民助学金标准的通知》，涉及助学金的调整原则、调整标准和助学金使用原则。第一，将各学校的人民助学金款项列入学校经常费内，定期统一编造预决算并实行专款专用，高等学校（不包括高等师范院校）学生全部享受每人每月 12 元的助学金；第二，高等师范学校学生全部享受人民助学金，专科生每人每月 16 元，本科生则为 14 元；第三，干部升入高等学校者，全部享受每人每月 32 元

[①] 周恩来：《政务院关于调整全国高等学校及中等学校学生人民助学金的通知》，《新华月报》1952 年 7 月 11 日。

的助学金①。

两项通知的出台统一了我国高校学生助学金的享受范围及具体标准，标志着我国人民助学金制度得以正式确立与实施。

（3）人民助学金制度的基本特征

人民助学金制度的特征集中体现为：在免学费的同时向学生发放无须偿还的补助金，且能够满足所有学生在校期间的生活费用。在当时计划经济体制的时代背景下，人民助学金制度对于发展高等教育、促进教育机会均等并实现教育民主化来说，无疑具有其存在的合理性。

（4）人民助学金制度产生的历史渊源

首先，人民助学金制度是计划经济体制下的必然产物，充分体现着经济体制要求资源高度集中配置的特点。一方面，计划经济管理体制的直接后果是国家和政府包办高等教育，由此人民助学金制度应运而生；另一方面，建立与计划经济管理体制相配套的教育管理制度，既是巩固国家新政权的需要，同时也有助于提高社会发展水平。

其次，人民助学金制度的产生与我国当时的教育方针政策密切相关。1949年12月召开的第一次全国教育工作会议根据《共同纲领》提出，以老解放区新教育经验为基础，吸收旧教育的有用经验，借鉴苏联经验，建设新民主主义教育。这一方针的目的在于增加工农大众接受高等教育的机会，对于高校学生资助制度的确立产生了直接影响。高等教育面向工农大众意味着将有大批工农群众及其子女进入高等学校，而经济贫困则是其接受高等教育面临的主要障碍之一。因此，高等教育要想面向工农群众，必须尽量解决其经济贫困的问题。

---

① 《中国教育年鉴》编辑部：《中国教育年鉴 1949～1981》，中国大百科全书出版社，1984，第99页。

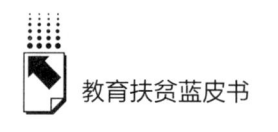

可见，人民助学金制度的建立也是帮助工农大众及其子女接受高等教育的措施之一。

再次，人民助学金制度的产生与当时社会经济和人民生活水平较低有关。一方面，新中国成立初期，国家尚处于经济恢复时期，劳动者往往无力负担高等教育费用，只有在国家的帮助下才能接受高等教育；另一方面，国家唯有通过大量人力资源才能够推动社会生产力的发展，从这一角度来看，人民助学金制度的产生也是我国促进经济社会发展的需要。

最后，人民助学金制度的产生也是制度沿袭的结果。在1952年以前实施的公费制和供给制中均能看到人民助学金制度的影子。

2. 人民助学金制度的调整（1953～1965年）

人民助学金制度在1952年确立以后，随着制度的贯彻执行和形势的发展变化，在享受范围、比例和标准等方面有过几次调整，其中影响较大的是以下三次。

（1）1955年的第一次调整

由于1952年颁发的两项通知并未对人民助学金制度实施的具体方法进行明确规定，1955年2月《关于制发高等学校一般人民助学金分地区标准的通知》出台，对人民助学金制度的具体实施方法和资助标准进行了统一明确的规定。同年8月，《全国高等学校一般学生助学金实施办法》规定，将师范院校以外学生的人民助学金发放比例调整为70%，由以往的全部发放从此转为部分发放。由此可见，1955年的制度调整主要围绕发放地区与资助范围而展开。

（2）1960年的第二次调整

随着教育事业权利的下放，许多地区根据实际情况自行制定了制度实施办法和开支标准，因而导致不同地区间资助标准差异较大。为改善标准不统一的问题，1960年1月，《关于工人、农民、干部学生人民助学金标准的暂行规定》对资助标准的范围做出规定，要求各地区在范围之内自主执行。本次调整体现出地方政府已拥有一定设置助学金名额和发放标准的权利。

（3）1964年的第三次调整

1964年的人民助学金制度调整主要以提高助学金标准和扩大受助学生比例为主要内容。1964年4月起，凡全部享受人民助学金的和半自费的高校学生伙食补助费每人每月增加3元；1964年5月起，助学金发放比例提升5%，包括师范生和民族院校学生在内，受助比例基本达到80%[①]。

总之，人民助学金制度在经历上述三次重大调整之后，已基本形成较为完善、系统的整体框架，在资助比例、标准、对象和方法上均有较为明确的规定，从而为今后高校学生资助政策体系的构建提供了理论和实践上的借鉴与指导。

3. 人民助学金制度的停滞（1966~1982年）

此时间段是我国人民助学金制度发展过程中的特殊时期，尽管因受到文革影响制度实施停滞，但随着高考的恢复，人民助学金制度得以重新实施。

（1）人民助学金制度遭遇挫折（1966~1976年）

"文化大革命"的爆发导致我国高等教育事业的正常发展一度中断。1966~1969年，高校停止招生并对原有在校生执行原定人民助学金制度；1970~1976年，部分高校从具有三年以上实践经验的工人、贫下中农、解放军和青年干部中选拔学生，除十年工龄以上的国家职工外，为学员发放伙食费和津贴费。这期间的人民助学金制度以津贴或生活补贴的形式出现。

---

① 《中国教育年鉴》编辑部：《中国教育年鉴1949~1981》，中国大百科全书出版社，1984，第101页。

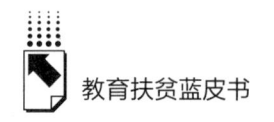

(2) 人民助学金制度得以恢复（1977~1982年）

1977年，高校开始恢复通过高考进行大学招生工作。《人民助学金制度办法》规定研究生、高等师范生、体育学院学生、民族学院学生及个别专业学生可全部获得人民助学金，其他院校和专业学生则按照75%的比例进行发放①，以学历层次、学科性质及地域为依据实行人民助学金制度，形成了人民助学金框架体系并实施至1982年②。

（二）奖助并存阶段（1982~1986年）：奖学金与人民助学金并存

十一届三中全会召开以后，我国步入改革开放的新时期，社会、经济、教育等各个领域开始发生翻天覆地的变化。高等教育随之取得新的突破，开始步入大众化阶段，政府财政已无力支持以往普遍性的资助政策，传统的学生资助模式不得不进行改革。1983年7月，《人民助学金暂行办法》和《人民奖学金试行办法》颁布，使得学生资助政策进入奖助并存资助阶段。

人民助学金分为职工学生助学金和一般学生人民助学金，面向国家职工学生和普通高校学生③，改革的主要变化体现在打破了国家"一刀切"的高校学生资助惯例上，并缩小了其他院校发放人民助学金的比例范围，由原来的75%降为60%。人民奖学金办法则规定了在校本、专科生获得人民奖学金的条件、比例与额度④。

---

① 《教育部、财政部关于普通高等学校、中等专业学校和技工学校学生实行人民助学金制度的通知》，http://www.51wf.com/print-law?id=1195033，最后访问日期：2015年11月2日。
② 徐丽红：《社会权利视域下的中国现行高校帮困资助政策研究》，华东师范大学硕士学位毕业论文，2014。
③ 教育部、财政部：《普通高等学校本、专科学生人民助学金暂行办法》，《中华人民共和国国务院公报》1983年第4期。
④ 教育部、财政部：《普通高等学校本、专科学生人民助学金暂行办法》，《中华人民共和国国务院公报》1983年第4期。

尽管人民奖学金获得人数较少，但却改变了以往学生资助制度的单一化模式，代表着资助政策由扶贫的单一元素扩展为奖优与助困相结合。

在人民助学金制度的基础上增加人民奖学金制度，同时缩小人民助学金发放范围，从而使得我国高校学生资助制度改革迈出了重要的一步，也体现着国家资助理念的深刻变化。可见，在社会主义市场经济体制逐步建立的过程中，激励竞争机制被逐渐引入高等教育学生资助领域，效率优先的原则逐步得到认可，普适性的资助既无法真正体现教育公平，也不利于优秀人才脱颖而出①。

（三）奖贷共行阶段（1986～1993年）：奖学金和贷款制度相配合

随着《中共中央关于经济体制改革的决定》的出台，我国经济体制改革步入有计划的商品经济时代。1985年《关于教育体制改革的决定》出台并明确提出高校可以在计划外招收少量自费生，由学生缴纳一定数量的培养费。

1. 人民助学金制度的弊端

1986年7月，国家公布《关于改革现行普通高等学校人民助学金制度的报告》，明确指出现行的人民助学金制度已经无法适应我国教育事业的发展变化，认为其弊端主要表现为四点：第一，由于需要承担大部分学生的费用，同时还需支付学校建设等相关费用，国家的财政负担越来越重并在一定程度上助长了高校学生对政府和国家的依赖性。第二，国家负责大部分学生生活费用的资助模式不利于调动学生学习的积极性。许多学生将国家资助视为理所应当，甚至逐渐出现

---

① 薛浩、陈万明：《我国高校贫困生资助政策的演进与完善》，《高等教育研究》2012年第2期。

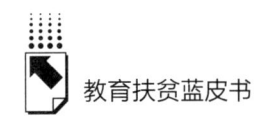

学习态度不端、自甘堕落的现象。第三，不利于培养学生的思想品德。人民助学金的发放标准以家庭经济困难状况为主，对于学生思想品德情况却不加考虑，从而导致一部分不求上进的学生得以享受人民助学金，因而在一定程度上存在着资助不公的现象。第四，人民助学金评定管理办法方面缺乏统一性和合理性①。

2. 试点奖学金制度和贷款制度

由于人民助学金制度的弊端逐渐显现，国家开始改变以往对学生资助范围过广的状况，并开始试行奖学金制度和学生贷款制度。

3. 全面实行奖学金制度和贷款制度

1987年6月，为顺应新的发展形势，关于奖学金和贷款制度的相关管理办法出台，规定对当年入学的本科新生全面实行奖学金制度和贷款制度，并对1986年报告中的制度规定进行了详细描述和补充，标志着我国人民助学金制度的正式取消。

（1）奖学金制度

奖学金的设立分为优秀学生奖学金、专业奖学金和定向奖学金②，各类奖学金共分为三个等级。其中，优秀学生奖学金用于奖励德、智、体全面发展的优秀学生；专业奖学金主要面向师范、农林、体育、航海等专业学生；定向奖学金则用于鼓励学生到边疆、贫困或艰苦行业工作。

（2）学生贷款制度

管理办法对贷款申请程序、最高限额、贷款比例及偿还方法做出了明确规定。学生贷款制度的设立体现着国家资助理念的质的变

---

① 教育部、财政部：《关于改革现行普通高等学校人民助学金制度报告的通知》，《中华人民共和国国务院公报》1986年第4期。
② 国家教育委员会、财政部：《关于重新印发〈普通高等学校本、专科学生实行奖学金制度的办法〉和〈普通高等学校本、专科学生实行贷款制度的办法〉的通知》，《中华人民共和国国务院公报》1987年第7期。

化,标志着资助方式从无偿到有偿的转变。学生贷款制度的各项规定成为后来国家助学贷款制度的雏形,对于推动助学贷款制度的发展至关重要。人民助学金制度作为计划经济体制下的产物与当时实行的市场经济体制并不相符,除此之外,高等教育大众化阶段的到来促使高校办学成本逐渐提高,而且政策财政拨款已满足不了高等教育发展的需要。因而,对人民助学金制度进行改革具有历史必然性,体现着我国经济体制改革的不断深入。1989年,国家宣布除师范生以外,其余高校学生均需缴纳学杂费和住宿费,标志着免费上大学时代的结束,也使我国在高等教育收费改革的道路上迈出了关键性的一步[①]。

(四)现行多元混合阶段(1993年至今):多种资助方式有机结合

随着我国市场经济体制的建立,高校收费制度改革的力度不断加大,以往的奖学金与贷学金制度难以适应新的形势,国家对大学生资助制度做出进一步改革,在完善奖学金和学生贷款制度的基础上,使得大学生资助的内容与方式日趋多样化。在多元混合资助阶段,我国高校大学生资助政策主要经历了以下三个演变时期。

1. 1993~1999年混合资助模式的基本建立

在完善原有奖学金制度和贷款制度的基础上,国家教委又推出了多种资助方式,进一步丰富了高校学生资助的政策内容。例如,1993年国家针对低于所在地居民平均最低生活水平线的特困生定期或不定期地发放补助资金;1994年建立了勤工助学制度;1995年建立免学杂费制度;1996年9月,由于我国部分地区遭受洪涝灾害,国家教

[①] 陈绵水、付剑茹、施文艺等:《国家奖助学金资助制度绩效评价》,经济科学出版社,2013,第51~53页。

委办公厅发布《关于切实做好高校经济困难学生入学工作的通知》，针对当年洪涝灾害实际情况指出对灾区符合条件的学生进行学费减免，要求各地方、各校根据实际需要不断建立健全针对经济困难学生的资助政策体系①；1998年8月，由于长江等流域发生罕见特大洪涝灾害，为确保洪涝灾区困难学生顺利返回或进入高校学习，教育部要求各高校对符合条件的灾区学生减免学费和住宿费，通过加大资助力度确保困难学生安心生活、学习②；1999年开始试行国家助学贷款政策，并对助学贷款制度的管理体制、贷款的申请和发放、贷款期限、贷款利率和贴息以及贷款回收做出了详细规定。

至此，我国高校已基本建立起"奖、补、勤、减、贷"的多元混合资助政策体系。

2. 1999~2007年混合资助模式的初步发展

第一，对国家助学贷款进行补充。2000年，国家简化了申请助学贷款的条件、扩大了试点范围并增加了经办银行，提出助学贷款可采取无担保（信用）助学贷款和担保助学贷款方式等③。

第二，建立"绿色通道"制度。为确保被录取的家庭经济困难新生顺利入学，国家建立"绿色通道"制度，在确保新生入学后依据具体情况分类实施资助④。

第三，建立国家奖学金制度。2002年，《关于印发国家奖学金管

---

① 国家教委办公厅：《关于切实做好高校经济困难学生入学工作的通知》，全国学生资助管理中心，http://www.xszz.cee.edu.cn/zizhuzhengce/gaodengjiaoyu/2012-09-02/1234.html，最后访问日期：2015年11月9日。
② 教育部办公厅：《关于切实做好洪涝灾区困难学生入学工作的紧急通知》，《教育部政报》1998年第8期。
③ 中国人民银行、教育部和财政部：《关于转发〈国务院办公厅转发中国人民银行等部门关于助学贷款管理补充意见的通知〉和印发〈中国人民银行助学贷款管理办法〉的通知》，《中华人民共和国国务院公报》2000年第8期。
④ 余秀兰：《60年的探索：建国以来我国大学生资助政策探析》，《北京大学教育评论》2010年第1期。

理办法的通知》出台，详细规定了国家奖学金制度的实施程序和管理办法。国家奖学金制度的设立进一步丰富并发展了高校大学生资助政策体系，促进了混合资助模式的内容的完整性。

第四，对资助政策工作进行总结。2003年，教育部指出部分高校领导对资助工作重视力度不强，为此提出以下要求：其一，各省级教育行政部门立即对本地区普通高等学校家庭经济困难学生资助政策体系的建设情况，以及各项政策的实际执行情况组织全面总结和检查；其二，每所高校应建立资助经济困难学生工作机制并落实专门机构、明确领导分工，并配合银行部门做好国家助学贷款工作等；其三，利用宣传措施对各项资助政策进行充分宣传；其四，在新学期开学时设立"绿色通道"以确保贫困生顺利入学；其五，深化勤工助学工作，做好奖学金、特殊困难补助发放和学费减免等各项工作[①]。既肯定了近年来我国学生资助工作所取得的成绩，同时也对国家助学贷款、绿色通道制度、勤工助学等资助政策的深入贯彻落实提出了要求。

第五，先后发布多项文件通知以进一步贯彻国家助学贷款制度的实施。

第六，建立国家助学奖学金制度。2005年，国家助学奖学金制度成立，主要分为国家奖学金和国家助学金。前者面向家庭经济困难、品学兼优的全日制本专科学生，后者的资助对象为家庭经济特别困难的全日制本专科学生，并以资助特困学生生活为目的[②]。

如前所述，1999年至2007年的学生资助政策体系在前一阶段基本建立的基础上逐步发展，通过各项制度的出台与完善来推进执行与

[①] 教育部：《关于切实做好资助高校经济困难学生工作的紧急通知》，全国学生资助管理中心，http://www.xszz.cee.edu.cn/zizhuzhengce/gaodengjiaoyu/2012 - 09 - 02/1220.html，最后访问日期：2015年11月13日。

[②] 财政部、教育部：《关于印发〈国家助学奖学金管理办法〉的通知》，《中华人民共和国教育部公报》2005年第7期。

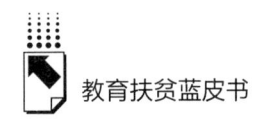

宣传工作。至此，我国高校学生资助形成"奖、补、勤、减、贷、助"配合"绿色通道"的制度体系，高校学生混合资助模式进一步多元化。

3. 2007年至今混合资助模式的建立健全

2007年，《关于建立健全普通本科高校、高等职业学校和中等职业学校家庭经济困难学生资助政策体系的意见》正式出台，提出了建立健全资助政策体系的主要内容，标志着我国高校学生资助政策体系的逐步完善。该意见进一步完善了国家奖学金制度、国家助学金制度、国家助学贷款政策，规定实施免费师范生政策，同时要求学校从事业收入经费中提取相应比例的资金以用于大学生资助。

在该政策的指导下，财政部和教育部于2007年6月接连下发了五个政策文件对国家奖学金、国家励志奖学金、国家助学金、勤工助学及贫困学生认定工作做出了明确详细的规定。2007年8月，教育部、财政部发文要求县级教育行政部门成立学生资助管理中心，避免影响新资助政策措施的贯彻落实。随后与国家开发银行在江苏、湖北、陕西、甘肃等地开展生源地信用助学贷款试点，以进一步完善国家助学贷款的运行机制。2008年9月，国家决定扩大生源地信用助学贷款政策实施范围并做出详细规定[①]。2014年7月，教育部、财政部等部门决定对国家助学贷款的资助标准和资助比例进一步做出适当调整[②]。

2008年7月，汶川地震爆发后，教育部发文要求加强资助政策宣传和监督检查工作、开通绿色通道并贯彻各项政策，同时特别指出

[①] 财政部、教育部、银监会：《关于大力开展生源地信用助学贷款的通知》，全国学生资助管理中心，http://www.xszz.cee.edu.cn/zizhuzhengce/gaodengjiaoyu/2012－09－02/1242.html，最后访问日期：2015年11月13日。

[②] 财政部、教育部、中国人民银行、银监会：《关于调整完善国家助学贷款相关政策措施的通知》，全国学生资助管理中心，http://www.xszz.cee.edu.cn/tongzhigonggao/2014－07－25/2018.html，最后访问日期：2015年11月13日。

重点做好汶川地震受灾学生资助工作①。

2009年3月，为引导、鼓励高校毕业生向中西部和艰苦边远地区基层单位就业，国家建立基层就业学费补偿贷款代偿制度，规定毕业后到中西部地区和艰苦边远地区的基层单位就业达三年及以上的学生，国家对其学费予以代偿②。

2009年，为鼓励高校毕业生积极应征入伍服役以推进国防和军队现代化建设，教育部发布《应征入伍服义务兵役高校毕业生学费补偿国家助学贷款代偿暂行办法》，对应征入伍服兵役的高校毕业生补偿其在校期间缴纳的学费。2011年，为鼓励在校大学生应征入伍服兵役，实施学费补偿贷款代偿及退役复学后学费资助政策③，同时为提高退役士兵的就业能力，实施退役士兵教育资助政策，对退役后考入普通高校的士兵给予一学期资助，其中包括学费资助、贫困生活资助及其他奖学金资助④。

2012年，为资助家庭经济困难学生入校报到，中国教育发展基金会设立普通高校家庭经济困难新生入学资助项目，并规定了资助范围、对象及其具体标准⑤。

---

① 教育部、财政部：《关于认真做好2008年高等学校新生资助有关工作的通知》，全国学生资助管理中心，http://www.xszz.cee.edu.cn/zizhuzhengce/gaodengjiaoyu/2012 - 09 - 02/1244.html，最后访问日期：2015年11月13日。

② 财政部、教育部：《关于印发高等学校毕业生学费和国家助学贷款代偿暂行办法的通知》，全国学生资助管理中心，http://www.xszz.cee.edu.cn/zizhuzhengce/gaodengjiaoyu/2012 - 09 - 02/1241.html，最后访问日期：2015年11月13日。

③ 财政部、教育部：《应征入伍服义务兵役高等学校在校生学费补偿国家助学贷款代偿及退役复学后学费资助暂行办法》，全国学生资助管理中心，http://www.xszz.cee.edu.cn/zizhuzhengce/gaodengjiaoyu/2012 - 09 - 02/1239.html，最后访问日期：2015年11月13日。

④ 财政部、教育部、民政部、总参谋部、总政治部：《关于实施退役士兵教育资助政策的意见》，全国学生资助管理中心，http://www.xszz.cee.edu.cn/zizhuzhengce/gaodengjiaoyu/2012 - 09 - 02/1238.html，最后访问日期：2015年11月13日。

⑤ 中国教育发展基金会：《关于印发普通高校家庭经济困难新生入学资助项目暂行管理办法的通知》，全国学生资助管理中心，http://www.xszz.cee.edu.cn/zizhuzhengce/gaodengjiaoyu/2012 - 09 - 02/1237.html，最后访问日期：2015年11月13日。

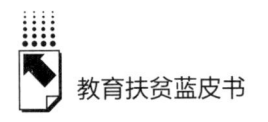

2013年7月，为做好应征入伍普通高校录取新生保留入学资格及退役后入学工作，教育部出台《关于印发应征入伍普通高等学校录取新生保留入学资格及退役后入学办法（试行）的通知》。2013年8月，《高等学校学生应征入伍服义务兵役国家资助办法》出台，规定入伍时国家对在校期间学生所缴纳的学费实行一次性补偿或获得的国家助学贷款实行代偿；入伍前正在就读的学生在服役期间按规定保留学籍或入学资格、退役后自愿复学或入学的，国家实行学费减免[①]。

2015年8月，教育部、财政部印发《关于进一步加强学生资助政策宣传工作的通知》，指出当前我国学生资助政策体系内容丰富，亟须做好资助政策宣传工作，提高政策的透明度并广泛接受社会监督。通知提出应从以下五方面促进资助政策宣传：一是完善学生资助信息发布制度；二是突出学生资助宣传工作的重点；三是改进学生资助工作宣传方式；四是健全学生资助宣传工作机制；五是加强学生资助宣传队伍建设[②]。

综上所述，目前我国已建立起国家奖学金、国家励志奖学金、国家助学金、国家助学贷款、应征入伍服兵役享受国家资助、基层就业学费补偿贷款代偿、师范生免费教育、退役士兵学费资助、新生入学资助项目、勤工助学、学费减免、特殊困难补助等多种形式有机结合的高校大学生资助政策体系。按照其内容，可将其分为"奖、贷、助、勤、补、免"六类。其中，"奖"分国家奖学金和国家励志奖学金；"贷"分为生源地助学贷款和校园地助学贷款两项内容；"助"主要是指国家助学金以及各高校内部设立的各种奖学金和助学金；

[①] 财政部、教育部、总参谋部：《关于印发高等学校学生应征入伍服义务兵役国家资助办法的通知》，全国学生资助管理中心，http://www.xszz.cee.edu.cn/zizhuzhengce/gaodengjiaoyu/2013-09-11/1838.html，最后访问日期：2015年11月13日。

[②] 教育部、财政部：《关于进一步加强学生资助政策宣传工作的通知》，全国学生资助管理中心，http://www.xszz.cee.edu.cn/tongzhigonggao/2015-08-19/2318.html，最后访问日期：2015年11月13日。

"勤"是指学生在学校的组织下,利用课余时间通过劳动取得合法报酬以改善学习和生活条件的社会实践活动,对本专科学生来说主要是勤工助学;"补"包括特殊困难补助、伙食补贴、服义务兵役或基层就业学费补偿代偿以及退役士兵学费资助等政策;"免"则包括新生入学"绿色通道"、学费减免和师范生免费教育等政策。需注意的是,在此并未将研究生资助政策包含在内,仅针对普通本科高校、高等专业学校的全日制本专科学生资助政策进行梳理。

二 大学生资助管理与运行机制

(一)大学生资助管理体制

自2007年国家建立新的学生资助政策体系以来,我国学生资助管理的体制逐步得以建立健全,无论从组织体制还是运行机制等方面均形成了较为完备的管理结构与运转模式。本部分将在对体制与机制进行概念阐释的基础上系统介绍高校大学生资助管理的组织体制与运转机制。

1. 大学生资助管理体制与机制的内涵辨析

组织体制与运行机制的内涵解析必须从"体制"与"机制"两个基本概念入手。据《辞海》记录,体制是指"国家机关、企事业单位在机构设置、领导隶属关系和管理权限划分等方面的体系、制度、办法、形式等方面的总称"[1];机制则指"内部组织和运行变化的规律"[2]。《现代汉语词典》则将体制定义为"国家机关、企业、事业单位等的组织制度"[3],机制用于"泛指一个工作系统的组织或部

---

[1] 夏征农、陈至立:《辞海》(1999缩印版),上海辞书出版社,2000,第644页。
[2] 夏征农、陈至立:《辞海》(1999缩印版),上海辞书出版社,2000,第3548页。
[3] 中国社会科学院语言研究所词典编辑室:《现代汉语词典》,商务印书馆,2012,第1281页。

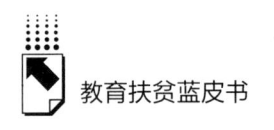

分之间相互作用的过程和方式"①。

据此,本文将高校大学生资助管理的组织体制定义为高校实施家庭经济困难学生资助政策的管理结构与组成方式,主要体现为高校采取何种组织形式实施大学生资助政策,其核心在于管理机构的设置、领导隶属关系、职能配置;高校大学生资助管理的运行机制则指高校大学生资助管理机构内部相互作用的过程与方式,其本质在于管理系统的内在联系与运行原理,可从运行机制、动力机制与约束机制三个维度进行系统解析。

2.大学生资助管理体制

全国大学生资助管理的组织结构由中央、地方和高校三方主体共同构成,国家负责统筹安排大学生资助管理工作的机构为教育部直属单位——全国学生资助管理中心;地方负责单位由省级、地级、县级三级学生资助管理机构组成上下级隶属关系;高校负责贯彻落实资助管理政策的部门为校级学生资助管理中心。

(1)中央机构——全国学生资助管理中心

全国学生资助管理中心是教育部直属单位之一。1999年9月,中央机构编制委员会办公室批准在教育部成立"全国学生贷款管理中心",负责落实国家助学贷款政策,同时作为国家助学贷款部际协调小组的日常办事机构。2006年2月,为进一步做好国家学生资助政策的贯彻落实工作,"全国学生贷款管理中心"更名为"全国学生资助管理中心"。目前,全国学生资助管理中心与教育部外资贷款事务中心实行"一个机构,两块牌子"的运行机制。

全国学生资助管理中心的主要职责有以下四点:第一,制定全国学生资助政策的具体措施;第二,推动高等教育、中等职业教育、普通高中教育、义务教育和学前教育学生资助政策的贯彻落实;第三,

---

① 中国社会科学院语言研究所词典编辑室:《现代汉语词典》,商务印书馆,2012,第597页。

负责高校学生资助管理工作的监督审查工作；第四，协助开展政策宣传工作。

全国学生资助管理中心下设 8 个处（室），分别包括高校学生资助工作处、中等职业学校学生资助工作处、中小学学生资助工作处、信息与法律处、外资贷款处、政府采购处、财务处、办公室。其中，高校学生资助工作处承担高校大学生资助政策实施工作，主要职责包括：第一，参与制定高校学生资助政策措施；第二，推动落实国家助学贷款政策及高校其他学生资助政策措施；第三，组织实施中央部门所属普通高校学生资助工作；第四，指导、监督、检查地方和高校学生资助工作；第五，开展高校资助政策宣传、咨询、培训与信访工作；第六，协助相关部门及金融机构组织管理国家助学贷款的回收等工作；第七，负责落实高校国家助学贷款部际协调小组交办的事项。

（2）地方机构——地方学生资助管理中心

地方学生资助管理机构由省级、地级及县级学生资助管理机构组成。

第一，省级学生资助管理机构。2007 年 5 月 9 日，为确保新资助政策体系的顺利实施，国务院出台《关于建立健全普通本科高校高等职业学校和中等职业学校家庭经济困难学生资助政策体系的意见》，要求各级地方政府部门建立相应工作机制，完善各级学生资助管理机构的人员、职能、经费等，依据国家政策制定具体的政策实施与管理办法，以期推动资助政策落到实处。2007 年 5 月 16 日，在全国家庭经济困难学生资助工作会议中，国务院有关领导就地方政府建立学生资助管理工作机制的问题提出了明确要求。

在国家号召之下，各省级单位纷纷成立省级学生资助管理中心，如河南省经省编办批准，将 2002 年成立的"河南省教育贷款管理中心"更名为"河南省学生资助管理中心"；山东省将 2002 年成立的"山东省国家助学贷款管理中心"更名为"山东省学生资助管理中

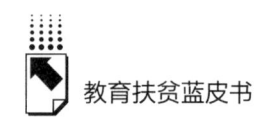

心",以全面负责山东省各级各类学校的资助工作。以山东省学生资助管理中心为例,其主要职责在于:与有关银行协商签订国家助学贷款业务合作协议,制定贷款操作管理的具体办法;根据年度计划审核高校贷款申请报告;管理省级财政拨付贴息及风险补偿金、协助经办银行做好国家助学贷款工作;承担全省高校奖学金、助学金发放和勤工助学、学费减免及全省各类学校资助信息的统计工作。

第二,地级学生资助管理机构。在各省纷纷成立省级学生资助管理中心后,各地级城市先后建立地级学生资助管理中心。以山东省地级城市淄博市为例,2008年12月,经淄博市机构编制委员会批准,淄博市正式成立"淄博市学生资助管理中心",中心隶属淄博市教育局,且为全额预算管理事业单位。主要负责全市各级各类学校学生资助管理工作,在高校大学生资助方面负责市属高校的奖学金、助学金及生源地信用助学贷款等业务管理工作,同时负责对各区(县)学生资助管理中心的业务指导和监督工作,及其他有关资助工作等。

第三,县级学生资助管理机构。2007年8月,《关于要求县级教育行政部门成立学生资助管理中心的紧急通知》颁布,要求在全国各县(市、区)的教育行政部门成立学生资助管理中心并落实相应人员编制,提供相应的办公场所与办公设备,以确保家庭经济困难学生资助工作得以顺利开展,特别是保障生源地信用助学贷款政策的贯彻落实。

县(市、区)教育行政部门学生资助管理中心在大学生资助政策实施方案方面的主要职责为:负责做好生源地信用助学贷款的信息管理、贷款申请和初审等管理工作;负责生源地信用助学贷款的贷后管理工作,例如与贷款学生家庭建立联系并负责持续了解其家庭经济变化情况,协助银行催还贷款,向省级学生资助管理中心、学校及银行报送贷款学生信息等工作;负责资助政策宣传工作,充分利用当地新闻媒体宣传资助政策并负责解答群众咨询的问题;根据党中央、国务院指示，按照省级人民政府的部署完成其他相关资助工作。

（3）校级机构——高校学生资助管理中心

校级学生资助管理中心的成立时间与独立情况因校而异，部分学校资助管理中心部门成立较早，并在大学生资助政策落实方面起着良好的带头作用，而有些学校尤其是地方院校则成立时间相对较晚，且往往属于校内其他管理部门，不具备相对独立性。

以北京大学为例，2006年初便正式挂牌成立了北京大学学生资助中心，中心依据"四专标准"设置了专门机构、专职人员、专业背景、专项经费，并且建立了直接面向贫困学生的服务平台以便为贫困生直接提供各项经济资助，做贫困家庭学生的贴心人。北京大学学生资助中心下设四个办公室，分别包括综合办公室、助学贷款管理办公室、助学金管理办公室和勤工助学工作办公室。主要工作职责为：建立并维护管理家庭经济困难学生的信息档案、审核助学贷款申请、协助发放资金并做好贷后管理及诚信教育工作；评审并发放各类国家奖学金、助学金；开展校内勤工助学活动；等等。

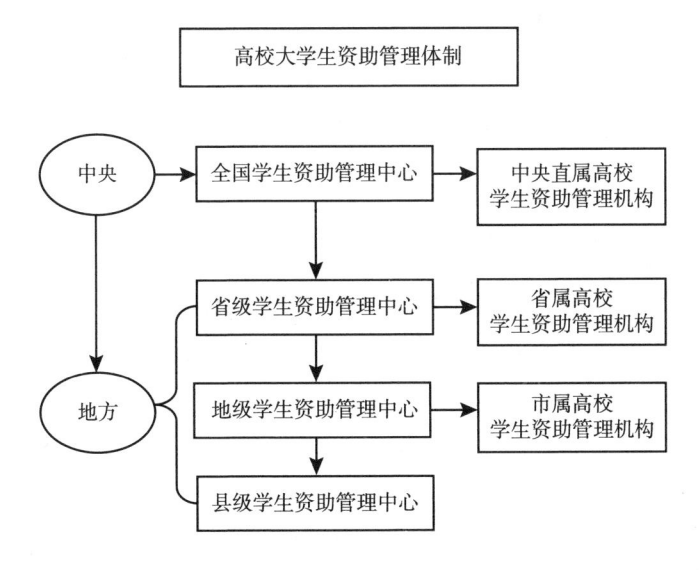

图1 我国高校大学生资助管理体制

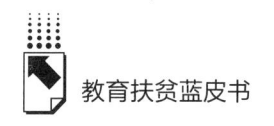

综上所述，全国大学生资助管理组织由中央、地方和高校三方主体共同组成，三方主体间领导隶属关系有待进一步阐释。首先，在中央和地方资助管理机构隶属关系方面，地方学生资助管理中心受全国学生资助管理中心领导，接收全国学生资助管理中心所发布的信息与政策部署。其次，在中央、地方与高校资助管理机构的关系方面，因高校类型不同而存在差异。高校分为中央直属高校与地方高校两类，中央直属高校的学生资助管理部门接受全国学生资助管理中心的直接管辖；而地方高校则由地方学生资助管理中心统管，其中，省属高校接受省级学生资助管理中心统一管理，市属高校则受地级学生资助管理中心管辖，县级学生资助管理中心主要负责生源地助学贷款项目。

（二）大学生资助管理机制

运行、动力与约束三重机制共同构成高校大学生资助管理机制系统，其中，"运行机制指代一个机构或组织的运转原理和系统功能，动力机制是其管理动力产生和运转的机理，约束机制则是对管理系统行为进行限定与修正的功能与机理"。[①]

1. 运行机制

高校大学生资助工作的运行机制即大学生资助政策的执行机制。从资助政策的贯彻落实程序来看，全国高校要求按照国家统一颁布的政策内容制定校级制度管理办法，在此基础上开展资助管理工作。在执行过程之中，中央直属高校学生资助管理部门直接接受全国学生资助管理中心的指令与要求，并将资助信息直接上报至全国学生资助管理中心。需要格外指出的是，在生源地助学贷款方面，需要经过县级

---

① 刘朝刚、罗丽萍、卢卫仪、李志：《广东省创新方法工作机制研究》，《科技管理研究》2011年第17期。

学生资助管理中心的审核。对于省属高校学生资助管理部门而言，则直接接受省级学生资助管理中心的统管，资助信息由学校上报至省级资助管理中心，再由省级资助管理中心统一上报至全国学生资助管理中心；对于市属高校学生资助管理机构而言，直接接受地级学生资助管理中心的指令，资助信息上报至地级管理中心，随后层层上报至全国学生资助管理中心。同时，省属高校与市属高校的生源地助学贷款项目均需在县级学生资助管理中心办理。

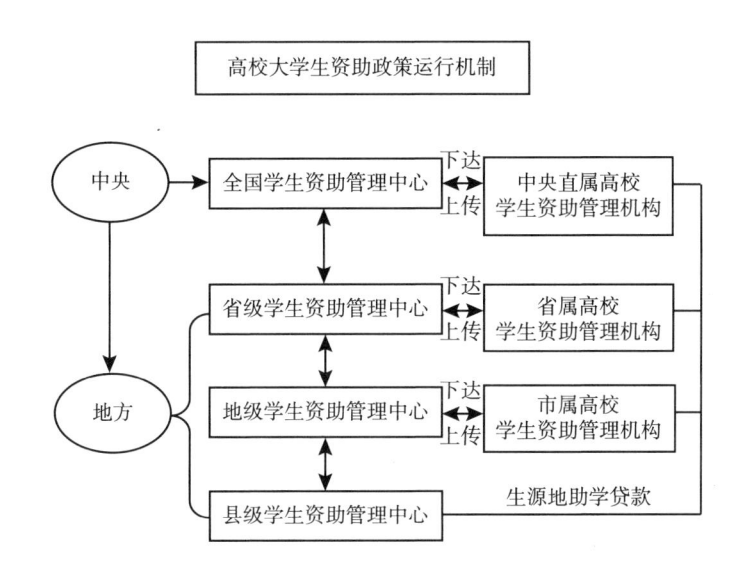

图2　高校大学生资助政策运行机制

2. 动力机制

一个组织运转的动力机制在于利益驱动、政令推动与社会心理推动三类因素。其一，利益驱动由经济规律所决定，是社会组织动力机制中最基本的力量，以多劳多得为例；其二，政令推动是由社会规律决定的，例如管理者通过下达命令等方式，要求下级完成工作；其三，社会心理推动是由社会与心理规律决定的。例如，管理者通过对

下级进行人生观、价值观等教育,调动工作者的工作积极性。基于此,我国高校大学生资助管理运转的动力机制由政令推动与社会心理推动结合而成。一方面,大学生资助政策的执行由国家政策文件统一规定,需要地方与高校配合中央要求完成资助管理工作;另一方面,社会心理推动由大学生资助的本质与价值而决定,大学生资助本身所具备的功能与意义推动着各级资助管理机构中的工作人员积极贯彻执行各项资助政策。

3. 约束机制

高校大学生资助管理运转的约束机制可分为以下几类:其一,利用权力约束资助管理工作的系统运行机制,与此同时应当对权力的运用加以适当约束;其二,以物质利益对管理系统施以影响,同时控制利益因素的影响;其三,以明确的责任约束机制对资助管理系统的运转予以调整和修正;其四,恰当运用社会心理约束机制,通过社会舆论、教育等方式约束管理人员的行为与态度。

三 大学生资助投入与规模

鉴于近年来高校学生资助经费与规模不断扩大,为进一步优化资助经费的投入结构并提高资源的利用效益,围绕经济新常态开展大学生资助经费研究刻不容缓。为贯彻落实教育公平理念并保障家庭经济困难学生接受教育的合法权利,自2007年以来国家高度重视家庭经济困难学生资助工作并颁布了一系列政策措施以建立健全国家学生资助政策体系,与此同时,全国学生资助规模与资助金额也在不断增加。为适应新常态下高效率、低成本、可持续的中高速经济发展特点并优化教育资源配置的要求,分析全国及高校学生资助经费的投入结构及演变趋势对于提高学生资助经费管理的科学性具有不可忽视的重要意义。

（一）大学生资助经费投入增长

1. 全国学生资助经费投入总量及结构演变趋势

在分析我国高校学生资助经费投入情况前，应首先对近年来全国高校学生资助经费的演变情况进行整体分析。

（1）全国学生资助经费投入总量变化趋势分析

全国学生资助政策体系于2007年建立以来，学生资助经费总额持续不断增加，由2006年的195.47亿元已持续增加至2014年的1421.28亿元，2007年国家出台资助政策体系政策文件后，资助经费在当年增加为416.08亿元，2008年增长至618.83亿元，2009年资助经费投入693.9亿元，2010年经费为852.54亿元，2011年投入979.39亿元，2012年我国学生资助经费首次突破千亿元大关，经费攀升至1126.08亿元，2013年资助经费投入1185.15亿元，2014年快速增长至1421.28亿元。由此可见国家对资助经费的投入力度以及对家庭经济困难学生受教育权利的重视程度。

从图3来看，2007年至2014年的资助金额增长速度的演变与同期内GDP的增速变化曲线保持基本一致，均在2007年出现大幅下降并在2010年出现短暂回升后保持增速减缓的趋势，略微不同之处在于2014年我国学生资助经费增速有所回升，但始终未超过2007年的增长速度。可见在我国学生资助经费投入领域同样存在中高速增长的新常态。

（2）全国学生资助经费来源结构分析

具体到全国学生资助资金来源结构方面，学生资助经费主要由财政资金和其他资金两大主体部分组成，其中，财政资金包括中央财政和地方财政投入，其他资金则是指学校从事业收入中提取的支出、金融机构国家助学贷款及社会团体、企事业单位和个人捐助等各类资助资金。

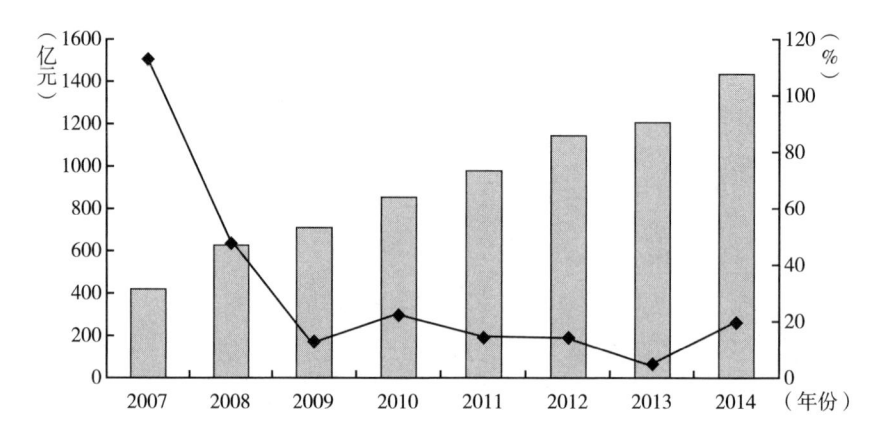

图3 2007~2014年全国学生资助总金额及增长速度

资料来源：2007~2014年《全国学生资助发展报告》，中华人民共和国教育部，http://www.moe.gov.cn/，最后访问日期：2015年11月24日。

第一，从结构内各部分资金在9年内的增长幅度来看，从2006~2014年学生资助金额构成情况（见表1）可知，我国财政资金在学生资助领域的投入从2006年的57.27亿元迅速上升至2014年989.43亿元，在九年之内增加了16倍之多，尤其在中央财政投入环节，由2006年的21.36亿元攀升至2014年518.35亿元，增长倍数高达23倍；地方财政投入则由2006年的35.91亿元上升为2014年的471.08亿元，累计增长12倍之多。与国家财政投入相较而言，其他资金部分由2006年的138.19亿元增长为2014年的431.85亿元，其增长幅度则明显较为落后，仅增长2.1倍。

表1 2006~2014年全国学生总资助金额及各部分金额情况

单位：亿元

年份	总资助金额	1.财政资金	(1)中央财政投入	(2)地方财政投入	2.其他资金
2006	195.47	57.27	21.36	35.91	138.19
2007	416.08	228.03	117.13	110.9	188.05
2008	618.83	436.6	230.62	205.98	182.23

续表

年份	总资助金额	1. 财政资金	(1)中央财政投入	(2)地方财政投入	2. 其他资金
2009	693.9	484.71	266.12	218.59	209.19
2010	852.54	632.58	329.5	303.08	219.96
2011	979.39	698.42	396.04	302.38	280.97
2012	1126.08	824.74	432.73	392.01	301.33
2013	1185.15	805.43	427.75	377.67	379.73
2014	1421.28	989.43	518.35	471.08	431.85

资料来源：2007~2014年《全国学生资助发展报告》，中华人民共和国教育部，http://www.moe.gov.cn/，最后访问日期：2015年11月24日。

第二，从结构内各部分资金额度所占比重来看，随着国家学生资助政策体系的逐渐建立健全，财政资金已成为我国学生资助经费的主体部分。各部分资金在总经费中所占的比重如图4所示。从整体演变情况来看，其他财政资金整体呈减小趋势，而财政资金大幅增长。尽管财政投入比重自2008年以来出现小幅度上下浮动，但占比基本维持在70%左右。其中，中央财政投入近年来在40%左右，地方财政资金占比则在30%左右，其他资金占比也在30%左右。

总之，全国学生资助经费演变情况主要表现为以下三大特点：第一，国家对于学生资助问题的重视程度不断提高，投入经费总额逐年增加但经费增速总体呈放缓趋势。第二，国家学生资助政策体系建立之初，学生资助经费以其他资金为主，财政投入比重较低；而自全国学生资助政策体系建立健全以来，财政资金投入增长迅速，特别是中央财政资金增长了23倍，其他资金则明显增速缓慢。第三，在全国学生资助经费来源结构中，财政资金占比高达70%左右并成为国家学生资助经费的主体部分。

2. 高校学生资助经费投入总量演变趋势

高校学生资助体系作为全国学生资助政策体系中最早建立起来的

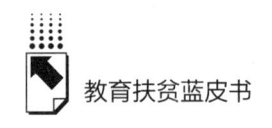

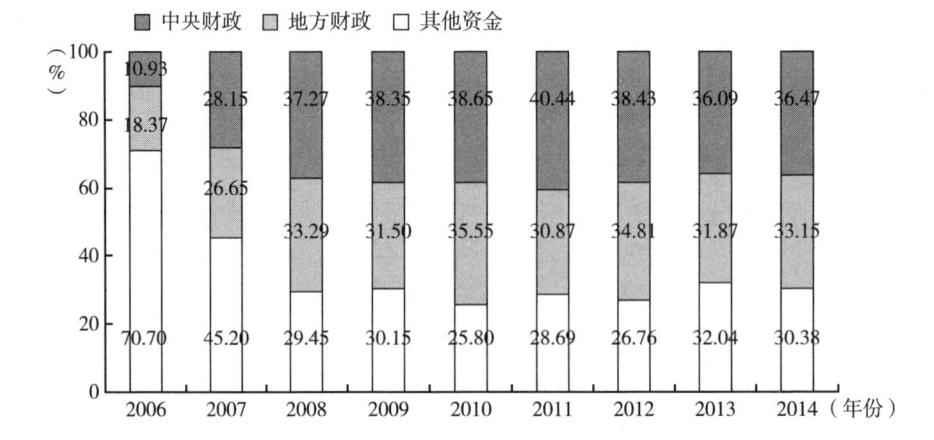

图4 2006～2014年全国学生资助财政资金与其他资金所占比重情况

资料来源：2007～2014年《全国学生资助发展报告》，中华人民共和国教育部，http://www.moe.gov.cn/，最后访问日期：2015年11月24日。

资助体系之一，是高等教育"民生工程"的重要内容。据全国学生资助发展报告统计，我国高校学生资助总金额由2006年的162.98亿元急速增长至2014年的716.86亿元，累计增长4.4倍。图5反映的是2007～2014年全国及高校学生资助经费的增长变化情况。2007年高校资助经费投入271.12亿元，2008年投入303.08亿元，2009年资助金总额为358.38亿元，2010年资助金额为437.3亿元，2011年资助经费增加至514.67亿元，2012年增长至547.84亿元，2013年资助经费总额为574.11亿元，2014年迅速攀升至716.86亿元。

从增长幅度来看，我国高校学生资助金额2007年增速62.07%，2008年增长率下降至11.79%，2009年和2010年分别回升至18%和22.02%，2011年起呈减速趋势，增长幅度为17.69%，2012年则下降至6.44%，2013年增长率继续下跌为4.8%，但在2014年回升至24.86%。从全国学生资助金额增速和高校学生资助金额增速变化情况来看，二者变化基本保持一致，均在2008年下降，随后几年内出现略微浮动，但在2014年出现一定回升。总之，

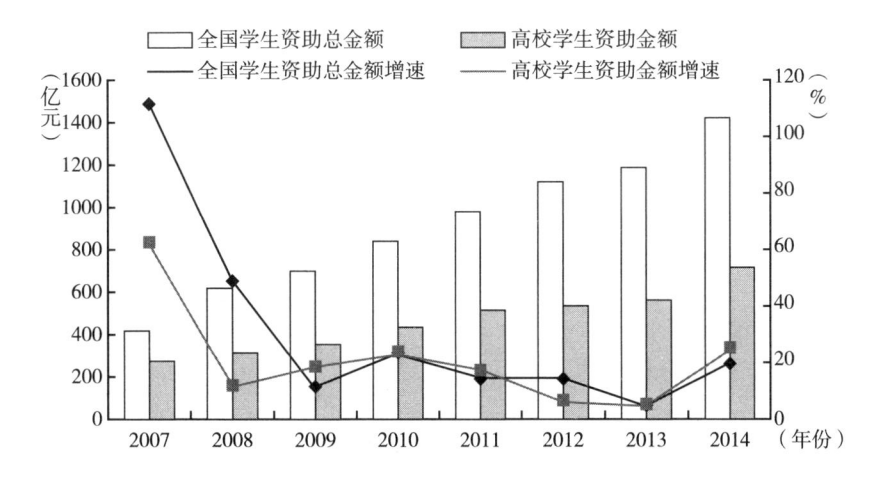

图5 2007~2014年全国及高校学生资助总金额及增速

资料来源：2007~2014年《全国学生资助发展报告》，中华人民共和国教育部网，http://www.moe.gov.cn/，最后访问日期：2015年11月24日。

从总体来看，我国高校学生资助金额持续不断增加但呈现增速减缓的基本趋势。另外，之所以2014年高校学生资助金额增速明显，或许是因为研究生学业奖学金增加所致，2014年是研究生学业奖学金制度实施的第一年。

3. 高校学生资助经费来源结构解析

（1）2007年至2014年我国高校学生资助经费来源结构

高校学生资助经费同样由财政资金和其他资金两部分所构成，从表2中的统计数据可见，高校学生资助的财政资金由2007年的75.28亿元增长至2014年的366.65亿元，其他资金则由195.84亿元增加至2014年的350.21亿元。从经费来源所占比重来看，高校学生资助政策体系建立之初，财政资金所占比重为27.77%而其他资金比重高达72.23%；随着资助政策的贯彻落实与推行，财政资金投入增长迅速且在资助总金额中所占比重已与其他资金保持相当，两者比重均维持在50%左右。

从财政资金内部结构看，中央财政资金约占30%，地方财政资金则维持在20%左右；具体到其他资金的内部构成来看，高校事业收入中提取资金用于资助大学生的经费约占总资助金额的20%，金融机构国家助学贷款的比重则基本保持在26%左右，而来自社会团体、企事业单位及个人或社会捐助资金则每年大约占到总资助金额的3%。因此，财政资金与其他资金投入在全国普通高校学生资助的经费来源结构中平分秋色。

表2 2007~2014年高校学生资助经费来源结构

年份	财政资金（亿元）	财政资金所占比重(%)	其他资金（亿元）	其他资金所占比重(%)
2007	75.28	27.77	195.84	72.23
2008	154.07	50.66	150.06	49.34
2009	175.33	47.43	194.32	52.57
2010	218.84	50.04	218.46	49.96
2011	—	—	—	—
2012	272.32	49.71	275.52	50.29
2013	288.29	50.22	285.82	49.78
2014	366.65	51.15	350.21	48.85

注：2011年高校学生资助金额构成比重不详。
资料来源：2007~2014年《全国学生资助发展报告》，中华人民共和国教育部，http://www.moe.gov.cn/，最后访问日期：2015年11月24日。

(2) 2013年高校学生资助经费来源结构

2013年我国普通高校学生资助经费为574.11亿元，其中财政投入资金288.29亿元，其他资金投入为285.82亿元。其中，中央财政投入金额170.9亿元，地方财政投入117.39亿元；高校提出事业收入用于资助大学生的经费117.74亿元，金融机构国家助学贷款149.84亿元，社会团体、企事业单位及个人（社会）捐助资金

18.24亿元。各部分来源资金占比结构如图6所示，可见中央财政投入与金融机构提供的国家助学贷款资金数额相当，地方财政则与高校提取事业收入用于资助大学生的经费大体一致，唯有社会团体、企事业单位及个人或社会所捐助的资金比重较低。

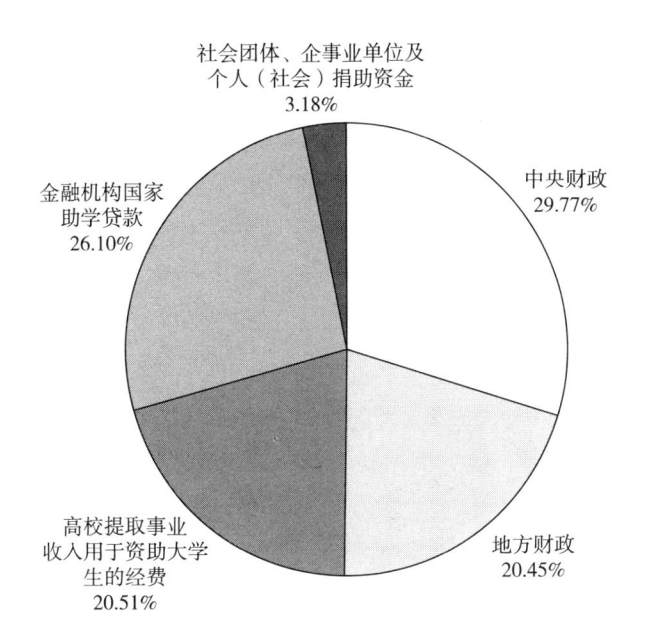

图6 2013年高校学生资助经费来源结构

资料来源：2013年《全国学生资助发展报告》，中华人民共和国教育部，http://www.moe.gov.cn/，最后访问日期：2015年11月24日。

（3）2014年高校学生资助经费来源结构

2014年我国普通高校学生资助经费较2013年增长幅度有所回升，资金额度增长至716.86亿元。财政资金为366.65亿元，其中中央财政资金为223.76亿元，地方财政资金为142.89亿元；其他资金为350.21亿元，其中高校提取事业收入并用于资助大学生的经费为166.99亿元，金融机构国家助学贷款提供资金170.88亿元，社会团体、企事业单位及个人捐助资金12.33亿元。图7显示了2014年我国高校学生资助经费的来源占比结构，从占比情况来看，中央财政资金占比最高，高校提取事业收入用于资助大学生的经费和金融机构国家助学贷款占比相当，位居其次，再次为地方财政，占比最低的依旧是社会团体、企事业单位及个人捐助资金。

社会团体、企事业单位及个人（社会）捐助资金 1.72%
金融机构国家助学贷款 23.84%
中央财政 31.21%
高校提取事业收入用于资助大学生的经费 23.29%
地方财政 19.93%

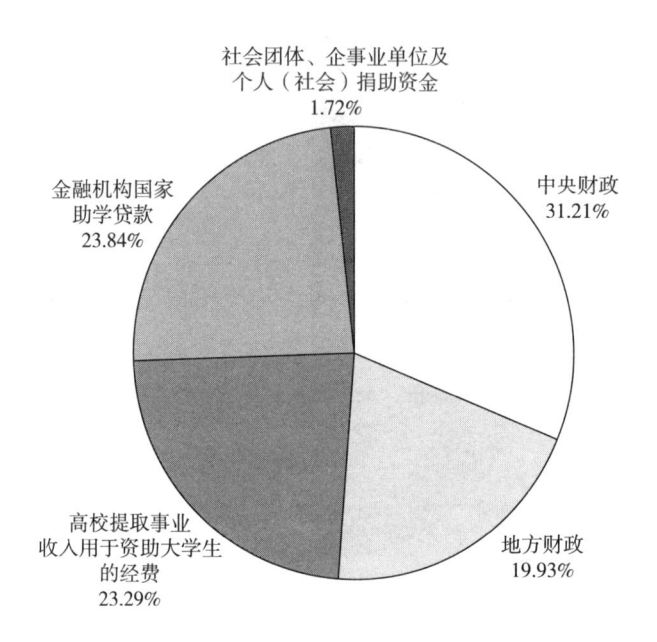

图7 2014年高校学生资助经费来源结构

数据来源：2014年《全国学生资助发展报告》，中华人民共和国教育部网，http://www.moe.gov.cn/，最后访问日期：2015年11月24日。

通过与2013年来源占比情况进行对比发现，中央财政投入所占比重有所提升，高校提取事业收入用于资助大学生的经费比重有所增加，而地方财政、金融机构国家助学贷款及社会团体、企事业单位及个人捐助资金比重均有所下降。但并不存在显著性差异，由此可见，我国高校学生资助经费的来源比重大体保持稳定。

因此，基于全国高校学生资助经费的来源结构分析得出：其一，自高校学生资助政策体系建立以来，财政资金投入较其他资金投入增长迅速；其二，财政经费与其他经费投入在全国普通高校学生资助的经费来源结构中持平，政府财政投入在高校学生资助领域并未表现出显著优势；其三，社会团体、企事业单位及个人捐助资金在历年高校学生资助经费中所占比重最低。

4. 高校学生资助经费分配结构剖析

随着我国高校学生资助政策体系的逐步建立健全，当前我国高校学生资助已经形成了"以奖贷助为主、勤补免为辅，外加绿色通道"的政策内容体系，具体资助项目主要包括国家奖助学金、国家助学贷款、勤工助学、赴基层就业享受学费补偿代偿、应征入伍服义务兵役享受国家资助、退役士兵考入普通高校享受学费资助、师范生免费教育资助、学费减免、大学新生入学资助、特殊困难补助、伙食补贴、校内无息借款及校内奖助学金等项目。从表3统计数据来看，2013年高校学生资助经费主要用于国家奖学金、助学金及助学贷款（助学贷款发放和贴息）三大项目，所用经费比例分别为24.45%、29.29%及30.66%，累计为高校资助总经费的84.4%。

表3 2013年全国高校学生资助经费分配结构

资助项目内容	资助金额（亿元）	所占比重（%）
国家奖学金	140.37	24.45
国家助学金	168.16	29.29
国家助学贷款发放	149.84	26.10
国家助学贷款贴息	26.17	4.56
勤工助学	23.44	4.08
赴基层就业享受学费补偿代偿	7.1	1.24
应征入伍服兵役享受国家资助	6.5	1.13
退役士兵考入高校享受学费资助	0.192	0.03
师范生免费教育资助	6.61	1.15
学费减免	10.2	1.78

续表

资助项目内容	资助金额(亿元)	所占比重(%)
大学新生入学资助	1.22	0.21
特殊困难补助	6.66	1.16
伙食补贴	16.79	2.92
校内无息借款	2.49	0.43
校内奖助学金等项目	8.37	1.46

资料来源：2013年《全国学生资助发展报告》，中华人民共和国教育部，http://www.moe.gov.cn/，最后访问日期：2015年11月24日。

从2014年高校学生资助经费分配情况来看，如表4所示，资金分配额度与比重排在前三位的依然是国家奖学金、国家助学金及助学贷款（助学贷款发放和贴息）三大项目，比重分别为23.76%、32.71%和27.1%，累计83.77%，可见与2013年分配格局大体相当。

表4　2014年全国高校学生资助经费分配结构

资助项目内容	资助金额(亿元)	所占比重(%)
国家奖学金	170.33	23.76
国家助学金	234.51	32.71
国家助学贷款发放	166.99	23.29
国家助学贷款贴息	28.76	4.01
勤工助学	24.57	3.43
研究生"三助"岗位津贴	28.84	4.02
赴基层就业享受学费补偿代偿	6.4	0.89
应征入伍服兵役享受国家资助	9.47	1.32
退役士兵考入高校享受学费资助	0.332	0.05
师范生免费教育资助	5.99	0.84
学费减免	6.52	0.91
大学新生入学资助	1.03	0.14

续表

资助项目内容	资助金额（亿元）	所占比重（%）
特殊困难补助	6.08	0.85
伙食补贴	14.08	1.96
校内无息借款	2.5	0.35
校内奖助学金等项目	10.46	1.46

资料来源：《2014年中国学生资助发展报告》，人民网，http://edu.people.com.cn/n/2015/0819/c1053-27484392.html，最后访问日期：2015年11月24日。

总之，从近年高校学生资助经费分配情况来看，高校学生资助经费主要分配在国家奖学金、助学金及助学贷款三大项目上，所用经费比例大约各为25%、30%及30%，这三类资助项目所用资金达到高校资助总经费的85%左右。

综上所述，我国学生资助总经费虽保持逐年增长但已呈现出增速减缓的趋势，与新常态中高速增长的经济特征大体一致，且财政资金作为经费投入的主体优势显著。相较而言，高校学生资助经费的投入与使用则主要表现为以下三大特征：首先，高校学生资助经费总量不断增加，同时也表现出增速下降的走向，并于2014年出现较明显的回升；其次，财政资金和其他资金是高校学生资助经费的两大来源主体且二者占比相当，其中除社会团体、企事业单位及个人或社会所捐助的资金比例较低外，其余资金来源占比大体相当；最后，国家奖学金、助学金及助学贷款三大项目在我国高校学生资助经费的分配结构中占据主要地位且使用着高达约85%的资助经费，可见三者是我国高校学生资助政策体系中的主力军。

（二）大学生资助对象的规模扩大

大学生资助政策体系的不断建立健全必然促使高校学生受助规模随之发生相应变化。为分析近年来我国高校学生资助管理的现状，有必要在对资助经费来源和分配结构进行解析的基础上梳理高校受助学生规模与结构的基本概况。在此之前，需要首先对全国学生资助规模演变情况进行分析。

1. 全国学生资助规模演变情况

2007年以来，我国已逐步建立起覆盖学前教育、义务教育、中等职业教育、普通高中教育及高等教育的学生资助政策体系。随着资助政策体系的日益完善，全国学生资助政策项目内容越来越丰富，受助学生的规模也日渐壮大。从2006年至2014年全国受助学生规模的演变情况可以看出，如图8所示，全国受助学生由2006年的2663.99万人次已迅速攀升至2014年的8543.78万人次。从整体趋势来看，规模不断增加；但从变化曲线来看，受助学生在2007年上升至5155.57万人次后，在2008年迅速上升至7277.71万人次，但在2009年又下降至6519.06万人次，并在随后的三年内逐年上升，2013年人数出现略微下降，2014年受助人数规模再度扩大。之所以2008年受助人数迅速增加并在2009年有所下降，原因或是2008年

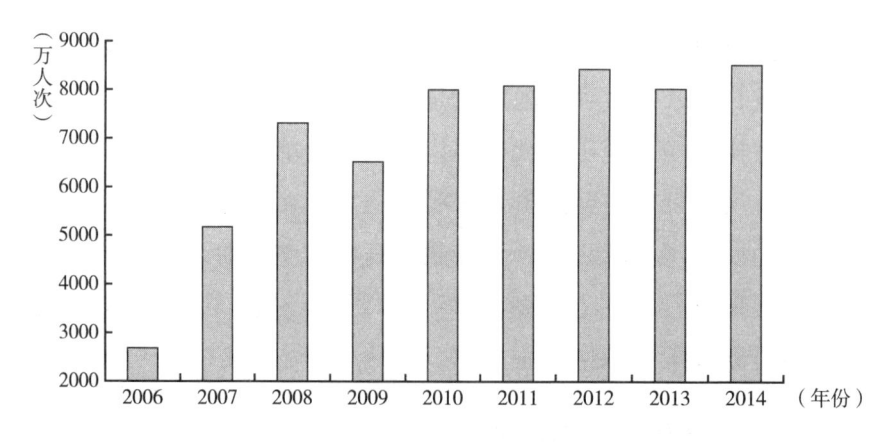

图8　2006~2014年全国受助学生人数演变情况

资料来源：2012~2014年《全国学生资助发展报告》，中华人民共和国教育部，http://www.moe.cn/was5/web/search，最后访问日期：2015年11月24日。

汶川大地震爆发所致。为保证受灾地区各级各类教育阶段的学生顺利入学和返校学习，我国特地出台相关通知并要求各地区加大对受灾学生的资助力度。

2. 高校学生资助规模演变情况

据可获得的数据资料，2008年我国高校学生资助政策共资助学生4156.24万人次，2009年资助学生3106.04万人次，2010年资助学生3885万人次，2012年资助学生3842.7万人次，2013年资助学生规模降为3724.07万人，2014年则出现明显回升，资助学生人数达到4064.25万人。如图9所示，2008年我国高校受助学生人数达到近年来的最高峰，其次为2014年，受助人数最少的是2009年。

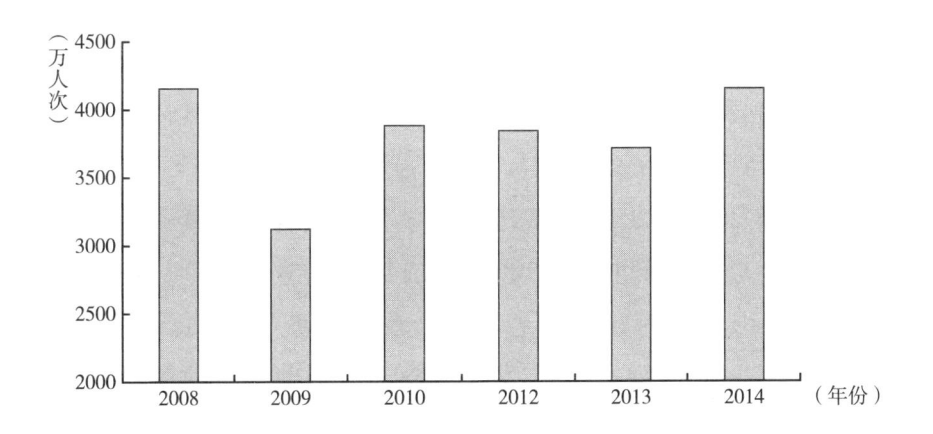

图9 2008~2014年高校学生受助人数

注：未获得2007年、2011年高校学生受助人数统计。

资料来源：2008~2014年《全国学生资助发展报告》，中华人民共和国教育部，http://www.moe.edu.cn/was5/web/search，最后访问日期：2015年11月24日。

2008年受助学生规模最大，与当时的社会背景密切相关。受2008年汶川地震灾害影响，我国高校加大对受灾地区学生的资助

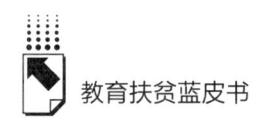

力度与资助范围,以保证灾区学生顺利入学或顺利返校。其中,减免18.81万名生源地为汶川地震重灾区51个县的家庭经济困难学生3.95亿元的2008年秋季学期学费;向其中13.17万名学生发放1.32亿元的2008年秋季学期国家助学金。2014年学生资助人数之所以比2010~2013年人数多,究其原因在于2014年我国开始执行研究生学业奖学金制度,从而适当提高了高校受助学生人数。

虽然本文的评估研究并未涉及高校研究生资助政策与管理工作,但由于我国历年来的资助报告并未将研究生与本、专科生区别开来进行统计,因此,本文并未对其进行区分,而是从高校所有受助学生规模来分析我国高校学生资助管理工作的近况。

3. 高校学生资助人数构成演变情况

依据历年我国高校学生资助政策体系的构成,通过对2007~2014年我国学生资助发展报告中的相关数据进行整理归纳,得出2007~2014年我国高校学生各项资助政策的资助人数统计表(见表5)。由于2007~2011年我国高校学生各项资助政策资助人数数据较为零散,本文通过梳理2007~2011年《学生资助发展报告汇编》数据得出2007~2011年各项资助政策资助人数的总量。从表5中资助项目一列看,1~16为我国高校学生资助政策项目要览,其中第8项退役士兵学费资助及第11项大学新生入学资助两项,由于在2012年开始实施因而未做相关数据统计,第16项研究生"三助"岗位津贴在2014年才被单独摘出作为一个专项单独进行统计,因而2014年以前无相关数据。从所获得数据情况不难发现,随着我国高校学生资助政策体系的不断建立健全,高校学生资助信息的统计逐渐统一起来,从起初的不固定统计转变为近年来较统一的统计方式,从中也可发现我国高校学生资助管理工作的科学化水平逐渐提高。

表5　2007～2014年我国高校学生各项资助政策资助人数统计

单位：万人次

资助项目	2007～2011年	2012年	2013年	2014年
1. 国家奖学金	3244	765.92	772.1	842.66
2. 国家助学金	3171.06	693.12	708.48	953.95
3. 国家助学贷款发放	889.67	263.45	264.85	277.81
4. 国家助学贷款贴息	/	320	331.37	356.24
5. 勤工助学	1335.25	/	315.21	323.56
6. 赴基层就业享受学费补偿代偿	8.28	5.91	5.04	5.91
7. 应征入伍服兵役享受国家资助	12.17	6.12	5.3	7.59
8. 退役士兵考入高校享受学费资助	/	0.2354	0.393	0.6282
9. 师范生免费教育资助	19.63	5.35	8.02	5.2
10. 学费减免	154.63	/	23.81	20.14
11. 大学新生入学资助	/	21.11	18.56	15.51
12. 特殊困难补助	1079.89	/	195.71	154.66
13. 伙食补贴	7323.71	/	935.24	798.84
14. 校内无息借款	35.63	/	5.14	4.93
15. 其他项目资助	583.17	/	134.84	178.5
16. 研究生"三助"岗位津贴	/	/	/	118.14
受助总人数	17857.09	3842.7	3724.07	4064.25
通过绿色通道入学人数	583.17	/	74.25	94.46

注：表中"/"代表该年度的资助报告中并未对该项目进行专门数据统计；"—"则代表该年度并未出台该项政策，因而未包含该项数据统计。

资料来源：2007～2011年《学生资助发展报告汇编》，2012～2014年《中国学生资助发展报告》，中华人民共和国教育部，http://www.moe.gov.cn/，最后访问日期：2015年11月24日。

从各项资助项目的受助人数来看，国家奖学金、助学金、助学贷款发放及贴息、勤工助学、退役士兵考入高校享受学费资助、其他项目资助等资助政策所资助的高校学生人数近三年来稳步增加；赴基层就业享受学费补偿代偿、应征入伍服兵役享受国家资助两项在2013

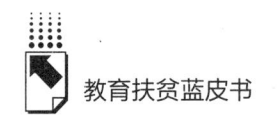

年有所下降后在2014年出现一定回升;而师范生免费教育资助、学费减免、大学新生入学资助、伙食补贴、特殊困难补助、校内无息借款六项资助政策所资助的人数在2014年均呈现下滑趋势,尤其是伙食补贴和特殊困难补助两项资助政策,受助人数显著减少。

从2007~2011年高校学生受助人数情况来看,伙食补贴、国家奖学金、助学金三项资助政策所资助的人数均在3000万人次以上,累计共资助13738.77万人次,占五年资助总人数的76.9%。

由于2012年《中国学生资助发展报告》中并未统计伙食补贴受助人数,从现有数据来看,2012年资助人数排名靠前的项目为国家奖学金、助学金和助学贷款,共资助2042.49万人次,占资助总人数的53.2%。

在2013年资助人数构成中,伙食补贴、国家奖学金、助学金及助学贷款资助人数均在500万人次以上,累计资助3012.04万人次,占当年资助总人数的80.9%。其中,尽管伙食补贴经费在当年资助总经费中所占比重仅为2.92%,但由于其资助面较广且人均资助数额较低从而扩大了受助人数规模。

2014年国家助学金、奖学金、伙食补贴及助学贷款四项资助政策所资助的高校学生人数在十六项资助项目中排名靠前,各项资助人数均在600万人次以上,四项政策共惠及3229.5万人次,占当年高校受助学生人数的79.5%。2014年伙食补贴经费在当年资助总经费中所占比重为1.96%,较上年有所下降,资助人数规模也开始小于国家奖助学金的资助人数规模,但并未影响2014年高校学生资助总规模的扩大。

另外,据统计,2007~2011年通过"绿色通道"入学的家庭经济困难学生共计583.17万人次,2012年该数据由于报告中未进行专项统计而无从获得,2013年通过绿色通道入学人数为74.25万人次,2014年继续上升至94.46人次,从而表明我国高校"绿色通道"制度执行情况良好，通过提供便捷方式保证了家庭经济困难学生顺利入学。

总之，我国高校学生资助规模总体呈扩大趋势，随着资助政策体系的不断建立健全以及资助经费投入的不断增加，高校学生资助政策惠及学生的范围也在不断扩大。资助经费与资助规模的发展演变情况意味着我国高校学生资助政策得到了基本的贯彻落实。在此需注意，由于我国的学生资助发展报告并未对研究生与本专科生资助经费与人数进行区分统计，因此本部分所涉及的全国高校数据均包含研究生资助资金及资助人数在内，并不影响从宏观角度分析近年来我国高校学生资助管理现状。

鉴于学生资助工作关系到党和国家惠民政策的落实及学生的切实利益，同时考虑到高等教育资助政策的不断完善和管理工作量的持续加大，为积极引导、贯彻落实大学生资助政策并掌握政策的落实情况，开展大学生资助管理评估研究并为各高校学生资助管理机构提供结果反馈势在必行，同时也是促进全国高校学生资助政策进一步贯彻落实的关键举措。

案例分析

Cases Analysis

B.8
寒门学子，逐梦翱翔
——国华纪念中学办学探索

李思吟*

摘　要： 社会力量办学实施教育扶贫是扶贫事业中重要的组成部分，由社会力量建设的国华纪念中学是中国教育扶贫波澜壮阔史上的一盏明灯。它不仅帮助贫困学子解决求学路上经济上的困难，更重要的是真正地从内而外地重塑了贫寒学子，帮助他们心理脱贫、精神脱贫、灵魂脱贫。本报告从国华纪念中学立校缘起、办学目标、招生范围、办学条件、办学特色、办学成效六大方面细致地展现了国华纪念中学的教育扶贫理念、具

---

* 李思吟，碧桂园社会责任部文案策划。

体实施过程及其教育扶贫成效。

关键词： 社会力量扶贫　国华纪念中学　办学

"我读中学时因家贫没有钱交学费，是国家免学费并发了两元助学金，我才上完学。我深知有困难时别人的帮助如雪中送炭。我也非常感谢党和国家的改革开放政策，使我有了今天的事业。我常怀一颗感恩的心去回报国家，也希望企业做得更好去帮助更多有需要的人。"

——杨国强

杨国强，碧桂园集团董事局主席、创始人，一个典型的农民企业家，出生于顺德的一个贫困的农民家庭，在18岁之前没有穿过鞋，从一个水泥工成长为房地产公司董事局主席，历尽艰辛。他经常用一段话来激励公司的员工："如果明天我有事要去广州，那我一定会赶到。如果没有汽车，我就开摩托车去；如果没有摩托车，我就踩单车去；如果没有单车，我就走路去；如果前面有河流挡道，没有渡船，我就游过去，走得累倒，我爬也要爬去。"

作为中国最大的城镇化住宅开发商，除了产业报国之外，碧桂园集团（及其创始人杨国强）长期致力于扶贫公益事业，希望能为解决中国贫困问题贡献力量，提升国民素质，实现中华民族的伟大复兴。从1997年第一笔大额捐款算起，19年来，碧桂园集团及其董事局主席杨国强、副主席杨惠妍为全社会捐款累计超过26亿元，用于教育扶贫、产业扶贫、救灾赈灾等方面。

2015年10月16日，减贫与发展高层论坛在北京人民大会堂举行。国家主席习近平出席论坛并发表题为"携手消除贫困　促进共同发展"的主旨演讲。碧桂园集团创始人杨国强因在教育扶贫工作

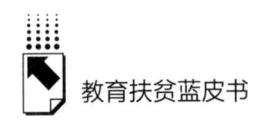

领域做出的杰出贡献，获邀出席了论坛，并被授予 2015 年中国消除贫困奖，在大会开始前，受到习近平主席的亲切接见。对于荣誉，杨国强接受媒体采访时说，"平常事，平常心，尽公民责任"。

一 立校缘起

国华纪念中学于 2002 年 5 月正式开工建设，2002 年 9 月 1 日正式开学。立校办学的目的，是为全国各地"最优秀，最贫困"的少年提供最好的高中教育，让年轻俊彦从拥有知识开始，继而拥有高尚的品格和灵魂，以建设国家和回报社会为终点。学校希望每一个走出"国华纪念中学"的学生，铭记本校"滴水之恩，涌泉相报"的价值观。即，既受助于社会，当以奉献社会为终生追求。为了帮助贫困少年安心学习，学校承担学生在校期间的所有费用，并提供助学金直至学生获得本科、硕士、博士学位，为国家培养精英人才。

我不忍看天地之间仍有可塑之才因贫穷而隐失于草莽，为胸有珠玑者不因贫穷而失学，不因贫穷而失志，方有办学事教之念。我敬爱的兄长杨国华一生勤励睿勉，业学品性为世所敬仰，在我的成长过程中对我颇多教导和携助。父亲"达则兼济天下"之教诲令我终生感铭。"国华纪念中学"的创立，或可告慰我父兄的在天之灵。

很多事业有成者都曾一贫如洗，我也过了二十多年这种生活，是改革开放的阳光，社会的佑助，知识和智慧让我战胜了贫困。我的企业让成千上万的人安居乐业。

我是个刚走出贫穷泥沼的大汗淋漓的跋涉者，深知贫困之荼毒，特别是那些正在贫穷的苦海里挣扎前行的有志而无奈的年轻人。贫困的幽灵正在吞噬他们美好的人生前程。

走过来的路，令我深知知识的重要，知识可以改变命运。知识是战胜贫穷的最好利器，拥有知识方可改写一个人乃至国家的命运。人的生存与发展，国家的兴旺与发达，社会的文明与进步，靠得是知识和智慧。

创办者的话
二〇〇二年八月一日

二　办学目标

把学生培养成站在时代前列、既融贯中西文化又富有鲜明个性和创新精神、以奉献社会为终生目标的卓越人才是学校创立人对学校的希望。为了实现这一宏大目标，学校根据实际确立了三个层次的办学目标。近期目标为培养出符合社会发展需要的各行各业精英人才；中期目标为：通过学校的教育教学改革实践，对我国的基础教育在教育理论和实践经验方面做出贡献；远期目标为：希望学校在中国教育史上占有一席之地。为此，学校确立了以"学会做人，学会做事"为核心的育人思想和"立志、修身、博学、报国"的校训，着力培育学生服务民族和社会的人生理想和价值观，促进学生正确认识社会，积极融入社会，推动社会的进步和发展。

三　招生范围

国华纪念中学面向全国招收家庭贫困、学业成绩优秀的应届初中毕业生，每年计划招收200名贫困学子。从2002年创办至今，共招收了2588名处于辍学边缘的贫困学子。招生范围覆盖全国28个省、市、自治区，包含新疆、西藏、云南、贵州、宁夏等偏远贫困地区的学生，涉及19个民族。目前，国华纪念中学已在全国多个省、市、自治区设立招生报名点。招生时，对贫困区、贫困县，予以政策倾

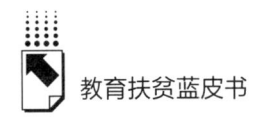

斜。例如，在山西省，只限招收贫困县的学生。另外，招生时，主要偏向以下贫困家庭：有建档立卡的低保家庭子女；城市下岗职工的子女和农村贫民的子女；家庭贫困的孤儿；发生特大变故家庭的子女；因公牺牲和负伤的军警人员的子女。

四 办学条件

国华纪念中学占地99000平方米，设计规模为12个教学班，可供600名学生在校学习。校园建筑设计独特，布局精巧，中西合璧；既有欧陆风情，又有民族特色，兼具南国韵致，是学子读书成材，陶冶品性的绝佳场所。学校建有藏书室、教师阅览室、学生阅览室、图书馆、心理咨询室、形体训练室和计算机网络中心等功能室及音乐室、美术室、历史室、地理室等专业教室，图书馆藏书15000多册（含电子读物），建有物理、化学、生物实验室6个，实验仪器设备均达到或超过国家规定的标准。在办学经费方面，学校每年的投入经费已经超过4000万元。在学生资助方面，除了承担学生在校学习期间的一切生活、学习费用和回乡探亲的车费，对考上大学本科的学生，学校每年还发放11000～15000元的奖学金，用于资助其在大学期间的学习和生活费用。个别家庭特别困难的学生，经过学生申请，由学校管理委员会批准后，还可以为其家庭每年提供一定数额的经济资助。

在师资方面，国华纪念中学现有专任教师54人，学历全部为本科以上。其中，博士、硕士共21人。教师获国家级和省级一等奖以上奖项90多人次，公开发表论文及习题320多人次。学校创办人和领导层十分重视教师的继续教育工作，积极鼓励和创造条件帮助教师提高业务水平，并且根据工作需要提供外出甚至出国进修学习的机会，以促进教师素质的综合、全面提升。另外，需要指出的是，在学校创办人的精神感召下，学校教师敬业爱岗，追求卓越，乐于奉献，为培育未来精英人才孜孜不倦，涌现了许多"为天地立心，为生民立命，为往圣继绝学，为万世开太平"的好老师。

2002年，国华纪念中学校长季德华受杨国强先生大爱的感召，在国华纪念中学筹备阶段，即加入国华纪念中学教育扶贫的事业中。2016年已是季校长担任国华纪念中学校长的第十五个年头。十多年来，季校长亲自迎接了2000多名贫困学子进入国华，并将他们送至各个大学，亲眼见证了国华纪念中学对这2000多个贫寒家庭的帮助和改变。

作为数学教师，他不仅有扎实的基本功，而且有较高信息技术应用水平，能把信息技术与数学教学整合起来，提高教学效率。从2002年至今，季校长一直坚持"网络环境下的因材施教模式探索"研究，近年又推进iPad教学实验改革，以期紧跟时代潮流，用最先进的教育技术为学生的全方位发展、为挖掘每个学生的潜能而探索出有效路径。他的教学理念是用最少的时间让学生获得最大的收益。在教学实践中，他有良好的专业素质和高超的驾驭课堂的能力。他善于把复杂的数学问题进行分解处理，并尽量与生活实际联系，即把复杂问题简单化，抽象问题具体化，深入浅出，简洁明了，使学生学得轻松，学得愉快。他所教的学生都取得了优异成绩。历届学生高考成绩在佛山市遥遥领先，另有十几人获得全国数学奥林匹克竞赛全国二等奖、三等奖、省级一等奖。他本人也多次被评为学校优秀教师和市优秀竞赛辅导员。

作为校长，他特别重视加强学生坚定正确的政治思想教育，把热爱党、热爱人民，热爱祖国，奉献于祖国，作为学生思想道德的根本内容来落实。对于入学新生，从学生的饮食适应、添衣加被情况，到他们的思想动态，季校长都在关注。季校长亲自给学生上思齐课，引导学生见贤思齐，关注每位同学的思想成长。此外，季校长还坚持每年到学生家中进行家访，坚持每出差到一地，都要看望在此地工作或

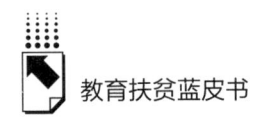

求学的国华毕业生，了解他们的情况，激励他们成长。学校从2002年开办时，就创办了业余党校，季校长每学期都亲自给学生上党课。系统介绍党的历史和党的基本知识，把教育学生感恩党，牢记党的宗旨，努力向党靠近，积极参加党的活动，作为培养青年学生人生观和世界观的重要内容。同时，还积极做好毕业生在大学期间的跟踪教育工作，鼓励入读大学的国华学子严格要求自己，积极申请加入共产党。目前据不完全统计，国华纪念中学历届高中毕业生在大学期间严格要求自己，有超过30%的学生在大学本科期间加入了中国共产党。

对于国华纪念中学特殊学生，季校长从教育扶贫、志在民族腾飞的高度，积极探索构建独特的育人模式，严格要求学生，为积极培养学生成为各行各业的精英人才打下扎实的基础。十多年来，季校长带领国华纪念中学的教师团队，践行杨国强先生"学会做人，学会做事"的办学理念，逐步摸索出了一套适合贫困优秀高中生的德育和智育特色课程，在学生智育及德育培养方面，成绩斐然。国华纪念中学多次被评为各级优秀学校，季校长也被评为"佛山市先进教育工作者"，并被市长亲自接见。

同样令人肃然起敬的还有先后担任年级组长、国华纪念中学党支部书记和校务处主任等职务的杨罡老师。杨罡老师于2002年8月受杨国强先生办学理念的感召而加入国华纪念中学，此前系江西省公安中学副校长、数学老师。来到国华纪念中学后，杨罡老师一直担任数学教师职务，并担任班主任及年级组长多年。2005年9月至2008年8月任校务处主任。2006年至2009年兼任国华纪念中学党支部书记，后任党支部组织委员至今。在工作方面，他勇挑重担，事无巨细，亲力亲为。由于过度操劳，他的身体健康状况急剧下降。2008年，由于患腰肌劳损等腰痛病，经常痛得直不起腰来，但他依然咬牙坚守岗位。而在荣誉面前，他多次主动放弃。2008年、2009年、2010年学校连续三年推荐他参与评选顺德区先进教师，他都主动放弃。杨老师这种不计个人得失，吃苦在前，享受在后的精神，感动了国华纪念中学的其他老师，并让许多贫寒学子从他身上学到了"拼搏奉献"的人生精神。"桃李不言，下自成蹊。"在每年的学期工作评价中，杨老师都得到了学校领导、老师及学生们的一致好评。杨老师不仅善于教书，他更注重育人。学高为师，德高为范。在国华纪念中学，他在严格要求自己的同时，也严格要求每一位学生。他不仅尽力帮学生提高学业成绩，更关注学生的思想道德水平及心理健康状态。作为学生的导师，他对学生充满爱心和耐心，既和蔼可亲，为同学们排忧解难，又进一步要求学生热爱生活，感恩社会，受到学生的爱戴。杨罡老师爱生如子，以他一年又一年的用心，浇灌出了一名又一名学子灿烂的未来。每一年，都有已经毕业的贫寒学生给杨老师送来感谢信，谢谢杨老师对他们的付出与帮助。

五 办学特色

"希望社会因为我们的存在而变得更加美好"——这是刻在碧桂园集团总部大楼墙面上的一句话。而国华纪念中学就坐落在碧桂园集团总部大楼对面，每一个国华纪念中学的老师和学生，在校园内抬头即可见到这一行鎏金大字。致力于培养社会精英的国华纪念中学，以杨国强先生"学会做人、学会做事"的办学理念为宗，以"民族腾飞"为志，立志成为新时期的"黄埔军校"，已进行了十几年的辛勤耕耘。国华纪念中学在摸索教育扶贫的道路上，以竭力帮助贫寒学子、成就精英的实际作为，探索出了一套卓有成效的德育和智育特色课程。通过高中三年全寄宿特色课程的锤炼，每一个国华纪念中学的贫寒学子，犹如"浴火凤凰"，筋骨重塑，带着比同龄人更高远的志向、更广博的胸怀、更开阔的眼界、更理性的思维，走向"以奉献社会为终生追求"的人生新阶段。

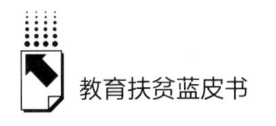

（一）独具特色的德育课程体系

学校十分注重对学生进行立志及理想信念教育、重视学生的社会责任感培养和社会实践教育、重视贫困学子的身心健康全面发展。多年来，结合贫困学子的特点，国华纪念中学反复摸索，实践并总结出了一套独具特色的德育课程体系。

2013~2015年，国华纪念中学的省级德育课题"高中生职业生涯规划指导研究"被评为省级优秀课题，该课题结合贫困学生实际情况，引导学生立志并进行职业生涯初步规划，既顺应国际教育新潮，也为满足国家教育改革的需要，更重要的是为培养"志在民族腾飞"的社会精英的办学目标服务。

而为了培养学生奉献社会的责任感，国华纪念中学14年来一直坚持构建独具特色的社会实践课程体系，引导学生在全面了解、感知社会的各项活动中培养综合素质能力，提升思想境界。学校2009~2011年的省级德育课题"高中综合实践课程与德育有效融合研究"被评为省级优秀课题，强化了国华特色的社会实践品牌。

表1 国华特色社会实践活动课程体系

类别	活动内容
意志品质锻炼类	每周末全校万米长跑；每年暑假全校军训；每年寒假后80华里远足
历史文化参观类	参观解放军体育学院、大学城、黄埔军校、广州起义烈士陵园、黄花岗烈士陵园、农民运动讲习所、鸦片战争纪念馆、孙中山故居、宝墨园、植物园、东莞科技馆、佛山科技馆、广州气象卫星站、博物馆、美术馆、陶艺馆、顺德国际家电博览会、戒毒所及"走进顺德——顺德著名企业行"等
社会调查类	一日打工生活观察；寒假两天、暑假十天社会实践调查；一日职业调查体验；高校人才交流会调查；碧桂园各部门见习、实习机会
研究性学习类	结合研究性学习，组织学生带着问题走进社区、农户、机关、企业进行调查研究

此外，国华纪念中学的省级德育课题"贫优高中学生'学会做人'教育实施系统构建"和省级心理课题"全寄宿制高中'双困生'转化的实践研究"都摸索出了帮助贫困高中生走出心理困境的有效办法以及帮助贫困高中生开阔做人胸怀与眼界的有效途径，促进了贫困学子的身心健康全面发展。

国华纪念中学开发的德育课程内容涉及感恩之心培养教程、文明生活教程（吃饭、洗衣、穿衣等）、文明礼仪教程、学会做人系列读本（不忘家乡、立志、自强等方面）、人文精神培养系列材料、社会实践指导手册、心理健康教育材料等。其中，三门最为独特的校本课程如下。

- 思齐课：探究古今中外伟人的成长历程，以期实现"见贤思齐"的目的。
- 博览课：每天 18:30～19:30 播放《博览》短片，内容为优秀人物介绍、自然奥秘探索、科技人文知识介绍等。
- 周末恳谈会：借鉴当年陶行知先生在晓庄师范实行的"寅会"的方式设立。每个周末学生以宿舍为单位进行，引导学生反思自己，关注社会，敞开心扉，充分交流。

为了以实际行为践行感恩之心，树立回馈、反哺社会的公民意识，在校所有学生每学期都去敬老院、儿童福利院、社区，积极参加各项公益活动、志愿者服务活动，并将此作为必修学分；入读大学后，每位毕业生每年都要向国华汇报公益慈善活动情况，实现学生100%参与各种各样的公益活动。部分学生还将从事社会服务工作、公益工作作为自己毕生的事业志向。另外，在"既受助于社会，当以奉献社会为终生追求"的精神激励下，他们自发成立了国华纪念中学校友会及校友基金，首期即已筹备善款60多万元，用于帮助其他需要帮助的贫寒学子。他们从现在做起，从身边做起，立志于把杨国强先生的大爱洒遍人间，希望社会因为国华学子的存在而变得更加美好。

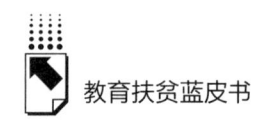

（二）以开阔眼界，提升综合素质为目标的智育课程

由于家境贫寒，国华学子入校之前，所接触的教育资源极为有限。在此种情形下，国华纪念中学从学生的长远出发，不仅全力辅导学生，将他们送进名牌大学，创造出了极高的高考升学率，还开发出独特的国华智育特色课程，扩展寒门学子的眼界，提升他们的综合素养，帮助学生获得足以使他们受益终生的各项能力。

1. 搭建网络学习平台，摸索 iPad 教学实验，培养学生的自主学习能力

国华纪念中学从建校开始，就十分重视信息技术在学科教学中的运用，学校建立了完善的千兆校园网，信息技术网络遍布全校，只要有学生活动的地方，就有信息技术终端。近年来，学校投入大量的人力物力，建设了学校网络学习平台和 iPad 教学实验班，学生随时随地可以获得想要的学习资源，师生对话及辅导方式更加便捷，使每个学生都能通过网络在课堂内和课余时间与同学、教师开展交互式学习，让学生学会交流；使部分学生能跨越课堂、跨越课本、跨越教师在网上进行自主性学习，实现自我学习、自我管理，更好地培养学生自主研究和自主获取知识的能力，从而培养具备终身学习能力的社会人才。

2. 每日开设博览，开拓学生视野

为开阔学生视野，学校每天开设博览，设 6~8 个放映室，内容涉及政治、经济、军事、天文、地理等方面，高一高二学生每周必选两个以上，将观看情况作为必修学分进行管理。

3. 开设音体美周末兴趣班，全面提升学生的审美能力

为了丰富学生的课余生活，提高学生的审美能力和修养，学校利用周末时间，聘请校外专业教师，开设音乐、美术、舞蹈、武术和摄影等兴趣班，要求高一高二学生每人必须参加两个以上的兴趣班，每人至少学会一门乐器。

表2 国华纪念中学周日兴趣培训班课程

时间	节次	项目										
上午	第一节 08:30-09:20	铜管乐队小号	小提琴高二提高班	萨克斯	古筝1	吉他普及班	跆拳道1	男生街舞	船模	武术提高班	摄影基础班	手工艺术品制作1
	第二节 09:30-10:20	铜管乐队长号	小提琴	葫芦丝	古筝2	吉他2班	跆拳道2	女生舞蹈		武术普及1班	素描基础班	手工艺术品制作2
	第三节 10:30-11:30	铜管乐队中音号	扬琴	萧	古筝3	吉他3提高班	跆拳道普及班	女声乐		武术普及2班	中国画基础班	手工艺术品制作3
下午	第四节 14:30-15:20	单周二胡尖子生,双周管乐队合奏	中阮、大阮	唢呐	《校园药用植物的认识与采集》	硬笔书法班	船模	华尔兹	声乐提高班	《昆虫标本制作》	摄影基础2班	素描基础班
	第五节 15:30-16:20	二胡	琵琶	竹笛		软笔书法		健美操	声乐普及		木刻版画	素描提高班

4. 引入高水平的教授、专家讲座,培养学生看问题的前瞻性

学校每年邀请十多位大学的教授到学校给同学们开设讲座,内容涉及文学、历史、社会学、天文学、美学、科技、环保等多个领域。以高水平、有深度的讲座,开阔学生视野,引导学生了解大学相关专业,了解社会相关领域的最新动态,以帮助学生尽早找到自己感兴趣的探索方向,为将来的发展做好更为清晰的规划。近三年来,已有三

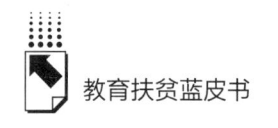

十多位知名学者、教授莅临国华纪念中学开设讲座。

5. 借阅读课培养学生智慧，引导学生多角度看社会

国华纪念中学努力实践"让书香浸润心灵，让书香溢满校园"的号召，全方位打造书香校园。创办人杨国强先生非常重视博览群书的作用，他多次讲："要教育孩子热爱读书，要从好的事例去引导"，"要多看一些书，聆听各种意见，仔细观察社会"。杨国强多次给同学们赠送书籍。每学期各班建立图书角，开展优秀读书笔记评比和展示，进行好书推介，开展辩论赛和读书知识竞赛等。"阅读课"已成为学校的常态课，高一高二年级每周进行"好书推荐"活动，"班级书架"使学生随处有书可读。依托这一系列的智育措施的摸索与实践，寒门学子由进入国华时的胆小、闭塞，逐渐变得更有智慧、更大方得体、彬彬有礼，视野更开阔，对事物的分析、判断和选择更客观、全面，也更有远见。

六 办学成效

国华纪念中学每年的高考本科上线率达100%，连续多次有学生夺得佛山市理科状元，近四年，一类重点本科上线率达95%以上，在广东省内名列前茅。毕业生有400多人攻读硕士学位，45人攻读博士学位，22人获得国外大学全额奖学金留学深造，600多人已经参加工作。2016年，该校的重点本科率超98%。不过，学校创立人杨国强认为，学校的工作不是看现在有多少学生考上了清华北大，而是看十年二十年后，国华学生都为社会做出了哪些贡献。因而，杨国强定期会与学生座谈。在每次的座谈中，他都强调，从国华走出去的学生，都要记得学校礼堂后刻着的"国华学子当以奉献社会为终生追求"。

2016年6月26日，国华纪念中学校友会、校友基金正式成立，校友会成立之际，校友会基金第一期便筹到了60多万元的款项，传

递爱心，帮助学弟学妹。杨国强说："今天是我人生中最开心的一天。"与杨国强相识多年，见证他创办国华纪念中学之路的人民日报社原副总编辑李仁臣动情地跟国华学子们说到，还有一样东西比这些捐款数字更感人更重要，那就是一颗心。国华纪念中学的老师们和你们的"杨爸爸"把一颗心都掏出来了。

总之，国华纪念中学是中国教育扶贫波澜壮阔史上的一盏明灯。它不仅帮助贫困学子解决求学路上经济上的困难，更重要的是真正地从内而外地重塑了贫寒学子，帮助他们心理脱贫、精神脱贫、灵魂脱贫。使贫寒学子不仅用知识改变自己、家庭、家乡的命运，更立志于以奉献社会为终生追求。国华纪念中学实现了教育扶贫，为国育英才的办学目标。多年过去，木已成林。国华纪念中学的毕业生，在"以奉献社会为终生追求"的学校精神鼓舞下，不负创办人的期望，正在逐步成长为国家、民族之栋梁。

冀晓宇，国华纪念中学2006届毕业生，来自国家级贫困县、被列入国家燕山－太行山连片特殊困难地区的河北省宣化县的大仓盖镇殷家庄村。入读国华纪念中学前，家境十分贫寒，母亲残疾，父亲务农，家里因连年干旱而收入极微薄，严重入不敷出，需要靠社会各界资助才能勉强维持生计。入读国华纪念中学后，各方面素养逐渐提升，后考上浙江大学生物医学工程及仪器科学学院。在大学期间，他的专业成绩每年都排在系里的前十名，另外，还辅修了浙大竺可桢学院创新与创业管理强化班的管理和创业方面的课程并且取得了荣誉学位。他还热心于公益事业和社团活动，组织同学利用暑假时间到浙江湖州武康农民工子女学校支教、联合创立浙江大学"电子商务与电子服务"社团。数次获得浙江大学"三好学生""优秀学生""暑期社会实践先进个人"等荣誉及奖项。毕业时，被评为浙江大学优秀毕业生。

2011年，获得"香港政府奖学金"（HKPF）（全球前10%的申请者），加入香港科技大学计算机系攻读博士学位，师从ACM/IEEE Fellow刘云浩教授。2015年加入华为香港研究院担任研究员；2016年底，即将赴浙江大学担任助理教授职位。

乔淼，国华纪念中学2007届毕业生，来自国家级贫困县——河南省信阳光山县。入读国华纪念中学前，父母均下岗，爷爷奶奶病重需支付高额医药费，靠父亲四处打零工及亲戚接济才能勉强维持生计。入读国华后，坚毅自强、勤奋求实的人生态度以及国华精神激励着他一路前行，怀着对知识的追求，在学术的道路上，不断探索，不断进步。高中阶段的刻苦和勤奋使得他如愿以偿地进入北京大学城市与环境学院城市规划系。在北大，他不仅以优异的成绩完成了本专业的学习，还获得了北京大学中国经济研究中心的经济学学位，并直接跳过硕士阶段，被英国曼彻斯特大学城市规划专业博士项目破格录取，并凭借着良好的学习基础，勤奋的工作态度，以及高效的工作方法，仅用3年半时间就获得了博士学位，于2016年1月成功得到英国曼彻斯特大学城市政策研究中心博士后的研究工作，担任该校研究员及助理讲师职务。

王福全，国华纪念中学2006届毕业生，来自西部省份甘肃省，父母双双失业，为城市低保人群，家境贫困，入读国华纪念中学之前，一家人靠摆地摊以及社会资助方能勉强维持生计。入读国华纪念中学后，经过学校全方位培养，终以优异成绩考入北京大学。2010年，考入美国威斯康星大学麦迪逊分校攻读硕士、博士学位，从2011年起至今在瑞士的欧洲核子研究中心从事高能物理的实验与研究工作，师从著名物理学家Saulan Wu（吴秀兰）。他所在的实验组成功发现了希格斯波色子，证实了希格斯理论，比利时和英国的两位物理学家此项被证实的理论获得了

2013年诺贝尔物理学奖。他也参与了在超环面仪器上的希格斯波色子性质的研究和暗物质的寻找。同时，他还从事着计算机方面的工作，用云计算技术把数据采集计算集群转换成了一个云计算模拟站点，管理六万颗中央处理器在数据采集间隙贡献计算能力。

B.9
巴西家庭补助金项目：有条件现金转移支付项目在教育扶贫中的应用

司树杰　赵红　刘丽娟*

摘　要： 有条件现金转移支付项目是政府社会开支以转移支付的形式，对符合特定具体条件的贫困人口在生产、生活及教育方面进行财政投入的扶贫方式。与其他扶贫实践而言，向补贴接受者提出了教育和健康方面的限制条件是有条件现金转移支付的主要特点。本报告以巴西家庭补助金项目为例，从该项目的法律和政治背景、教育扶贫目标、教育扶贫对象、受益人群的瞄准方法以及项目的实施效果等方面详细地介绍了有条件现金转移支付项目的扶贫理念和具体实施过程。

关键词： 巴西扶贫　有条件现金转移支付　家庭补助金项目

1960年，美国学者舒尔茨（T. W. Schultz）提出了"人力资本投

---

* 司树杰，原任国务院扶贫办党组成员（中管干部），现任中国老区建设促进会副会长、北京师范大学中国教育扶贫研究中心主任、兼职研究员，主要研究方向为农村扶贫开发、国际扶贫交流和农村教育等；赵红，北京师范大学职业教育与成人教育研究所硕士研究生，主要研究方向为职业教育；刘丽娟，教育学硕士，北京师范大学继续教育与教师培训学院办公室主任，研究方向为教师教育、家庭教育等。

资"理论，强调人的质量对于经济发展的重要作用。经济发展的一个重要指标是就业，而决定就业的其中一个重要方面又是劳动者的素质，劳动者的素质形成又离不开教育的重要作用，当教育供给无法满足受教育者需求，或者受教育者自身无力承担教育成本时，贫困儿童通过接受教育提升自身人力资本水平的道路就会受阻，最终加剧了贫困的代际传递现象。

正因如此，教育扶贫才被认为是"最有效、最持久的扶贫方式""扶贫模式的创新要以提高贫困人口的素质为核心理念"[①]。可以说，教育扶贫对于贫困人口的短期减贫具有显著的立竿见影的效果，同时对于贫困人口的中长期脱贫、阻断其贫困代际传递更是起到了基础性的关键作用。

针对经济贫困人口特有教育问题的扶贫，一方面是对贫困地区的整体扶贫，另一方面是对非贫困地区贫困人群的有针对性扶贫。在强调精准扶贫、行业深度扶贫、加大教育扶贫供给侧改革的大背景下，在作为扶贫工作一项重点工作的教育扶贫实践当中，如何使专项扶贫资金真正投入贫困人口的专项发展中去，就成为今天教育扶贫的主要任务。在这方面，长期以来的国际（教育）扶贫实践经验值得我们学习借鉴。

一 有条件现金转移支付项目及其特点

有条件现金转移支付（Conditional Cash Transfers，CCT）项目是政府将社会开支以转移支付的形式，对符合特定具体条件的贫困人口在生产、生活及教育方面进行财政投入的扶贫方式。该项目的目标："一是减少现有贫困，二是寻求提高人力资本结构的途径，从而阻止

---

① 谢君君：《教育扶贫研究述评》，《复旦教育论坛》2012年第3期，第66~71页。

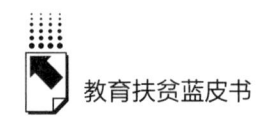

贫困的代际转移"[①]，简单地说，就是减贫和脱贫。

相比较于以往的扶贫实践，CCT项目有如下几个方面的特点。

第一，它有有一系列可观察、易测量、宜操作的扶贫指标，比如贫困儿童入学率、在校出勤率、儿童疫苗接种情况等。

第二，政府与贫困户签订"社会契约"，不仅明确了扶贫工作的"出口"，更明确了贫困家庭需要承担的义务和责任。

第三，CCT项目有非常明确的扶贫对象门槛条件，扶贫工作的"进口"严格可控。

第四，该项目有一套科学化程度较高的甄别程序和相应退出机制，扶贫对象的确定"方法"得当，有效避免了可能出现漏洞的中间环节。

第五，在扶贫方式的选择上，该项目以现金代实物、以金钱换行动，资金直接到户，减少了中间环节，促进了扶贫机构工作方式的转变，同时也有利于发挥贫困主体在减贫、脱贫工作中的主动性。

二 巴西家庭补助金项目：有条件现金转移支付项目在教育扶贫中的实践

2003年10月之前，巴西已经有四个联邦CCT项目。第一个项目Programa de Erradicação do Trabalho Infantil（PETI）于1996年成立。该项目旨在消除童工。其现金转移支付对象十分明确，即那些7~15岁的从事（或很可能从事）危险或有辱人格工作的儿童，农村儿童可获得25雷亚尔（37美元PPP），城市儿童可获得40雷亚尔（59美元PPP），此外市政当局可获得额外拨款，通过被称为Jornada

---

[①] 郑风田、程婧：《精准扶贫如何才能更精准》，新疆新闻在线网，http://www.xjbs.com.cn/news/2015-11/06/cms1818793article.shtml?nodes=_3386_.，最后访问日期：2016年5月22日。

Ampliada 的课外延伸活动来延长学生的就学时间。这一现金转移支付的条件也为承诺：年龄小于 16 岁的儿童不得工作且学校出勤率要达到 75%。项目由社会援助秘书处实施。2001 年，第二个项目联邦 Bolsa Escola 项目诞生了。其条件规定了来自人均收入低于 90 雷亚尔（97 美元 PPP）家庭的学龄儿童的学校出勤率，儿童均可得到 15 雷亚尔（16 美元 PPP）的转移支付，部分儿童得到的转移支付最高可达 45 雷亚尔（49 美元 PPP）。项目由教育部管理。第三个项目为 Bolsa AlimentaÇão，条件为孕妇的产前检查、产妇的母乳喂养和幼儿的免疫接种。转移支付给儿童人均 15 雷亚尔（16 美元 PPP），最高可达 45 雷亚尔（49 美元 PPP）。项目由卫生部实施。第四个 CCT 项目 Cartão AlimentaÇão 已开始实行，转移支付 50 雷亚尔（54 美元 PPP）给人均月收入低于最低工资 1/2 的家庭，这一转移支付的限制条件是补贴必须用于食物[1]。

由此可见以上每个项目都有自己的资金来源、实施机构、前提条件。由于实施机构之间不相互交换信息，其结果可能是某一家庭同时可以享受 4 种转移支付，也有可能某一家庭任何一种转移支付都不能得到，为了使各项目之间的实施更加协调，2003 年 10 月，巴西开始整合以上四个有条件现金转移支付项目，成立家庭补助金项目 Bolsa Familia 项目，此后，巴西有条件现金转移支付（CCT）项目以 Bolsa Familia 的形式存在，家庭补助金项目是对已有的一系列性现金转移支付项目的统一。它直接面向每月人均收入低于 60 雷亚尔的家庭，有孕妇或哺乳期妇女的家庭，以及儿童和人均收入低于 120 雷亚尔（参照 2006 年 10 月收入标准）的 15 岁以下未成年人。市政当局借助其社会援助部门承担选择受益对象的任务。社会发展部负责项目管理。由 Caixa 联邦储备银行（一个联邦金融机构）开展转移支付。根

---

[1] 吴忠：《有条件现金转移支付、公共服务与减贫》，中国农业出版社，2011，第 169 页。

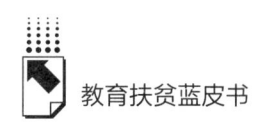

据受益家庭的人员构成，该项目向补贴接受者提出了教育和健康方面的限制条件，主要是入学、出勤率、儿童免疫疫苗的接种，及孕妇产前、产后的护理等。

（一）法律和政治背景

针对巴西的家庭补助金项目，与持续福利金的法律定位不同，家庭补助金来源于总统的临时措施，随后被转化为法律规定。两者在行政法规上和制定文件中都是有运作根据的。家庭补助金的立法具有一定的主观性，受益对象的筛选受制于预算拨付额度以及市政当局与联邦政府之间的协调性。因此，符合准入资格的并不一定能获得家庭补助金项目的补贴。另外，家庭补助金制度是总统颁布的一项措施，它必然受到政府的直接影响。由于这些差异的存在，一方面，政府在持续福利金项目的管理上可能不会赢得直接的政治褒奖；但另一方面，家庭补助金项目的政绩却能够立即获得认同。因此，巴西的家庭补助金项目的实施更加具有动力机制，政府在家庭补助金项目上的自主性和动力性相比巴西的持续福利金项目更强。

（二）教育扶贫目标

巴西家庭补助金项目在目标定位上具有双重性，短期和长期目标同时兼具。短期目标通过收入转移支付实现，减少贫困家庭的收入损失。长期目标通过制约性的教育与健康类条款强制执行，打破贫困在代与代之间的传递。巴西家庭补助金项目的长期目标与教育扶贫直接相关，其实现方式是通过强制性的教育附加条件，如要求儿童学校出勤率来提高儿童的受教育程度，从而减少贫困的代际传递。

（三）教育扶贫对象

巴西家庭补助金项目中教育扶贫的体现是通过限制条件实现的，

因此CCT项目针对的所有对象都是巴西和哥伦比亚教育扶贫的对象。

家庭补助金项目是世界上最大的有条件现金转移支付（CCT）项目之一，惠及家庭1100万户左右。该项目主要针对两种群体（见表1）。

表1 巴西家庭补助金项目的目标人群

家庭补助金项目针对群体	受资助家庭的条件	受资助额度	资助方式	项目的限制条件
极端贫困家庭[最多可以接收到112巴西雷亚尔（约61美元）的补助]	人均年收入60巴西雷亚尔（约33美元）	接收到58巴西雷亚尔（约32美元）的基础补助；每名孕妇或者儿童（最多三人）都能接收到18巴西雷亚尔（约10美元）的补助。	以现金的方式每月发放给家庭中的妇女	(1)6~15岁儿童必须保证85%的学校出勤率。(2)6岁以下儿童都要确认接种疫苗情况，孕妇必须定期接受产检。
贫困家庭[最多可以接收到54巴西雷亚尔（约30美元）的补助]	人均年收入120巴西雷亚尔（约66美元）	每名孕妇或者儿童（最多三人）都能接收到18巴西雷亚尔（约10美元）的补助。		

（四）收益人群的瞄准方法

CCT项目对于扶贫对象的瞄准机制普遍采用区域定位和群体定位相结合的方法，直至确定具体贫困家庭，借以提高扶贫对象的覆盖度和准确性。具体方法为准家计调查（Proxy Means Tests，PMT），该调查方法通过间接和直接相结合的方式调查贫困家庭的具体状况，以确定其是否符合CCT项目目标对象的条件。间接方式主要通过相关代理变量如家庭结构、人口特征、受教育程度、健康状况、基本生活条件等对贫困家庭的收支情况进行预测，直接方式则通过了解贫困户的

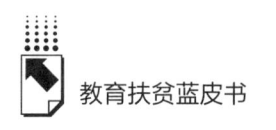

收入状况、食品、医疗、子女教育等方面的支出情况了解其收支情况。该方法被认为瞄准效果良好,透明度较高。

家庭补助金项目使用了由地方层面提供的未经核实的家庭经济调查结果来选择受益人群。由于该项目的规模较大,如使用检验过的家庭经济调查或准家庭经济调查来识别合格的项目家庭将大大增加成本。该项目这种未经检验的选择方法是备受批评的,因为这种高度分散的过程可能导致结果的扭曲,比如特权介入和漏入[①]。

针对巴西家庭补助金项目中的教育部分,其教育扶贫对象是瞄准对象中的6~15岁的儿童,要求他们在学校的出勤率保证在85%以上。

三 巴西家庭补助金项目的效果

(一)对儿童入学率和出勤率的影响

巴西家庭补助金项目的教育限制条件在巴西的需求和影响颇受争议。

首先自巴西家庭补助金项目的限制条件的监督体系建立以来,观察到的儿童的学校出勤率达到95%以上。然而这样的结果很难断定这是教育限制条件控制的直接结果还是一种独立的发展趋势。Cededplar的研究结果显示,家庭补助金项目对儿童缺勤率和辍学率产生及积极影响,然而不设限制条件的项目可能也会产生同样的影响(2006);Carvalho指出,免缴费型和非条件型农村养老金对于家庭中儿童的入学率也会产生积极影响,尤其是12~14岁女童,但限制条

---

① 吴忠:《有条件现金转移支付、公共服务与减贫》,中国农业出版社,2011,第187页。

件的存在会增加控制和监督机制消耗的成本①。

其次，在大多数情况下，提出来的这些关于教育的附加条件只是强化父母需要做的事情——法律和社会要求做的事情是送他们上学，因而，这些限制条件并没有提出任何新的、过分的要求，但这并不意味着这些做法不带有过多的强制色彩。

（二）使儿童留级率增加

巴西家庭补助金为贫困儿童的入学率和出勤率提高做出了积极的贡献。但有研究显示：参加家庭补助金项目的儿童大约比那些没有参加项目的儿童多4%的留级率②，原因是接受家庭补助金的学生已经辍学很久，与那些一直在学校的孩子相比，他们面临的学习困难更大。然而巴西家庭补助金项目并不能在解决贫困家庭儿童留级率问题方面做出积极贡献。

（三）对不平等与贫困的影响

由于现金转移支付对总收入分布的影响是积极的，在减少不平等方面它也产生了显著影响，这种影响对贫困也产生了一定的作用，因为，对于中等收入国家而言，贫困对不平等的变化比对平均收入方面的变化更为敏捷。Soares 等发现巴西的基尼指数（Gini Index）1995～2004年下降了4.7%。这一下降的21%归功于家庭补助金项目。鉴于转移支付仅占巴西家庭收入的0.5%，因此对减少不平等而言，它就成为继提高劳动力收入以后的第二大重要因素③。

现金转移支付项目同样对减贫产生了巨大的影响，特别是减少极端贫困。如在巴西或者墨西哥，对于最穷的5%的人口而言，转移支

---

① 吴忠：《有条件现金转移支付、公共服务与减贫》，中国农业出版社，2011，第158页。
② 吴忠：《有条件现金转移支付、公共服务与减贫》，中国农业出版社，2011，第191页。
③ 吴忠：《有条件现金转移支付、公共服务与减贫》，中国农业出版社，2011，第190页。

付占他们总收入的10%甚至更多。在巴西，贫困距测量（Poverty Gap Measure）显示，贫困率下降的12%归功于家庭补助金项目，贫困强度测量（Poverty Severity Measure），显示家庭补助金项目造就了贫困率19%的下降①。

（四）受益者受教育的控制和监督机制消耗的成本

在全国范围内对限制条件进行及时有效的检测需要一笔庞大的行政开支，联邦政府要分担小部分，余下的大部分由负责提供信息的市政当局承担。然而，对全国统一的控制体系的效益和成本进行仔细检查依然很有必要，以便于更好地了解其带来的便利。限制条件的监督除了能确定服务供应的缺口，还可以像工具一样生产健康检查和出勤率方面可能遗漏的信息，提醒政府识别最脆弱的家庭和最需要关心的人群。总的来说，限制条件的必要性、操控成本和它们所带来的好处还不明确。

四 巴西家庭补助金项目的创新

（一）推动了教育中的"家庭共同责任"进程

巴西家庭补助金项目是巴西政府在扶贫工作上的创新，该项目以获得现金的"限制条件"变减贫工作中政府单一责任为政府和收益家庭的共同责任，将减贫同培养减贫能力联系在一起。针对教育扶贫方面，是对儿童入学和出勤率提出的要求。该项目要求受益家庭的儿童出勤率达到85%以上，并建立了一整套从市政当局延伸到联邦政府的监督体系，从而使政府在发现限制条件未被执行时做出处理。因

---

① 吴忠：《有条件现金转移支付、公共服务与减贫》，中国农业出版社，2011，第190页。

此巴西家庭补助金项目变教育扶贫单一的政府责任为政府和受支援家庭的共同责任，双方共同改善贫困家庭儿童的受教育情况，政府提供贫困儿童上学的部分资金支持和强制性控制，而家庭则是完成入学任务的主要实施者。

（二）减少了贫困的代际传递

巴西的家庭补助金项目将补贴与受益人应该承担的教育责任相挂钩，在一定程度上提高了参与家庭对教育方面的投入，尤其是改善了儿童受教育的状况，有助于学龄儿童人力资本存量的逐步增加，从一定程度上保证了贫困户家庭的后代在人力资本方面的积累，而人力资本的积累增加了他们脱离贫困的可能性，从而减少了贫困的代际传递，为从根本上解决贫困问题提供了可能。

（三）对现金支配的部分自主性和强制性

一方面，巴西家庭补助金项目给受益人提供现金，让受益人有直接支配资金的权利，在一定程度上缓解了贫困家庭的温饱问题，这体现了受益者对现金支配的自主性特点。另一方面，巴西CCT项目又带有贫困家庭孩子接受教育的强制性条件，从而提高了家庭在支配补给现金时在教育方面的投入，这在很大程度上改善了贫困儿童接受教育的现状。巴西在CCT项目中规定的接受教育的条件是作为一种激励机制而不是自主选择机制运行的，这一特点成为衔接短期目标和长期目标的决定因素，保证了学龄儿童在校接受教育，有助于学龄儿童人力资本力量的逐步增加，从一定程度上保证贫困家庭的后代在人力资本方面积累的不断增加，人力资本积累的增加了他们摆脱贫困的可能性。

附　录
Appendices

B.10
中共中央国务院关于打赢脱贫攻坚战的决定

《人民日报》（2015年12月8日1版）

确保到2020年农村贫困人口实现脱贫，是全面建成小康社会最艰巨的任务。现就打赢脱贫攻坚战作出如下决定。

一　增强打赢脱贫攻坚战的使命感紧迫感

消除贫困、改善民生、逐步实现共同富裕，是社会主义的本质要求，是我们党的重要使命。改革开放以来，我们实施大规模扶贫开发，使7亿农村贫困人口摆脱贫困，取得了举世瞩目的伟大成就，谱写了人类反贫困历史上的辉煌篇章。党的十八大以来，我们把扶贫开发工作纳入"四个全面"战略布局，作为实现第一个百年奋斗目标的重点工作，摆在更加突出的位置，大力实施精准扶贫，不断丰富和拓展中国特色扶贫开发道路，不断开创扶贫开发事业新局面。

我国扶贫开发已进入啃硬骨头、攻坚拔寨的冲刺期。中西部一些省（自治区、直辖市）贫困人口规模依然较大，剩下的贫困人口贫困程度较深，减贫成本更高，脱贫难度更大。实现到2020年让7000多万农村贫困人口摆脱贫困的既定目标，时间十分紧迫、任务相当繁重。必须在现有基础上不断创新扶贫开发思路和办法，坚决打赢这场攻坚战。

扶贫开发事关全面建成小康社会，事关人民福祉，事关巩固党的执政基础，事关国家长治久安，事关我国国际形象。打赢脱贫攻坚战，是促进全体人民共享改革发展成果、实现共同富裕的重大举措，是体现中国特色社会主义制度优越性的重要标志，也是经济发展新常态下扩大国内需求、促进经济增长的重要途径。各级党委和政府必须把扶贫开发工作作为重大政治任务来抓，切实增强责任感、使命感和紧迫感，切实解决好思想认识不到位、体制机制不健全、工作措施不落实等突出问题，不辱使命、勇于担当，只争朝夕、真抓实干，加快补齐全面建成小康社会中的这块突出短板，决不让一个地区、一个民族掉队，实现《中共中央关于制定国民经济和社会发展第十三个五年规划的建议》确定的脱贫攻坚目标。

二 打赢脱贫攻坚战的总体要求

（一）指导思想

全面贯彻落实党的十八大和十八届二中、三中、四中、五中全会精神，以邓小平理论、"三个代表"重要思想、科学发展观为指导，深入贯彻习近平总书记系列重要讲话精神，围绕"四个全面"战略

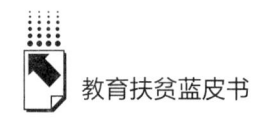

布局，牢固树立并切实贯彻创新、协调、绿色、开放、共享的发展理念，充分发挥政治优势和制度优势，把精准扶贫、精准脱贫作为基本方略，坚持扶贫开发与经济社会发展相互促进，坚持精准帮扶与集中连片特殊困难地区开发紧密结合，坚持扶贫开发与生态保护并重，坚持扶贫开发与社会保障有效衔接，咬定青山不放松，采取超常规举措，拿出过硬办法，举全党全社会之力，坚决打赢脱贫攻坚战。

（二）总体目标

到2020年，稳定实现农村贫困人口不愁吃、不愁穿，义务教育、基本医疗和住房安全有保障。实现贫困地区农民人均可支配收入增长幅度高于全国平均水平，基本公共服务主要领域指标接近全国平均水平。确保我国现行标准下农村贫困人口实现脱贫，贫困县全部摘帽，解决区域性整体贫困。

（三）基本原则

——坚持党的领导，夯实组织基础。充分发挥各级党委总揽全局、协调各方的领导核心作用，严格执行脱贫攻坚一把手负责制，省市县乡村五级书记一起抓。切实加强贫困地区农村基层党组织建设，使其成为带领群众脱贫致富的坚强战斗堡垒。

——坚持政府主导，增强社会合力。强化政府责任，引领市场、社会协同发力，鼓励先富帮后富，构建专项扶贫、行业扶贫、社会扶贫互为补充的大扶贫格局。

——坚持精准扶贫，提高扶贫成效。扶贫开发贵在精准，重在精准，必须解决好扶持谁、谁来扶、怎么扶的问题，做到扶真贫、真扶贫、真脱贫，切实提高扶贫成果可持续性，让贫困人口有更多的获得感。

——坚持保护生态，实现绿色发展。牢固树立绿水青山就是金山银山的理念，把生态保护放在优先位置，扶贫开发不能以牺牲生态为代价，探索生态脱贫新路子，让贫困人口从生态建设与修复中得到更多实惠。

——坚持群众主体，激发内生动力。继续推进开发式扶贫，处理好国家、社会帮扶和自身努力的关系，发扬自力更生、艰苦奋斗、勤劳致富精神，充分调动贫困地区干部群众积极性和创造性，注重扶贫先扶智，增强贫困人口自我发展能力。

——坚持因地制宜，创新体制机制。突出问题导向，创新扶贫开发路径，由"大水漫灌"向"精准滴灌"转变；创新扶贫资源使用方式，由多头分散向统筹集中转变；创新扶贫开发模式，由偏重"输血"向注重"造血"转变；创新扶贫考评体系，由侧重考核地区生产总值向主要考核脱贫成效转变。

三 实施精准扶贫方略，加快贫困人口精准脱贫

（一）健全精准扶贫工作机制

抓好精准识别、建档立卡这个关键环节，为打赢脱贫攻坚战打好基础，为推进城乡发展一体化、逐步实现基本公共服务均等化创造条件。按照扶持对象精准、项目安排精准、资金使用精准、措施到户精准、因村派人精准、脱贫成效精准的要求，使建档立卡贫困人口中有5000万人左右通过产业扶持、转移就业、易地搬迁、教育支持、医疗救助等措施实现脱贫，其余完全或部分丧失劳动能力的贫困人口实行社保政策兜底脱贫。对建档立卡贫困村、贫困户和贫困人口定期进行全面核查，建立精准扶贫台账，实行有进有出的动态管理。根据致贫原因和脱贫需求，对贫困人口实行分类扶持。建立贫困户脱贫认定机制，对已经脱贫的农户，在一定时期内让其继续享受扶贫相关政策，避免出现边脱贫、边返贫现象，切实做到应进则进、应扶则扶。

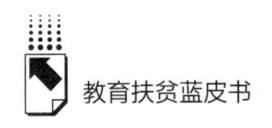

抓紧制定严格、规范、透明的国家扶贫开发工作重点县退出标准、程序、核查办法。重点县退出，由县提出申请，市（地）初审，省级审定，报国务院扶贫开发领导小组备案。重点县退出后，在攻坚期内国家原有扶贫政策保持不变，抓紧制定攻坚期后国家帮扶政策。加强对扶贫工作绩效的社会监督，开展贫困地区群众扶贫满意度调查，建立对扶贫政策落实情况和扶贫成效的第三方评估机制。评价精准扶贫成效，既要看减贫数量，更要看脱贫质量，不提不切实际的指标，对弄虚作假搞"数字脱贫"的，要严肃追究责任。

（二）发展特色产业脱贫

制定贫困地区特色产业发展规划。出台专项政策，统筹使用涉农资金，重点支持贫困村、贫困户因地制宜发展种养业和传统手工业等。实施贫困村"一村一品"产业推进行动，扶持建设一批贫困人口参与度高的特色农业基地。加强贫困地区农民合作社和龙头企业培育，发挥其对贫困人口的组织和带动作用，强化其与贫困户的利益联结机制。支持贫困地区发展农产品加工业，加快一二三产业融合发展，让贫困户更多分享农业全产业链和价值链增值收益。加大对贫困地区农产品品牌推介营销支持力度。依托贫困地区特有的自然人文资源，深入实施乡村旅游扶贫工程。科学合理有序开发贫困地区水电、煤炭、油气等资源，调整完善资源开发收益分配政策。探索水电利益共享机制，将从发电中提取的资金优先用于水库移民和库区后续发展。引导中央企业、民营企业分别设立贫困地区产业投资基金，采取市场化运作方式，主要用于吸引企业到贫困地区从事资源开发、产业园区建设、新型城镇化发展等。

（三）引导劳务输出脱贫

加大劳务输出培训投入，统筹使用各类培训资源，以就业为导向,提高培训的针对性和有效性。加大职业技能提升计划和贫困户教育培训工程实施力度,引导企业扶贫与职业教育相结合,鼓励职业院校和技工学校招收贫困家庭子女,确保贫困家庭劳动力至少掌握一门致富技能,实现靠技能脱贫。进一步加大就业专项资金向贫困地区转移支付力度。支持贫困地区建设县乡基层劳动就业和社会保障服务平台,引导和支持用人企业在贫困地区建立劳务培训基地,开展好订单定向培训,建立和完善输出地与输入地劳务对接机制。鼓励地方对跨省务工的农村贫困人口给予交通补助。大力支持家政服务、物流配送、养老服务等产业发展,拓展贫困地区劳动力外出就业空间。加大对贫困地区农民工返乡创业政策扶持力度。对在城镇工作生活一年以上的农村贫困人口,输入地政府要承担相应的帮扶责任,并优先提供基本公共服务,促进有能力在城镇稳定就业和生活的农村贫困人口有序实现市民化。

（四）实施易地搬迁脱贫

对居住在生存条件恶劣、生态环境脆弱、自然灾害频发等地区的农村贫困人口,加快实施易地扶贫搬迁工程。坚持群众自愿、积极稳妥的原则,因地制宜选择搬迁安置方式,合理确定住房建设标准,完善搬迁后续扶持政策,确保搬迁对象有业可就、稳定脱贫,做到搬得出、稳得住、能致富。要紧密结合推进新型城镇化,编制实施易地扶贫搬迁规划,支持有条件的地方依托小城镇、工业园区安置搬迁群众,帮助其尽快实现转移就业,享有与当地群众同等的基本公共服务。加大中央预算内投资和地方各级政府投入力度,创新投融资机制,拓宽资金来源渠道,提高补助标准。积极整合交通建设、农田水利、土地整治、地质灾害防治、林业生态等支农资金和社会资金,支持安置区配套公共设施建设和迁出区生态修复。利用城乡建设用地增减挂钩政策支持易地扶贫搬迁。为符合条件的搬迁户提供建房、生

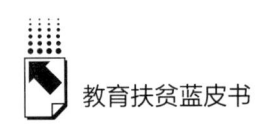

产、创业贴息贷款支持。支持搬迁安置点发展物业经济，增加搬迁户财产性收入。探索利用农民进城落户后自愿有偿退出的农村空置房屋和土地安置易地搬迁农户。

（五）结合生态保护脱贫

国家实施的退耕还林还草、天然林保护、防护林建设、石漠化治理、防沙治沙、湿地保护与恢复、坡耕地综合整治、退牧还草、水生态治理等重大生态工程，在项目和资金安排上进一步向贫困地区倾斜，提高贫困人口参与度和受益水平。加大贫困地区生态保护修复力度，增加重点生态功能区转移支付。结合建立国家公园体制，创新生态资金使用方式，利用生态补偿和生态保护工程资金使当地有劳动能力的部分贫困人口转为护林员等生态保护人员。合理调整贫困地区基本农田保有指标，加大贫困地区新一轮退耕还林还草力度。开展贫困地区生态综合补偿试点，健全公益林补偿标准动态调整机制，完善草原生态保护补助奖励政策，推动地区间建立横向生态补偿制度。

（六）着力加强教育脱贫

加快实施教育扶贫工程，让贫困家庭子女都能接受公平有质量的教育，阻断贫困代际传递。国家教育经费向贫困地区、基础教育倾斜。健全学前教育资助制度，帮助农村贫困家庭幼儿接受学前教育。稳步推进贫困地区农村义务教育阶段学生营养改善计划。加大对乡村教师队伍建设的支持力度，特岗计划、国培计划向贫困地区基层倾斜，为贫困地区乡村学校定向培养留得下、稳得住的一专多能教师，制定符合基层实际的教师招聘引进办法，建立省级统筹乡村教师补充机制，推动城乡教师合理流动和对口支援。全面落实连片特困地区乡村教师生活补助政策，建立乡村教师荣誉制度。合理布局贫困地区农村中小学校，改善基本办学条件，加快标准化建设，加强寄宿制学校建设，提高义务教育巩固率。普及高中阶段教育，率先从建档立卡的家庭经济困难学生实施普通高中免除学杂费、中等职业教育免除学杂费，让未升入普通高中的初中毕业生都能接受中等职业教育。加强有专业特色并适应市场需求的中等职业学校建设，提高中等职业教育国家助学金资助标准。努力办好贫困地区特殊教育和远程教育。建立保障农村和贫困地区学生上重点高校的长效机制，加大对贫困家庭大学生的救助力度。对贫困家庭离校未就业的高校毕业生提供就业支持。实施教育扶贫结对帮扶行动计划。

（七）开展医疗保险和医疗救助脱贫

实施健康扶贫工程，保障贫困人口享有基本医疗卫生服务，努力防止因病致贫、因病返贫。对贫困人口参加新型农村合作医疗个人缴费部分由财政给予补贴。新型农村合作医疗和大病保险制度对贫困人口实行政策倾斜，门诊统筹率先覆盖所有贫困地区，降低贫困人口大病费用实际支出，对新型农村合作医疗和大病保险支付后自负费用仍有困难的，加大医疗救助、临时救助、慈善救助等帮扶力度，将贫困人口全部纳入重特大疾病救助范围，使贫困人口大病医治得到有效保障。加大农村贫困残疾人康复服务和医疗救助力度，扩大纳入基本医疗保险范围的残疾人医疗康复项目。建立贫困人口健康卡。对贫困人口大病实行分类救治和先诊疗后付费的结算机制。建立全国三级医院（含军队和武警部队医院）与连片特困地区县和国家扶贫开发工作重点县县级医院稳定持续的一对一帮扶关系。完成贫困地区县乡村三级医疗卫生服务网络标准化建设，积极促进远程医疗诊治和保健咨询服务向贫困地区延伸。为贫困地区县乡医疗卫生机构订单定向免费培养医学类本专科学生，支持贫困地区实施全科医生和专科医生特设岗位计划，制定符合基层实际的人才招聘引进办法。支持和引导符合条件

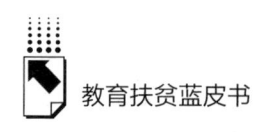

的贫困地区乡村医生按规定参加城镇职工基本养老保险。采取针对性措施，加强贫困地区传染病、地方病、慢性病等防治工作。全面实施贫困地区儿童营养改善、新生儿疾病免费筛查、妇女"两癌"免费筛查、孕前优生健康免费检查等重大公共卫生项目。加强贫困地区计划生育服务管理工作。

（八）实行农村最低生活保障制度兜底脱贫

完善农村最低生活保障制度，对无法依靠产业扶持和就业帮助脱贫的家庭实行政策性保障兜底。加大农村低保省级统筹力度，低保标准较低的地区要逐步达到国家扶贫标准。尽快制定农村最低生活保障制度与扶贫开发政策有效衔接的实施方案。进一步加强农村低保申请家庭经济状况核查工作，将所有符合条件的贫困家庭纳入低保范围，做到应保尽保。加大临时救助制度在贫困地区落实力度。提高农村特困人员供养水平，改善供养条件。抓紧建立农村低保和扶贫开发的数据互通、资源共享信息平台，实现动态监测管理、工作机制有效衔接。加快完善城乡居民基本养老保险制度，适时提高基础养老金标准，引导农村贫困人口积极参保续保，逐步提高保障水平。有条件、有需求地区可以实施"以粮济贫"。

（九）探索资产收益扶贫

在不改变用途的情况下，财政专项扶贫资金和其他涉农资金投入设施农业、养殖、光伏、水电、乡村旅游等项目形成的资产，具备条件的可折股量化给贫困村和贫困户，尤其是丧失劳动能力的贫困户。资产可由村集体、合作社或其他经营主体统一经营。要强化监督管理，明确资产运营方对财政资金形成资产的保值增值责任，建立健全收益分配机制，确保资产收益及时回馈持股贫困户。支持农民合作社和其他经营主体通过土地托管、牲畜托养和吸收农民土地经营权入股等方式，带动贫困户增收。贫困地区水电、矿产等资源开发，赋予土地被占用的村集体股权，让贫困人口分享资源开发收益。

（十）健全留守儿童、留守妇女、留守老人和残疾人关爱服务体系

对农村"三留守"人员和残疾人进行全面摸底排查，建立详实完备、动态更新的信息管理系统。加强儿童福利院、救助保护机构、特困人员供养机构、残疾人康复托养机构、社区儿童之家等服务设施和队伍建设，不断提高管理服务水平。建立家庭、学校、基层组织、政府和社会力量相衔接的留守儿童关爱服务网络。加强对未成年人的监护。健全孤儿、事实无人抚养儿童、低收入家庭重病重残等困境儿童的福利保障体系。健全发现报告、应急处置、帮扶干预机制，帮助特殊贫困家庭解决实际困难。加大贫困残疾人康复工程、特殊教育、技能培训、托养服务实施力度。针对残疾人的特殊困难，全面建立困难残疾人生活补贴和重度残疾人护理补贴制度。对低保家庭中的老年人、未成年人、重度残疾人等重点救助对象，提高救助水平，确保基本生活。引导和鼓励社会力量参与特殊群体关爱服务工作。

四　加强贫困地区基础设施建设，加快破除发展瓶颈制约

（一）加快交通、水利、电力建设

推动国家铁路网、国家高速公路网连接贫困地区的重大交通项目建设，提高国道省道技术标准，构建贫困地区外通内联的交通运输通道。大幅度增加中央投资投入中西部地区和贫困地区的铁路、公路建

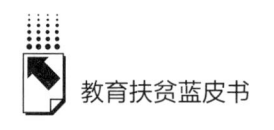

设,继续实施车购税对农村公路建设的专项转移政策,提高贫困地区农村公路建设补助标准,加快完成具备条件的乡镇和建制村通硬化路的建设任务,加强农村公路安全防护和危桥改造,推动一定人口规模的自然村通公路。加强贫困地区重大水利工程、病险水库水闸除险加固、灌区续建配套与节水改造等水利项目建设。实施农村饮水安全巩固提升工程,全面解决贫困人口饮水安全问题。小型农田水利、"五小水利"工程等建设向贫困村倾斜。对贫困地区农村公益性基础设施管理养护给予支持。加大对贫困地区抗旱水源建设、中小河流治理、水土流失综合治理力度。加强山洪和地质灾害防治体系建设。大力扶持贫困地区农村水电开发。加强贫困地区农村气象为农服务体系和灾害防御体系建设。加快推进贫困地区农网改造升级,全面提升农网供电能力和供电质量,制定贫困村通动力电规划,提升贫困地区电力普遍服务水平。增加贫困地区年度发电指标。提高贫困地区水电工程留存电量比例。加快推进光伏扶贫工程,支持光伏发电设施接入电网运行,发展光伏农业。

(二)加大"互联网+"扶贫力度

完善电信普遍服务补偿机制,加快推进宽带网络覆盖贫困村。实施电商扶贫工程。加快贫困地区物流配送体系建设,支持邮政、供销合作等系统在贫困乡村建立服务网点。支持电商企业拓展农村业务,加强贫困地区农产品网上销售平台建设。加强贫困地区农村电商人才培训。对贫困家庭开设网店给予网络资费补助、小额信贷等支持。开展互联网为农便民服务,提升贫困地区农村互联网金融服务水平,扩大信息进村入户覆盖面。

(三)加快农村危房改造和人居环境整治

加快推进贫困地区农村危房改造,统筹开展农房抗震改造,把建档立卡贫困户放在优先位置，提高补助标准，探索采用贷款贴息、建设集体公租房等多种方式，切实保障贫困户基本住房安全。加大贫困村生活垃圾处理、污水治理、改厕和村庄绿化美化力度。加大贫困地区传统村落保护力度。继续推进贫困地区农村环境连片整治。加大贫困地区以工代赈投入力度，支持农村山水田林路建设和小流域综合治理。财政支持的微小型建设项目，涉及贫困村的，允许按照一事一议方式直接委托村级组织自建自管。以整村推进为平台，加快改善贫困村生产生活条件，扎实推进美丽宜居乡村建设。

（四）重点支持革命老区、民族地区、边疆地区、连片特困地区脱贫攻坚

出台加大脱贫攻坚力度支持革命老区开发建设指导意见，加快实施重点贫困革命老区振兴发展规划，扩大革命老区财政转移支付规模。加快推进民族地区重大基础设施项目和民生工程建设，实施少数民族特困地区和特困群体综合扶贫工程，出台人口较少民族整体脱贫的特殊政策措施。改善边疆民族地区义务教育阶段基本办学条件，建立健全双语教学体系，加大教育对口支援力度，积极发展符合民族地区实际的职业教育，加强民族地区师资培训。加强少数民族特色村镇保护与发展。大力推进兴边富民行动，加大边境地区转移支付力度，完善边民补贴机制，充分考虑边境地区特殊需要，集中改善边民生产生活条件，扶持发展边境贸易和特色经济，使边民能够安心生产生活、安心守边固边。完善片区联系协调机制，加快实施集中连片特殊困难地区区域发展与脱贫攻坚规划。加大中央投入力度，采取特殊扶持政策，推进西藏、四省藏区和新疆南疆四地州脱贫攻坚。

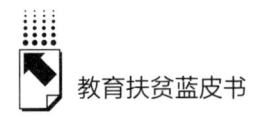

五 强化政策保障，健全脱贫攻坚支撑体系

（一）加大财政扶贫投入力度

发挥政府投入在扶贫开发中的主体和主导作用，积极开辟扶贫开发新的资金渠道，确保政府扶贫投入力度与脱贫攻坚任务相适应。中央财政继续加大对贫困地区的转移支付力度，中央财政专项扶贫资金规模实现较大幅度增长，一般性转移支付资金、各类涉及民生的专项转移支付资金和中央预算内投资进一步向贫困地区和贫困人口倾斜。加大中央集中彩票公益金对扶贫的支持力度。农业综合开发、农村综合改革转移支付等涉农资金要明确一定比例用于贫困村。各部门安排的各项惠民政策、项目和工程，要最大限度地向贫困地区、贫困村、贫困人口倾斜。各省（自治区、直辖市）要根据本地脱贫攻坚需要，积极调整省级财政支出结构，切实加大扶贫资金投入。从2016年起通过扩大中央和地方财政支出规模，增加对贫困地区水电路气网等基础设施建设和提高基本公共服务水平的投入。建立健全脱贫攻坚多规划衔接、多部门协调长效机制，整合目标相近、方向类同的涉农资金。按照权责一致原则，支持连片特困地区县和国家扶贫开发工作重点县围绕本县突出问题，以扶贫规划为引领，以重点扶贫项目为平台，把专项扶贫资金、相关涉农资金和社会帮扶资金捆绑集中使用。严格落实国家在贫困地区安排的公益性建设项目取消县级和西部连片特困地区地市级配套资金的政策，并加大中央和省级财政投资补助比重。在扶贫开发中推广政府与社会资本合作、政府购买服务等模式。加强财政监督检查和审计、稽查等工作，建立扶贫资金违规使用责任追究制度。纪检监察机关对扶贫领域虚报冒领、截留私分、贪污挪用、挥霍浪费等违法违规问题，坚决从严惩处。推进

扶贫开发领域反腐倡廉建设，集中整治和加强预防扶贫领域职务犯罪工作。贫困地区要建立扶贫公告公示制度，强化社会监督，保障资金在阳光下运行。

（二）加大金融扶贫力度

鼓励和引导商业性、政策性、开发性、合作性等各类金融机构加大对扶贫开发的金融支持。运用多种货币政策工具，向金融机构提供长期、低成本的资金，用于支持扶贫开发。设立扶贫再贷款，实行比支农再贷款更优惠的利率，重点支持贫困地区发展特色产业和贫困人口就业创业。运用适当的政策安排，动用财政贴息资金及部分金融机构的富余资金，对接政策性、开发性金融机构的资金需求，拓宽扶贫资金来源渠道。由国家开发银行和中国农业发展银行发行政策性金融债，按照微利或保本的原则发放长期贷款，中央财政给予90%的贷款贴息，专项用于易地扶贫搬迁。国家开发银行、中国农业发展银行分别设立"扶贫金融事业部"，依法享受税收优惠。中国农业银行、邮政储蓄银行、农村信用社等金融机构要延伸服务网络，创新金融产品，增加贫困地区信贷投放。对有稳定还款来源的扶贫项目，允许采用过桥贷款方式，撬动信贷资金投入。按照省（自治区、直辖市）负总责的要求，建立和完善省级扶贫开发投融资主体。支持农村信用社、村镇银行等金融机构为贫困户提供免抵押、免担保扶贫小额信贷，由财政按基础利率贴息。加大创业担保贷款、助学贷款、妇女小额贷款、康复扶贫贷款实施力度。优先支持在贫困地区设立村镇银行、小额贷款公司等机构。支持贫困地区培育发展农民资金互助组织，开展农民合作社信用合作试点。支持贫困地区设立扶贫贷款风险补偿基金。支持贫困地区设立政府出资的融资担保机构，重点开展扶贫担保业务。积极发展扶贫小额贷款保证保险，对贫困户保证保险保费予以补助。扩大农业保险覆盖面，通过中央财政以

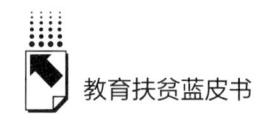

奖代补等支持贫困地区特色农产品保险发展。加强贫困地区金融服务基础设施建设，优化金融生态环境。支持贫困地区开展特色农产品价格保险，有条件的地方可给予一定保费补贴。有效拓展贫困地区抵押物担保范围。

（三）完善扶贫开发用地政策

支持贫困地区根据第二次全国土地调查及最新年度变更调查成果，调整完善土地利用总体规划。新增建设用地计划指标优先保障扶贫开发用地需要，专项安排国家扶贫开发工作重点县年度新增建设用地计划指标。中央和省级在安排土地整治工程和项目、分配下达高标准基本农田建设计划和补助资金时，要向贫困地区倾斜。在连片特困地区和国家扶贫开发工作重点县开展易地扶贫搬迁，允许将城乡建设用地增减挂钩指标在省域范围内使用。在有条件的贫困地区，优先安排国土资源管理制度改革试点，支持开展历史遗留工矿废弃地复垦利用、城镇低效用地再开发和低丘缓坡荒滩等未利用地开发利用试点。

（四）发挥科技、人才支撑作用

加大科技扶贫力度，解决贫困地区特色产业发展和生态建设中的关键技术问题。加大技术创新引导专项（基金）对科技扶贫的支持，加快先进适用技术成果在贫困地区的转化。深入推行科技特派员制度，支持科技特派员开展创业式扶贫服务。强化贫困地区基层农技推广体系建设，加强新型职业农民培训。加大政策激励力度，鼓励各类人才扎根贫困地区基层建功立业，对表现优秀的人员在职称评聘等方面给予倾斜。大力实施边远贫困地区、边疆民族地区和革命老区人才支持计划，贫困地区本土人才培养计划。积极推进贫困村创业致富带头人培训工程。

六 广泛动员全社会力量，合力推进脱贫攻坚

（一）健全东西部扶贫协作机制

加大东西部扶贫协作力度，建立精准对接机制，使帮扶资金主要用于贫困村、贫困户。东部地区要根据财力增长情况，逐步增加对口帮扶财政投入，并列入年度预算。强化以企业合作为载体的扶贫协作，鼓励东西部按照当地主体功能定位共建产业园区，推动东部人才、资金、技术向贫困地区流动。启动实施经济强县（市）与国家扶贫开发工作重点县"携手奔小康"行动，东部各省（直辖市）在努力做好本区域内扶贫开发工作的同时，更多发挥县（市）作用，与扶贫协作省份的国家扶贫开发工作重点县开展结对帮扶。建立东西部扶贫协作考核评价机制。

（二）健全定点扶贫机制

进一步加强和改进定点扶贫工作，建立考核评价机制，确保各单位落实扶贫责任。深入推进中央企业定点帮扶贫困革命老区县"百县万村"活动。完善定点扶贫牵头联系机制，各牵头部门要按照分工督促指导各单位做好定点扶贫工作。

（三）健全社会力量参与机制

鼓励支持民营企业、社会组织、个人参与扶贫开发，实现社会帮扶资源和精准扶贫有效对接。引导社会扶贫重心下移，自愿包村包户，做到贫困户都有党员干部或爱心人士结对帮扶。吸纳农村贫困人口就业的企业，按规定享受税收优惠、职业培训补贴等就业支持政策。落实企业和个人公益扶贫捐赠所得税税前扣除政策。充分发挥各

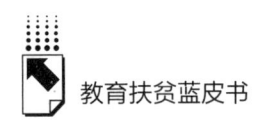

民主党派、无党派人士在人才和智力扶贫上的优势和作用。工商联系统组织民营企业开展"万企帮万村"精准扶贫行动。通过政府购买服务等方式,鼓励各类社会组织开展到村到户精准扶贫。完善扶贫龙头企业认定制度,增强企业辐射带动贫困户增收的能力。鼓励有条件的企业设立扶贫公益基金和开展扶贫公益信托。发挥好"10·17"全国扶贫日社会动员作用。实施扶贫志愿者行动计划和社会工作专业人才服务贫困地区计划。着力打造扶贫公益品牌,全面及时公开扶贫捐赠信息,提高社会扶贫公信力和美誉度。构建社会扶贫信息服务网络,探索发展公益众筹扶贫。

七 大力营造良好氛围,为脱贫攻坚提供强大精神动力

(一)创新中国特色扶贫开发理论

深刻领会习近平总书记关于新时期扶贫开发的重要战略思想,系统总结我们党和政府领导亿万人民摆脱贫困的历史经验,提炼升华精准扶贫的实践成果,不断丰富完善中国特色扶贫开发理论,为脱贫攻坚注入强大思想动力。

(二)加强贫困地区乡风文明建设

培育和践行社会主义核心价值观,大力弘扬中华民族自强不息、扶贫济困传统美德,振奋贫困地区广大干部群众精神,坚定改变贫困落后面貌的信心和决心,凝聚全党全社会扶贫开发强大合力。倡导现代文明理念和生活方式,改变落后风俗习惯,善于发挥乡规民约在扶贫济困中的积极作用,激发贫困群众奋发脱贫的热情。推动文化投入向贫困地区倾斜,集中实施一批文化惠民扶贫项目,普遍建立村级文

化中心。深化贫困地区文明村镇和文明家庭创建。推动贫困地区县级公共文化体育设施达到国家标准。支持贫困地区挖掘保护和开发利用红色、民族、民间文化资源。鼓励文化单位、文艺工作者和其他社会力量为贫困地区提供文化产品和服务。

（三）扎实做好脱贫攻坚宣传工作

坚持正确舆论导向，全面宣传我国扶贫事业取得的重大成就，准确解读党和政府扶贫开发的决策部署、政策举措，生动报道各地区各部门精准扶贫、精准脱贫丰富实践和先进典型。建立国家扶贫荣誉制度，表彰对扶贫开发作出杰出贡献的组织和个人。加强对外宣传，讲好减贫的中国故事，传播好减贫的中国声音，阐述好减贫的中国理念。

（四）加强国际减贫领域交流合作

通过对外援助、项目合作、技术扩散、智库交流等多种形式，加强与发展中国家和国际机构在减贫领域的交流合作。积极借鉴国际先进减贫理念与经验。履行减贫国际责任，积极落实联合国2030年可持续发展议程，对全球减贫事业作出更大贡献。

八　切实加强党的领导，为脱贫攻坚提供坚强政治保障

（一）强化脱贫攻坚领导责任制

实行中央统筹、省（自治区、直辖市）负总责、市（地）县抓落实的工作机制，坚持片区为重点、精准到村到户。党中央、国务院主要负责统筹制定扶贫开发大政方针，出台重大政策举措，规划重大工程项目。省（自治区、直辖市）党委和政府对扶贫开发工作负总

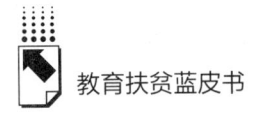

责,抓好目标确定、项目下达、资金投放、组织动员、监督考核等工作。市(地)党委和政府要做好上下衔接、域内协调、督促检查工作,把精力集中在贫困县如期摘帽上。县级党委和政府承担主体责任,书记和县长是第一责任人,做好进度安排、项目落地、资金使用、人力调配、推进实施等工作。要层层签订脱贫攻坚责任书,扶贫开发任务重的省(自治区、直辖市)党政主要领导要向中央签署脱贫责任书,每年要向中央作扶贫脱贫进展情况的报告。省(自治区、直辖市)党委和政府要向市(地)、县(市)、乡镇提出要求,层层落实责任制。中央和国家机关各部门要按照部门职责落实扶贫开发责任,实现部门专项规划与脱贫攻坚规划有效衔接,充分运用行业资源做好扶贫开发工作。军队和武警部队要发挥优势,积极参与地方扶贫开发。改进县级干部选拔任用机制,统筹省(自治区、直辖市)内优秀干部,选好配强扶贫任务重的县党政主要领导,把扶贫开发工作实绩作为选拔使用干部的重要依据。脱贫攻坚期内贫困县县级领导班子要保持稳定,对表现优秀、符合条件的可以就地提级。加大选派优秀年轻干部特别是后备干部到贫困地区工作的力度,有计划地安排省部级后备干部到贫困县挂职任职,各省(自治区、直辖市)党委和政府也要选派厅局级后备干部到贫困县挂职任职。各级领导干部要自觉践行党的群众路线,切实转变作风,把严的要求、实的作风贯穿于脱贫攻坚始终。

(二)发挥基层党组织战斗堡垒作用

加强贫困乡镇领导班子建设,有针对性地选配政治素质高、工作能力强、熟悉"三农"工作的干部担任贫困乡镇党政主要领导。抓好以村党组织为领导核心的村级组织配套建设,集中整顿软弱涣散村党组织,提高贫困村党组织的创造力、凝聚力、战斗力,发挥好工会、共青团、妇联等群团组织的作用。选好配强村级领导班子,突出抓好村党组织带头人队伍建设，充分发挥党员先锋模范作用。完善村级组织运转经费保障机制，将村干部报酬、村办公经费和其他必要支出作为保障重点。注重选派思想好、作风正、能力强的优秀年轻干部到贫困地区驻村，选聘高校毕业生到贫困村工作。根据贫困村的实际需求，精准选配第一书记，精准选派驻村工作队，提高县以上机关派出干部比例。加大驻村干部考核力度，不稳定脱贫不撤队伍。对在基层一线干出成绩、群众欢迎的驻村干部，要重点培养使用。加快推进贫困村村务监督委员会建设，继续落实好"四议两公开"、村务联席会等制度，健全党组织领导的村民自治机制。在有实际需要的地区，探索在村民小组或自然村开展村民自治，通过议事协商，组织群众自觉广泛参与扶贫开发。

（三）严格扶贫考核督查问责

抓紧出台中央对省（自治区、直辖市）党委和政府扶贫开发工作成效考核办法。建立年度扶贫开发工作逐级督查制度，选择重点部门、重点地区进行联合督查，对落实不力的部门和地区，国务院扶贫开发领导小组要向党中央、国务院报告并提出责任追究建议，对未完成年度减贫任务的省份要对党政主要领导进行约谈。各省（自治区、直辖市）党委和政府要加快出台对贫困县扶贫绩效考核办法，大幅度提高减贫指标在贫困县经济社会发展实绩考核指标中的权重，建立扶贫工作责任清单。加快落实对限制开发区域和生态脆弱的贫困县取消地区生产总值考核的要求。落实贫困县约束机制，严禁铺张浪费，厉行勤俭节约，严格控制"三公"经费，坚决刹住穷县"富衙"、"戴帽"炫富之风，杜绝不切实际的形象工程。建立重大涉贫事件的处置、反馈机制，在处置典型事件中发现问题，不断提高扶贫工作水平。加强农村贫困统计监测体系建设，提高监测能力和数据质量，实现数据共享。

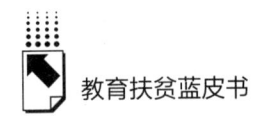

(四)加强扶贫开发队伍建设

稳定和强化各级扶贫开发领导小组和工作机构。扶贫开发任务重的省(自治区、直辖市)、市(地)、县(市)扶贫开发领导小组组长由党政主要负责同志担任,强化各级扶贫开发领导小组决策部署、统筹协调、督促落实、检查考核的职能。加强与精准扶贫工作要求相适应的扶贫开发队伍和机构建设,完善各级扶贫开发机构的设置和职能,充实配强各级扶贫开发工作力度。扶贫任务重的乡镇要有专门干部负责扶贫开发工作。加强贫困地区县级领导干部和扶贫干部思想作风建设,加大培训力度,全面提升扶贫干部队伍能力水平。

(五)推进扶贫开发法治建设

各级党委和政府要切实履行责任,善于运用法治思维和法治方式推进扶贫开发工作,在规划编制、项目安排、资金使用、监督管理等方面,提高规范化、制度化、法治化水平。强化贫困地区社会治安防控体系建设和基层执法队伍建设。健全贫困地区公共法律服务制度,切实保障贫困人口合法权益。完善扶贫开发法律法规,抓紧制定扶贫开发条例。

让我们更加紧密地团结在以习近平同志为总书记的党中央周围,凝心聚力,精准发力,苦干实干,坚决打赢脱贫攻坚战,为全面建成小康社会、实现中华民族伟大复兴的中国梦而努力奋斗。

《人民日报》(2015年12月8日1版)

B.11
"十三五"脱贫攻坚规划

（摘要）

消除贫困、改善民生、逐步实现共同富裕，是社会主义的本质要求，是我们党的重要使命。"十三五"时期，是全面建成小康社会、实现第一个百年奋斗目标的决胜阶段，也是打赢脱贫攻坚战的决胜阶段。本规划根据《中国农村扶贫开发纲要（2011~2020年)》、《中共中央 国务院关于打赢脱贫攻坚战的决定》和《中华人民共和国国民经济和社会发展第十三个五年规划纲要》编制，主要阐明"十三五"时期国家脱贫攻坚总体思路、基本目标、主要任务和重大举措，是指导各地脱贫攻坚工作的行动指南，是各有关方面制定相关扶贫专项规划的重要依据。

规划范围包括14个集中连片特困地区的片区县、片区外国家扶贫开发工作重点县，以及建档立卡贫困村和建档立卡贫困户。

第一章 总体要求

第一节 面临形势

改革开放以来，在全党全社会的共同努力下，我国成功解决了几亿农村贫困人口的温饱问题，成为世界上减贫人口最多的国家，探索和积累了许多宝贵经验。党的十八大以来，以习近平同志为核心的党中央把扶贫开发摆到治国理政的重要位置，提升到事关全面建成小康社会、实现第一个百年奋斗目标的新高度，纳入"五位一体"总体

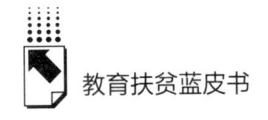

布局和"四个全面"战略布局进行决策部署，加大扶贫投入，创新扶贫方式，出台系列重大政策措施，扶贫开发取得巨大成就。2011年至2015年，现行标准下农村贫困人口减少1亿多人、贫困发生率降低11.5个百分点，贫困地区农民收入大幅提升，贫困人口生产生活条件明显改善，上学难、就医难、行路难、饮水不安全等问题逐步缓解，基本公共服务水平与全国平均水平差距趋于缩小，为打赢脱贫攻坚战创造了有利条件。

当前，贫困问题依然是我国经济社会发展中最突出的"短板"，脱贫攻坚形势复杂严峻。从贫困现状看，截至2015年底，我国还有5630万农村建档立卡贫困人口，主要分布在832个国家扶贫开发工作重点县、集中连片特困地区县（以下统称贫困县）和12.8万个建档立卡贫困村，多数西部省份的贫困发生率在10%以上，民族8省区贫困发生率达12.1%。现有贫困人口贫困程度更深、减贫成本更高、脱贫难度更大，依靠常规举措难以摆脱贫困状况。从发展环境看，经济形势更加错综复杂，经济下行压力大，地区经济发展分化对缩小贫困地区与全国发展差距带来新挑战；贫困地区县级财力薄弱，基础设施瓶颈制约依然明显，基本公共服务供给能力不足；产业发展活力不强，结构单一，环境约束趋紧，粗放式资源开发模式难以为继；贫困人口就业渠道狭窄，转移就业和增收难度大。实现到2020年打赢脱贫攻坚战的目标，时间特别紧迫，任务特别艰巨。

"十三五"时期，新型工业化、信息化、城镇化、农业现代化同步推进和国家重大区域发展战略加快实施，为贫困地区发展提供了良好环境和重大机遇，特别是国家综合实力不断增强，为打赢脱贫攻坚战奠定了坚实的物质基础。中央扶贫开发工作会议确立了精准扶贫、精准脱贫基本方略，党中央、国务院制定出台了系列重大政策措施，为举全国之力打赢脱贫攻坚战提供了坚强的政治保证和制度保障；各地区各部门及社会各界积极行动、凝神聚气、锐意进取，形成强大合力；贫困地区广大干部群众盼脱贫、谋发展的意愿强烈，内生动力和活力不断激发，脱贫攻坚已经成为全党全社会的统一意志和共同行动。

打赢脱贫攻坚战，确保到2020年现行标准下农村贫困人口实现脱贫，是促进全体人民共享改革发展成果、实现共同富裕的重大举措，是促进区域协调发展、跨越"中等收入陷阱"的重要途径，是促进民族团结、边疆稳固的重要保证，是全面建成小康社会的重要内容，是积极响应联合国2030年可持续发展议程的重要行动，事关人民福祉，事关党的执政基础和国家长治久安，使命光荣、责任重大。

第二节　指导思想

全面贯彻党的十八大和十八届三中、四中、五中、六中全会以及中央扶贫开发工作会议精神，深入贯彻习近平总书记系列重要讲话精神和治国理政新理念新思想新战略，统筹推进"五位一体"总体布局和协调推进"四个全面"战略布局，牢固树立和贯彻落实创新、协调、绿色、开放、共享的发展理念，按照党中央、国务院决策部署，坚持精准扶贫、精准脱贫基本方略，坚持精准帮扶与区域整体开发有机结合，以革命老区、民族地区、边疆地区和集中连片特困地区为重点，以社会主义政治制度为根本保障，不断创新体制机制，充分发挥政府、市场和社会协同作用，充分调动贫困地区干部群众的内生动力，大力推进实施一批脱贫攻坚工程，加快破解贫困地区区域发展瓶颈制约，不断增强贫困地区和贫困人口自我发展能力，确保与全国同步进入全面小康社会。

必须遵循以下原则：

——坚持精准扶贫、精准脱贫。坚持以"六个精准"统领贫困地区脱贫攻坚工作，精确瞄准、因地制宜、分类施策，大力实施精准

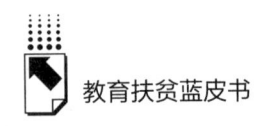

扶贫脱贫工程，变"大水漫灌"为"精准滴灌"，做到真扶贫、扶真贫、真脱贫。

——坚持全面落实主体责任。充分发挥政治优势和制度优势，强化政府在脱贫攻坚中的主体责任，创新扶贫考评体系，加强脱贫成效考核。按照中央统筹、省负总责、市县抓落实的工作机制，坚持问题导向和目标导向，压实责任、强力推进。

——坚持统筹推进改革创新。脱贫攻坚工作要与经济社会发展各领域工作相衔接，与新型工业化、信息化、城镇化、农业现代化相统筹，充分发挥政府主导和市场机制作用，稳步提高贫困人口增收脱贫能力，逐步解决区域性整体贫困问题。加强改革创新，不断完善资金筹措、资源整合、利益联结、监督考评等机制，形成有利于发挥各方面优势、全社会协同推进的大扶贫开发格局。

——坚持绿色协调可持续发展。牢固树立绿水青山就是金山银山的理念，把贫困地区生态环境保护摆在更加重要位置，探索生态脱贫有效途径，推动扶贫开发与资源环境相协调、脱贫致富与可持续发展相促进，使贫困人口从生态保护中得到更多实惠。

——坚持激发群众内生动力活力。坚持群众主体地位，保障贫困人口平等参与、平等发展权利，充分调动贫困地区广大干部群众积极性、主动性、创造性，发扬自强自立精神，依靠自身努力改变贫困落后面貌，实现光荣脱贫。

第三节 脱贫目标

到 2020 年，稳定实现现行标准下农村贫困人口不愁吃、不愁穿，义务教育、基本医疗和住房安全有保障（以下称"两不愁、三保障"）。贫困地区农民人均可支配收入比 2010 年翻一番以上，增长幅度高于全国平均水平，基本公共服务主要领域指标接近全国平均水平。确保我国现行标准下农村贫困人口实现脱贫，贫困县全部摘帽，解决区域性整体贫困。

专栏1 "十三五"时期贫困地区发展和贫困人口脱贫主要指标

指标	2015年	2020年	属性	数据来源
建档立卡贫困人口(万人)	5630①	实现脱贫	约束性	国务院扶贫办
建档立卡贫困村(万个)	12.8	0	约束性	国务院扶贫办
贫困县(个)	832②	0	约束性	国务院扶贫办
实施易地扶贫搬迁贫困人口(万人)	—	981	约束性	国家发展改革委、国务院扶贫办
贫困地区农民人均可支配收入增速(%)	11.7	年均增速高于全国平均水平	预期性	国家统计局
贫困地区农村集中供水率(%)	75	≥83	预期性	水利部
建档立卡贫困户存量危房改造率(%)	—	近100	约束性	住房城乡建设部、国务院扶贫办
贫困县义务教育巩固率(%)	90	93	预期性	教育部
建档立卡贫困户因病致(返)贫户数(万户)	838.5	基本解决	预期性	国家卫生计生委
建档立卡贫困村村集体经济年收入(万元)	2	≥5	预期性	国务院扶贫办

①国家统计局抽样统计调查显示，截至2015年底全国农村贫困人口为5575万人。根据国务院扶贫办扶贫开发建档立卡信息系统识别认定，截至2015年底全国农村建档立卡贫困人口为5630万人。按照精准扶贫、精准脱贫要求，为确保脱贫一户、销号一户，本规划使用扶贫开发建档立卡信息系统核定的贫困人口数。
②此外，还有新疆维吾尔自治区阿克苏地区6县1市享受片区政策。

——现行标准下农村建档立卡贫困人口实现脱贫。贫困户有稳定收入来源，人均可支配收入稳定超过国家扶贫标准，实现"两不愁、三保障"。

——建档立卡贫困村有序摘帽。村内基础设施、基本公共服务设施和人居环境明显改善，基本农田和农田水利等设施水平明显提高，特色产业基本形成，集体经济有一定规模，社区管理能力不断增强。

——贫困县全部摘帽。县域内基础设施明显改善，基本公共服务能力和水平进一步提升，全面解决出行难、上学难、就医难等问题，社会保障实现全覆盖，县域经济发展壮大，生态环境有效改善，可持续发展能力不断增强。

第三章 转移就业脱贫

加强贫困人口职业技能培训和就业服务，保障转移就业贫困人口合法权益，开展劳务协作，推进就地就近转移就业，促进已就业贫困人口稳定就业和有序实现市民化，有劳动能力和就业意愿未就业贫困人口实现转移就业。

第一节 大力开展职业培训

完善劳动者终身职业技能培训制度。针对贫困家庭中有转移就业愿望劳动力、已转移就业劳动力、新成长劳动力的特点和就业需求，开展差异化技能培训。整合各部门各行业培训资源，创新培训方式，以政府购买服务形式，通过农林技术培训、订单培训、定岗培训、定向培训、"互联网+培训"等方式开展就业技能培训、岗位技能提升培训和创业培训。加强对贫困家庭妇女的职业技能培训和就业指导服务。支持公共实训基地建设。

提高贫困家庭农民工职业技能培训精准度。深入推进农民工职业技能提升计划，加强对已外出务工贫困人口的岗位培训。继续开展贫困家庭子女、未升学初高中毕业生（俗称"两后生"）、农民工免费职业培训等专项行动，提高培训的针对性和有效性。实施农民工等人员返乡创业培训五年行动计划（2016～2020年）、残疾人职业技能提升计划。

第二节 促进稳定就业和转移就业

加强对转移就业贫困人口的公共服务。输入地政府对已稳定就业的贫困人口予以政策支持，将符合条件的转移人口纳入当地住房保障范围，完善随迁子女在当地接受义务教育和参加中高考政策，保障其本人及随迁家属平等享受城镇基本公共服务。支持输入地政府吸纳贫困人口转移就业和落户。为外出务工的贫困人口提供法律援助。

开展地区间劳务协作。建立健全劳务协作信息共享机制。输出地政府与输入地政府要加强劳务信息共享和劳务协作对接工作，全面落实转移就业相关政策措施。输出地政府要摸清摸准贫困家庭劳动力状况和外出务工意愿，输入地政府要协调提供就业信息和岗位，采取多种方式协助做好就业安置工作。对到东部地区或省内经济发达地区接受职业教育和技能培训的贫困家庭"两后生"，培训地政府要帮助有意愿的毕业生在当地就业。建立健全转移就业工作考核机制。输出地政府和输入地政府要加强对务工人员的禁毒法制教育。

推进就地就近转移就业。建立定向培训就业机制，积极开展校企合作和订单培训。将贫困人口转移就业与产业聚集园区建设、城镇化建设相结合，鼓励引导企业向贫困人口提供就业岗位。财政资金支持的企业或园区，应优先安排贫困人口就业，资金应与安置贫困人口就业任务相挂钩。支持贫困户自主创业，鼓励发展居家就业等新业态，促进就地就近就业。

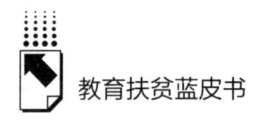

专栏6　就业扶贫行动

（一）劳务协作对接行动。

依托东西部扶贫协作机制和对口支援工作机制，开展省际劳务协作，同时积极推动省内经济发达地区和贫困县开展劳务协作。围绕实现精准对接、促进稳定就业的目标，通过开发岗位、劳务协作、技能培训等措施，带动一批未就业贫困劳动力转移就业，帮助一批已就业贫困劳动力稳定就业，帮助一批贫困家庭未升学初高中毕业生就读技工院校毕业后实现技能就业。

（二）重点群体免费职业培训行动。

组织开展贫困家庭子女、未升学初高中毕业生等免费职业培训。到2020年，力争使新进入人力资源市场的贫困家庭劳动力都有机会接受1次就业技能培训；使具备一定创业条件或已创业的贫困家庭劳动力都有机会接受1次创业培训。

（三）春潮行动。

到2020年，力争使各类农村转移就业劳动者都有机会接受1次相应的职业培训，平均每年培训800万人左右，优先保障有劳动能力的建档立卡贫困人口培训。

（四）促进建档立卡贫困劳动者就业。

根据建档立卡贫困劳动者就业情况，分类施策、精准服务。对已就业的，通过跟踪服务、落实扶持政策，促进其稳定就业。对未就业的，通过健全劳务协作机制、开发就业岗位、强化就业服务和技能培训，促进劳务输出和就地就近就业。

（五）返乡农民工创业培训行动。

实施农民工等人员返乡创业培训五年行动计划（2016～2020年），推进建档立卡贫困人口等人员返乡创业培训工作。到2020年，力争使有创业要求和培训愿望、具备一定创业条件或已创业的贫困家庭农民工等人员，都能得到1次创业培训。

（六）技能脱贫千校行动。

在全国组织千所省级重点以上的技工院校开展技能脱贫千校行动，使每个有就读技工院校意愿的贫困家庭应、往届"两后生"都能免费接受技工教育，使每个有劳动能力且有参加职业培训意愿的贫困家庭劳动力每年都能到技工院校接受至少1次免费职业培训，对接受技工教育和职业培训的贫困家庭学生（学员）推荐就业。加大政策支持，对接受技工教育的，落实助学金、免学费和对家庭给予补助的政策，制定并落实减免学生杂费、书本费和给予生活费补助的政策；对接受职业培训的，按规定落实职业培训、职业技能鉴定补贴政策。

第五章　教育扶贫

以提高贫困人口基本文化素质和贫困家庭劳动力技能为抓手，瞄准教育最薄弱领域，阻断贫困的代际传递。到2020年，贫困地区基础教育能力明显增强，职业教育体系更加完善，高等教育服务能力明显提升，教育总体质量显著提高，基本公共教育服务水平接近全国平均水平。

第一节　提升基础教育水平

改善办学条件。加快完善贫困地区学前教育公共服务体系，建立健全农村学前教育服务网络，优先保障贫困家庭适龄儿童接受学前教育。全面改善义务教育薄弱学校基本办学条件，加强农村寄宿制学校建设，优化义务教育学校布局，办好必要的村小学和教学点，建立城乡统一、重在农村的义务教育经费保障机制。实施高中阶段教育普及

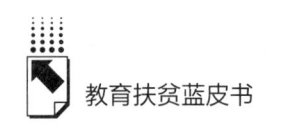

攻坚计划，加大对普通高中和中等职业学校新建改扩建的支持力度，扩大教育资源，提高普及水平。加快推进教育信息化，扩大优质教育资源覆盖面。建立健全双语教学体系。

强化教师队伍建设。通过改善乡村教师生活待遇、强化师资培训、结对帮扶等方式，加强贫困地区师资队伍建设。建立省级统筹乡村教师补充机制，依托师范院校开展"一专多能"乡村教师培养培训，建立城乡学校教师均衡配置机制，推进县（区）域内义务教育学校校长教师交流轮岗。全面落实集中连片特困地区和边远艰苦地区乡村教师生活补助政策。加大对边远艰苦地区农村学校教师周转宿舍建设的支持力度。继续实施特岗计划，"国培计划"向贫困地区乡村教师倾斜。加大双语教师培养力度，加强国家通用语言文字教学。实施好边远贫困地区、边疆民族地区和革命老区人才支持计划教师专项计划，每年向"三区"选派3万名支教教师。建立乡村教师荣誉制度，向在乡村学校从教30年以上的教师颁发荣誉证书。

第二节 降低贫困家庭就学负担

完善困难学生资助救助政策。健全学前教育资助制度，帮助农村贫困家庭幼儿接受学前教育。稳步推进贫困地区农村义务教育学生营养改善计划。率先对建档立卡贫困家庭学生以及非建档立卡的家庭经济困难残疾学生、农村低保家庭学生、农村特困救助供养学生实施普通高中免除学杂费。完善国家奖助学金、国家助学贷款、新生入学资助、研究生"三助"（助教、助研、助管）岗位津贴、勤工助学、校内奖助学金、困难补助、学费减免等多元化高校学生资助体系，对建档立卡贫困家庭学生优先予以资助，优先推荐勤工助学岗位，做到应助尽助。

第三节　加快发展职业教育

强化职业教育资源建设。加快推进贫困地区职业院校布局结构调整，加强有专业特色并适应市场需求的职业院校建设。继续推动落实东西部联合招生，加强东西部职教资源对接。鼓励东部地区职教集团和职业院校对口支援或指导贫困地区职业院校建设。

加大职业教育力度。引导企业扶贫与职业教育相结合，鼓励职业院校面向建档立卡贫困家庭开展多种形式的职业教育。启动职教圆梦行动计划，省级教育行政部门统筹协调国家中等职业教育改革发展示范学校和国家重点中职学校选择就业前景好的专业，针对建档立卡贫困家庭子女单列招生计划。实施中等职业教育协作计划，支持建档立卡贫困家庭初中毕业生到省外经济较发达地区接受中职教育。让未升入普通高中的初中毕业生都能接受中等职业教育。鼓励职业院校开展面向贫困人口的继续教育。保障贫困家庭妇女、残疾人平等享有职业教育资源和机会。支持民族地区职业学校建设，继续办好内地西藏、新疆中等职业教育班，加强民族聚居地区少数民族特困群体国家通用语言文字培训。

加大贫困家庭子女职业教育资助力度。继续实施"雨露计划"职业教育助学补助政策，鼓励贫困家庭"两后生"就读职业院校并给予政策支持。落实好中等职业学校免学费和国家助学金政策。

专栏8　教育扶贫工程

（一）普惠性幼儿园建设。

重点支持中西部1472个区（县）农村适龄儿童入园，鼓励普惠性幼儿园发展。

（二）全面改善贫困地区义务教育薄弱学校基本办学条件。

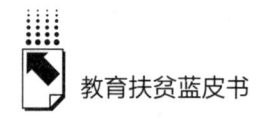

按照"缺什么、补什么"的原则改善义务教育薄弱学校基本办学条件。力争到2019年底，使贫困地区所有义务教育学校均达到"20条底线要求"。以集中连片特困地区县、国家扶贫开发工作重点县、革命老区贫困县等为重点，解决或缓解城镇学校"大班额"和农村寄宿制学校"大通铺"问题，逐步实现未达标城乡义务教育学校校舍、场所标准化。

（三）高中阶段教育普及攻坚计划。

增加中西部贫困地区尤其是集中连片特困地区高中阶段教育资源，使中西部贫困地区未升入普通高中的初中毕业生基本进入中等职业学校就读。

（四）乡村教师支持计划。

拓展乡村教师补充渠道，扩大特岗计划实施规模，鼓励省级政府建立统筹规划、统一选拔的乡村教师补充机制，推动地方研究制定符合乡村教育实际的招聘办法，鼓励地方根据需求本土化培养"一专多能"乡村教师。到2020年，对全体乡村教师校长进行360学时的培训。

（五）特殊教育发展。

鼓励有条件的特殊教育学校、取得办园许可的残疾儿童康复机构开展学前教育，支持特殊教育学校改善办学条件和建设特教资源中心（教室），为特殊教育学校配备特殊教育教学专用设备设施和仪器等。

（六）农村义务教育学生营养改善计划。

以贫困地区和家庭经济困难学生为重点，通过农村义务教育学生营养改善计划国家试点、地方试点、社会参与等方式，逐步改善农村义务教育学生营养状况。中央财政为纳入营养改善计划国家试点的农村义务教育学生按每生每天4元（800元/年）的标准提供营养膳食补助。鼓励地方开展营养改善计划地方试点，中央财政给予适当奖补。

第四节　提高高等教育服务能力

提高贫困地区高等教育质量。支持贫困地区优化高等学校布局，调整优化学科专业结构。中西部高等教育振兴计划、长江学者奖励计划、高等学校青年骨干教师国内访问学者项目等国家专项计划，适当向贫困地区倾斜。

继续实施高校招生倾斜政策。加快推进高等职业院校分类考试招生，同等条件下优先录取建档立卡贫困家庭学生。继续实施重点高校面向贫困地区定向招生专项计划，形成长效机制，畅通贫困地区学生纵向流动渠道。高校招生计划和支援中西部地区招生协作计划向贫困地区倾斜。支持普通高校适度扩大少数民族预科班和民族班规模。

B.12
国家确定的832个贫困县名录

省份	地市	县
安徽	安庆市	潜山县、太湖县、宿松县、望江县、岳西县
安徽	亳州市	利辛县
安徽	池州市	石台县
安徽	阜阳市	临泉县、阜南县、颍上县、颍东区
安徽	六安市	寿县、霍邱县、金寨县、裕安区、舒城县
安徽	宿州市	砀山县、萧县、灵璧县、泗县
甘肃	白银市	靖远县、会宁县、景泰县
甘肃	定西市	安定区、通渭县、陇西县、渭源县、临洮县、漳县、岷县
甘肃	甘南藏族自治州	合作市、临潭县、卓尼县、舟曲县、迭部县、玛曲县、碌曲县、夏河县
甘肃	兰州市	永登县、皋兰县、榆中县
甘肃	临夏回族自治州	临夏市、临夏县、康乐县、永靖县、广河县、和政县、东乡族自治县、积石山自治县
甘肃	陇南市	武都区、成县、文县、宕昌县、康县、西和县、礼县、徽县、两当县
甘肃	平凉市	崆峒区、泾川县、灵台县、庄浪县、静宁县
甘肃	庆阳市	庆城县、环县、华池县、合水县、正宁县、宁县、镇原县
甘肃	天水市	清水县、秦安县、甘谷县、武山县、张家川回族自治县、麦积区
甘肃	武威市	古浪县、天祝藏族自治县
广西	百色市	田阳县、德保县、靖西县、那坡县、凌云县、乐业县、田林县、西林县、隆林各族自治县、田东县
广西	崇左市	宁明县、龙州县、大新县、天等县
广西	桂林市	龙胜各族自治县、资源县
广西	河池市	凤山县、东兰县、罗城仫佬族自治县、环江毛南族自治县、巴马瑶族自治县、都安瑶族自治县、大化瑶族自治县

续表

省份	地市	县
广西	贺州市	昭平县、富川县
广西	来宾市	忻城县、金秀县
广西	柳州市	融安县、融水苗族自治县、三江侗族自治县
广西	南宁市	马山县、隆安县、上林县
贵州	安顺市	西秀区、平坝县、普定县、镇宁布依族苗族自治县、关岭布依族苗族自治县、紫云苗族布依族自治县
贵州	毕节地区	毕节市、大方县、黔西县、织金县、纳雍县、威宁彝族回族苗族自治县、赫章县
贵州	六盘水市	水城县、六枝特区、盘县
贵州	黔东南苗族侗族自治州	黄平县、施秉县、三穗县、镇远县、岑巩县、天柱县、锦屏县、剑河县、台江县、黎平县、榕江县、从江县、雷山县、麻江县、丹寨县
贵州	黔南布依族苗族自治州	荔波县、贵定县、独山县、平塘县、罗甸县、长顺县、龙里县、惠水县、三都水族自治县、瓮安县
贵州	黔西南布依族苗族自治州	兴仁县、普安县、晴隆县、贞丰县、望谟县、册亨县、安龙县
贵州	铜仁地区	铜仁市、江口县、玉屏侗族自治县、石阡县、思南县、印江土家族苗族自治县、德江县、沿河土家族自治县、松桃苗族自治县、万山特区
贵州	遵义市	正安县、道真仡佬族苗族自治县、务川仡佬族苗族自治县、凤冈县、湄潭县、桐梓县、习水县、赤水市
海南	直辖单位	保亭县、琼中县、五指山市、白沙县、临高县
河北	保定市	涞水县、阜平县、唐县、涞源县、望都县、易县、曲阳县、顺平县
河北	沧州市	海兴县、盐山县、南皮县
河北	承德市	承德县、平泉县、隆化县、丰宁满族自治县、围场满族蒙古族自治县、滦平县
河北	邯郸市	魏县、大名县
河北	衡水市	武强县、武邑县、饶阳县、阜城县
河北	秦皇岛市	青龙县

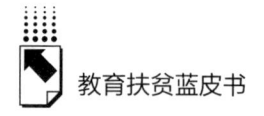

续表

省份	地市	县
河北	石家庄市	平山县、灵寿县、赞皇县、行唐县
河北	邢台市	临城县、广宗县、巨鹿县、新河县、平乡县、威县
河北	张家口市	宣化县、张北县、康保县、沽源县、尚义县、蔚县、阳原县、怀安县、万全县、赤城县、崇礼县
河南	安阳市	滑县
河南	开封市	兰考县
河南	洛阳市	嵩县、汝阳县、宜阳县、洛宁县、栾川县
河南	南阳市	南召县、内乡县、镇平县、淅川县、桐柏县、社旗县
河南	平顶山市	鲁山县
河南	濮阳市	台前县、范县
河南	三门峡市	卢氏县、
河南	商丘市	民权县、宁陵县、柘城县、虞城县、睢县
河南	新乡	封丘县
河南	信阳市	光山县、新县、固始县、淮滨县、商城县、潢川县、息县、光山县
河南	周口市	商水县、沈丘县、郸城县、淮阳县、太康县
河南	驻马店市	新蔡县、确山县、平舆县、上蔡县
黑龙江	大庆市	林甸县
黑龙江	哈尔滨市	延寿县
黑龙江	鹤岗	绥滨县
黑龙江	佳木斯	同江市、桦南县、桦川县、抚远县、汤原县
黑龙江	齐齐哈尔市	拜泉县、甘南县、泰来县、龙江县、富裕县、克东县
黑龙江	双鸭山市	饶河县
黑龙江	绥化市	明水县、青冈县、望奎县、兰西县、海伦市、
湖北	恩施土家族苗族自治州	恩施市、利川市、建始县、巴东县、宣恩县、咸丰县、来凤县、鹤峰县
湖北	黄冈市	团风县、红安县、罗田县、英山县、蕲春县、麻城市
湖北	黄石市	阳新县
湖北	十堰市	郧县、郧西县、竹山县、竹溪县、房县、丹江口市
湖北	襄樊市	保康县

续表

省份	地市	县
湖北	孝感市	孝昌县、大悟县
湖北	宜昌市	秭归县、长阳土家族自治县、五峰土家族自治县
湖北	直辖单位	神农架林区
湖南	常德市	石门县
湖南	郴州市	宜章县、汝城县、桂东县、安仁县
湖南	怀化市	中方县、沅陵县、辰溪县、溆浦县、会同县、麻阳苗族自治县、新晃侗族自治县、芷江侗族自治县、靖州苗族侗族自治县、通道侗族自治县
湖南	娄底市	新化县、涟源市
湖南	邵阳市	新邵县、邵阳县、隆回县、洞口县、绥宁县、新宁县、城步苗族自治县、武冈市
湖南	湘西土家族苗族自治州	泸溪县、凤凰县、保靖县、古丈县、永顺县、龙山县、花垣县
湖南	益阳市	安化县
湖南	永州市	新田县、江华县
湖南	岳阳市	平江县
湖南	张家界市	慈利县、桑植县
湖南	株洲市	茶陵县、炎陵县
吉林	白城市	镇赉县、通榆县、大安市
吉林	白山市	靖宇县
吉林	延边州	汪清县、安图县、龙井市、和龙市
江西	抚州市	广昌县、乐安县
江西	赣州市	赣县、上犹县、安远县、宁都县、于都县、兴国县、会昌县、寻乌县、石城县、瑞金市、南康市
江西	吉安市	遂川县、万安县、永新县、井冈山市、吉安县
江西	九江市	修水县
江西	萍乡市	莲花县
江西	上饶	上饶县、横峰县、鄱阳县、余干县
内蒙古	赤峰	宁城县、林西县、喀喇沁旗巴林左旗敖汉旗翁牛特旗巴林右旗阿鲁科尔沁旗

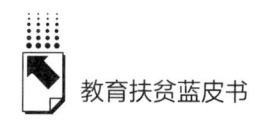

续表

省份	地市	县
内蒙古	呼和浩特市	武川县
内蒙古	呼伦贝尔市	鄂伦春自治旗、莫力达瓦达斡尔族自治旗
内蒙古	通辽市	库伦旗奈曼旗、科尔沁左翼后旗
内蒙古	乌兰察布市	商都县、化德县、察哈尔右翼前旗、察哈尔右翼中旗、察哈尔右翼后旗、四子王旗、卓资县、兴和县
内蒙古	锡林郭勒盟	太仆寺旗、苏尼特右旗、正镶白旗
内蒙古	兴安盟	科尔沁右翼中旗、扎赉特旗、阿尔山市、科尔沁右翼前旗、突泉县
宁夏	固原市	原州区、西吉县、隆德县、泾源县、彭阳县
宁夏	吴忠市	同心县、盐池县
宁夏	中卫市	海原县、
青海	果洛藏族自治州	玛沁县、班玛县、甘德县、达日县、久治县、玛多县
青海	海北藏族自治州	门源回族自治县、祁连县、海晏县、刚察县
青海	海东地区	民和回族土族自治县、乐都县、互助土族自治县、化隆回族自治县、循化撒拉族自治县、平安县
青海	海南藏族自治州	共和县、同德县、贵德县、兴海县、贵南县
青海	海西蒙古族藏族自治州	格尔木市、德令哈市、乌兰县、都兰县、天峻县、冷湖行委、大柴旦行委、茫崖行委
青海	黄南藏族自治州	同仁县、尖扎县、泽库县、河南蒙古族自治县
青海	西宁市	湟中县、湟源县、大通县
青海	玉树藏族自治州	玉树县、杂多县、称多县、治多县、囊谦县、曲麻莱县
山西	大同市	阳高县、天镇县、广灵县、灵丘县、浑源县、大同县
山西	晋城市	陵川县
山西	晋中市	和顺县、左权县
山西	临汾市	大宁县、永和县、隰县、汾西县、吉县
山西	吕梁市	交口县、临县、方山县、岚县、石楼县、兴县
山西	朔州市	右玉县
山西	太原市	娄烦县
山西	忻州市	神池县、五寨县、五台县、偏关县、静乐县、繁峙县、河曲县、保德县、岢岚县、代县、宁武县

续表

省份	地市	县
山西	运城市	平陆县
山西	长治市	平顺县、武乡县、壶关县
陕西	安康市	汉滨区、汉阴县、石泉县、宁陕县、紫阳县、岚皋县、平利县、镇坪县、旬阳县、白河县
陕西	宝鸡市	扶风县、陇县、千阳县、麟游县、太白县
陕西	汉中市	南郑县、城固县、洋县、西乡县、勉县、宁强县、略阳县、镇巴县、留坝县、佛坪县
陕西	商洛市	商州区、洛南县、丹凤县、商南县、山阳县、镇安县、柞水县
陕西	铜川市	耀州区、宜君县、印台区
陕西	渭南市	合阳县、蒲城县、白水县、澄城县、富平县
陕西	西安市	周至县
陕西	咸阳市	永寿县、长武县、旬邑县、淳化县
陕西	延安市	延长县、延川县、宜川县
陕西	榆林市	清涧县、子洲县、绥德县、米脂县、佳县、吴堡县、横山县、定边县
四川	阿坝藏族羌族自治州	汶川县、理县、茂县、松潘县、九寨沟县、金川县、小金县、黑水县、马尔康县、壤塘县、阿坝县、若尔盖县、红原县
四川	巴中市	巴州区、通江县、南江县、平昌县
四川	达州市	宣汉县、万源市
四川	甘孜藏族自治州	康定县、泸定县、丹巴县、九龙县、雅江县、道孚县、炉霍县、甘孜县、新龙县、德格县、白玉县、石渠县、色达县、理塘县、巴塘县、乡城县、稻城县、得荣县
四川	广安市	广安区
四川	广元市	元坝区、朝天区、旺苍县、青川县、剑阁县、苍溪县
四川	乐山市	沐川县、马边彝族自治县
四川	凉山彝族自治州	美姑县、金阳县、昭觉县、布拖县、雷波县、普格县、喜德县、盐源县、木里藏族自治县、越西县、甘洛县
四川	泸州市	叙永县、古蔺县
四川	绵阳市	北川羌族自治县、平武县
四川	南充市	阆中市、仪陇县、嘉陵区、南部县

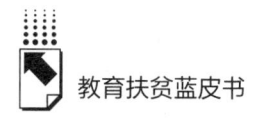

续表

省份	地市	县
四川	宜宾市	屏山县
西藏	阿里地区	普兰县、札达县、噶尔县、日土县、革吉县、改则县、措勤县
西藏	昌都地区	昌都县、江达县、贡觉县、察雅县、八宿县、左贡县、芒康县、洛隆县、边坝县、类乌齐县、丁青县
西藏	拉萨市	城关区、林周县、当雄县、尼木县、曲水县、堆龙德庆县、达孜县、墨竹工卡县
西藏	林芝地区	林芝县、工布江达县、米林县、墨脱县、波密县、察隅县、朗县
西藏	那曲地区	那曲县、嘉黎县、比如县、聂荣县、安多县、申扎县、索县、班戈县、巴青县、尼玛县、双湖办事处
西藏	日喀则地区	日喀则市、南木林县、江孜县、定日县、萨迦县、拉孜县、昂仁县、谢通门县、白朗县、仁布县、康马县、定结县、仲巴县、亚东县、吉隆县、聂拉木县、萨嘎县、岗巴县
西藏	山南地区	乃东县、扎囊县、贡嘎县、桑日县、琼结县、曲松县、措美县、洛扎县、加查县、隆子县、错那县、浪卡子县、
新疆	阿克苏地区	柯坪县、乌什县
新疆	哈密地区	巴里坤县
新疆	和田地区	和田市、和田县、墨玉县、皮山县、洛浦县、策勒县、于田县、民丰县
新疆	喀什地区	喀什市、疏附县、疏勒县、英吉沙县、泽普县、莎车县、叶城县、麦盖提县、岳普湖县、伽师县、巴楚县、塔什库尔干塔吉克自治县
新疆	克孜勒苏柯尔克孜自治州	阿图什市、阿克陶县、阿合奇县、乌恰县
新疆	伊犁哈萨克自治州	尼勒克县、察布查尔县、塔城托里县、吉木乃县、青河县
云南	保山市	隆阳区、施甸县、龙陵县、昌宁县
云南	楚雄彝族自治州	双柏县、南华县、大姚县、姚安县、武定县、永仁县、牟定县
云南	大理白族自治州	漾濞彝族自治县、祥云县、宾川县、弥渡县、南涧彝族自治县、巍山彝族回族自治县、永平县、云龙县、洱源县、剑川县、鹤庆县

续表

省份	地市	县
云南	德宏傣族景颇族自治州	潞西市、梁河县、盈江县、陇川县
云南	迪庆藏族自治州	香格里拉县、德钦县、维西傈僳族自治县
云南	红河哈尼族彝族自治州	屏边苗族自治县、金平苗族瑶族傣族自治县、泸西县、元阳县、红河县、绿春县
云南	昆明市	禄劝彝族苗族自治县、寻甸回族彝族自治县、东川区、
云南	丽江市	玉龙纳西族自治县、永胜县、宁蒗彝族自治县
云南	临沧市	临翔区、凤庆县、云县、永德县、镇康县、双江拉祜族佤族布朗族傣族自治县、耿马傣族佤族自治县、沧源佤族自治县、
云南	怒江傈僳族自治州	泸水县、福贡县、贡山独龙族怒族自治县、兰坪白族普米族自治县
云南	普洱市	宁洱哈尼族彝族自治县、墨江哈尼族自治县、景东彝族自治县、景谷傣族彝族自治县、镇沅彝族哈尼族拉祜族自治县、江城哈尼族彝族自治县、孟连傣族拉祜族佤族自治县、澜沧拉祜族自治县、西盟佤族自治县
云南	曲靖市	师宗县、罗平县、宣威市、富源县、会泽县
云南	文山壮族苗族自治州	广南县、马关县、砚山县、丘北县、文山市、富宁县、西畴县、麻栗坡县
云南	西双版纳傣族自治州	勐海县、勐腊县
云南	昭通市	昭阳区、鲁甸县、巧家县、盐津县、大关县、永善县、绥江县、镇雄县、彝良县、威信县
重庆	重庆市	丰都县、石柱土家族自治县、秀山土家族苗族自治县、酉阳土家族苗族自治县、彭水苗族土家族自治县、黔江区、武隆县、开县、万州区
新疆	生产建设兵团	南疆三地州的22个团场

B.13
教育扶贫蓝皮书
《中国教育扶贫报告（2016）》鉴定意见

2016年10月15日，教育扶贫蓝皮书《中国教育扶贫报告（2016）》专家鉴定会在北京师范大学举行。专家组由钟秉林、翟博、刘泽林、任友群、杨银付、袁桂林和刘昆明7人组成，由中国教育学会会长钟秉林教授担任组长。

北京师范大学中国教育扶贫研究中心司树杰主任介绍了教育扶贫蓝皮书《中国教育扶贫报告（2016）》撰写背景，北京师范大学继续教育与教师培训学院院长王文静教授汇报了教育扶贫蓝皮书《中国教育扶贫报告（2016）》撰写情况，专家们对报告进行了咨询。经认真讨论，形成以下鉴定意见。

本报告建立在扎实研究的基础上，具有较为深厚的学术底蕴。第一，对教育扶贫理论进行研究，认识有新突破。对教育扶贫的概念做了清晰界定，提出了教育扶贫促进社会公平正义的价值追求，努力办好贫困地区和贫困人口的教育事业，以此推动我国脱贫攻坚进程，正是公平正义社会主义核心价值观的根本体现。第二，首次对新中国成立以来我国教育扶贫发展历程和成就做了全面而又系统的总结和提炼，历史事实准确，支撑材料丰富，为全面了解我国教育扶贫的发展历史提供了翔实的资料。第三，开展了相关专题的实地调研，并依托国务院扶贫办"建档立卡贫困户"权威数据，形成若干专题报告，数据翔实，内容丰富，对我国教育扶贫发展现状与存在的问题进行了客观详尽的分析，提出了若干富有针对性的对策建议，为扎实开展教育扶贫提供有价值的参考和借鉴。第四，精选国内外典型教育扶贫成功案例，较为详细地介绍了他们的做法和经验，对更好地开展教育扶贫提供了样本和范例。

经专家组综合评议，一致认为本报告立足于我国脱贫攻坚战略的时代背景，聚焦教育扶贫，适应当前国家脱贫攻坚精准教育扶贫的需要，对当前中国教育扶贫重大现实问题做了专题研究，视角独特、思路清晰、论证可靠、突出创新，努力推动中国教育扶贫话语体系的逐步建立，积极引领中国教育扶贫的理论与实践创新，并向世界贡献中国教育扶贫的独特经验。

建议报告编写组，根据评审专家意见和建议，在报告结构、政策建议及个别表述等方面做调整、充实与修改，适时出版该报告，向社会正式公布。

专家组组长（签字）：

2016 年 10 月 15 日

B.14 后　记

经过一年的努力，《中国教育扶贫报告（2016）》即将面世了。在这凝聚着编写组全体成员智慧和汗水的文字即将付梓之际，首先感到的并不是一种释怀，而是一种更大的责任和更高的要求，因为这只是一个开始。

2015年9月29日，在北京师范大学中国教育扶贫研究中心成立之时，就把编撰教育扶贫蓝皮书系列丛书确定为中心工作的三大任务之一。在教育部、国务院扶贫办的指导下，在学校领导的支持下，中心联合华东师范大学、东北师范大学、西南大学、陕西师范大学、华中师范大学、北京科技大学、临沂大学、吉首大学等兄弟院校，以及国务院扶贫办信息中心、老促会和地方扶贫办的专家学者，先后召开6次编写方案研讨会、2次专家审稿会和1次专家鉴定会。在经历了紧张而又充实的写作过程之后，《中国教育扶贫报告（2016）》的写作得到了鉴定专家的充分肯定和认可，也意味着她就像一个孕育期满的婴儿，即将来到这个世界。在此，编委会对各有关方面所给予的支持和帮助，表示衷心的感谢！

"始生之物，其形必丑"，作为教育扶贫蓝皮书系列丛书中的第一本，她定有许多不足和有待完善之处。也正是这种不足和有待完善之处，为我们更好地编撰后续的系列报告提供了改进的空间和机会，相信随着我国"十三五"脱贫攻坚战伟大战略的顺利实施，教育扶贫蓝皮书系列丛书的编撰也会日趋完善，并积极展现出其作为我国教育扶贫智库建设成果的时代价值。

后 记

此外,《中国教育扶贫报告(2016)》的顺利出版,也离不开出版人的呕心沥血,社会科学文献出版社为此给予了大力支持和帮助,编写组对他们高度负责的职业精神和纯熟精湛的专业素养深表敬佩和感谢!

教育扶贫蓝皮书系列丛书编委会
2016 年 11 月 16 日

社会科学文献出版社　皮书系列

✤ 皮书起源 ✤

"皮书"起源于十七、十八世纪的英国,主要指官方或社会组织正式发表的重要文件或报告,多以"白皮书"命名。在中国,"皮书"这一概念被社会广泛接受,并被成功运作、发展成为一种全新的出版形态,则源于中国社会科学院社会科学文献出版社。

✤ 皮书定义 ✤

皮书是对中国与世界发展状况和热点问题进行年度监测,以专业的角度、专家的视野和实证研究方法,针对某一领域或区域现状与发展态势展开分析和预测,具备原创性、实证性、专业性、连续性、前沿性、时效性等特点的公开出版物,由一系列权威研究报告组成。

✤ 皮书作者 ✤

皮书系列的作者以中国社会科学院、著名高校、地方社会科学院的研究人员为主,多为国内一流研究机构的权威专家学者,他们的看法和观点代表了学界对中国与世界的现实和未来最高水平的解读与分析。

✤ 皮书荣誉 ✤

皮书系列已成为社会科学文献出版社的著名图书品牌和中国社会科学院的知名学术品牌。2011年,皮书系列正式列入"十二五"国家重点出版规划项目;2012~2015年,重点皮书列入中国社会科学院承担的国家哲学社会科学创新工程项目;2016年,46种院外皮书使用"中国社会科学院创新工程学术出版项目"标识。

中国皮书网

www.pishu.cn

发布皮书研创资讯，传播皮书精彩内容
引领皮书出版潮流，打造皮书服务平台

栏目设置：

- □ 资讯：皮书动态、皮书观点、皮书数据、皮书报道、皮书发布、电子期刊
- □ 标准：皮书评价、皮书研究、皮书规范
- □ 服务：最新皮书、皮书书目、重点推荐、在线购书
- □ 链接：皮书数据库、皮书博客、皮书微博、在线书城
- □ 搜索：资讯、图书、研究动态、皮书专家、研创团队

中国皮书网依托皮书系列"权威、前沿、原创"的优质内容资源，通过文字、图片、音频、视频等多种元素，在皮书研创者、使用者之间搭建了一个成果展示、资源共享的互动平台。

自2005年12月正式上线以来，中国皮书网的IP访问量、PV浏览量与日俱增，受到海内外研究者、公务人员、商务人士以及专业读者的广泛关注。

2008年、2011年中国皮书网均在全国新闻出版业网站荣誉评选中获得"最具商业价值网站"称号；2012年，获得"出版业网站百强"称号。

2014年，中国皮书网与皮书数据库实现资源共享，端口合一，将提供更丰富的内容，更全面的服务。

法律声明

"皮书系列"（含蓝皮书、绿皮书、黄皮书）之品牌由社会科学文献出版社最早使用并持续至今，现已被中国图书市场所熟知。"皮书系列"的LOGO（ ）与"经济蓝皮书""社会蓝皮书"均已在中华人民共和国国家工商行政管理总局商标局登记注册。"皮书系列"图书的注册商标专用权及封面设计、版式设计的著作权均为社会科学文献出版社所有。未经社会科学文献出版社书面授权许可，任何使用与"皮书系列"图书注册商标、封面设计、版式设计相同或者近似的文字、图形或其组合的行为均系侵权行为。

经作者授权，本书的专有出版权及信息网络传播权为社会科学文献出版社享有。未经社会科学文献出版社书面授权许可，任何就本书内容的复制、发行或以数字形式进行网络传播的行为均系侵权行为。

社会科学文献出版社将通过法律途径追究上述侵权行为的法律责任，维护自身合法权益。

欢迎社会各界人士对侵犯社会科学文献出版社上述权利的侵权行为进行举报。电话：010-59367121，电子邮箱：fawubu@ssap.cn。

社会科学文献出版社

权威报告·热点资讯·特色资源

皮书数据库
ANNUAL REPORT(YEARBOOK) DATABASE

当代中国与世界发展高端智库平台

WWW.PISHU.COM.CN

皮书俱乐部会员服务指南

1. 谁能成为皮书俱乐部成员？
- 皮书作者自动成为俱乐部会员
- 购买了皮书产品（纸质书/电子书）的个人用户

2. 会员可以享受的增值服务
- 免费获赠皮书数据库100元充值卡
- 加入皮书俱乐部，免费获赠该纸质图书的电子书
- 免费定期获赠皮书电子期刊
- 优先参与各类皮书学术活动
- 优先享受皮书产品的最新优惠

3. 如何享受增值服务？

（1）免费获赠100元皮书数据库体验卡

第1步 刮开附赠充值的涂层（右下）；

第2步 登录皮书数据库网站（www.pishu.com.cn），注册账号；

第3步 登录并进入"会员中心"—"在线充值"—"充值卡充值"，充值成功后即可使用。

（2）加入皮书俱乐部，凭数据库体验卡获赠该书的电子书

第1步 登录社会科学文献出版社官网（www.ssap.com.cn），注册账号；

第2步 登录并进入"会员中心"—"皮书俱乐部"，提交加入皮书俱乐部申请；

第3步 审核通过后，再次进入皮书俱乐部，填写页面所需图书、体验卡信息即可自动兑换相应电子书。

4. 声明

解释权归社会科学文献出版社所有

皮书俱乐部会员可享受社会科学文献出版社其他相关免费增值服务，有任何疑问，均可与我们联系。

图书销售热线：010-59367070/7028
图书服务QQ：800045692
图书服务邮箱：duzhe@ssap.cn

数据库服务热线：400-008-6695
数据库服务QQ：2475522410
数据库服务邮箱：database@ssap.cn

欢迎登录社会科学文献出版社官网
（www.ssap.com.cn）
和中国皮书网（www.pishu.cn）
了解更多信息

社会科学文献出版社 皮书系列
SOCIAL SCIENCES ACADEMIC PRESS (CHINA)

卡号：3523974320527484
密码：

子库介绍
Sub-Database Introduction

中国经济发展数据库

涵盖宏观经济、农业经济、工业经济、产业经济、财政金融、交通旅游、商业贸易、劳动经济、企业经济、房地产经济、城市经济、区域经济等领域，为用户实时了解经济运行态势、把握经济发展规律、洞察经济形势、做出经济决策提供参考和依据。

中国社会发展数据库

全面整合国内外有关中国社会发展的统计数据、深度分析报告、专家解读和热点资讯构建而成的专业学术数据库。涉及宗教、社会、人口、政治、外交、法律、文化、教育、体育、文学艺术、医药卫生、资源环境等多个领域。

中国行业发展数据库

以中国国民经济行业分类为依据，跟踪分析国民经济各行业市场运行状况和政策导向，提供行业发展最前沿的资讯，为用户投资、从业及各种经济决策提供理论基础和实践指导。内容涵盖农业，能源与矿产业，交通运输业，制造业，金融业，房地产业，租赁和商务服务业，科学研究，环境和公共设施管理，居民服务业，教育，卫生和社会保障，文化、体育和娱乐业等 100 余个行业。

中国区域发展数据库

以特定区域内的经济、社会、文化、法治、资源环境等领域的现状与发展情况进行分析和预测。涵盖中部、西部、东北、西北等地区，长三角、珠三角、黄三角、京津冀、环渤海、合肥经济圈、长株潭城市群、关中一天水经济区、海峡经济区等区域经济体和城市圈，北京、上海、浙江、河南、陕西等 34 个省份及中国台湾地区。

中国文化传媒数据库

包括文化事业、文化产业、宗教、群众文化、图书馆事业、博物馆事业、档案事业、语言文字、文学、历史地理、新闻传播、广播电视、出版事业、艺术、电影、娱乐等多个子库。

世界经济与国际政治数据库

以皮书系列中涉及世界经济与国际政治的研究成果为基础，全面整合国内外有关世界经济与国际政治的统计数据、深度分析报告、专家解读和热点资讯构建而成的专业学术数据库。包括世界经济、世界政治、世界文化、国际社会、国际关系、国际组织、区域发展、国别发展等多个子库。